나의 이상
나의 실상

나의 인생 4막 5장

허재영 수필집

이지출판

● 머리말 ●

드라마 같은 나의 인생

　　일제강점기에 태어나 해방과 6·25전쟁을 겪은 우리 세대는 너 나 할 것 없이 고통과 수난의 시대를 살았다. 나도 예외는 아니었다. 전쟁으로 집이 허물어지고 가산을 몽땅 잃어버리는 바람에 한동안 극심한 가난에서 헤어나지 못했다. 고등학교 때는 수업을 제대로 받을 수 없었다. 그러다 보니 원하는 대학에 진학하는 것은 꿈도 못 꾸고 등록금과 숙식비가 면제되는 해양대학을 택할 수밖에 없었다.

　졸업 후 대한해운공사에서 1년 가까이 마도로스 생활을 했다. 그리고 고려대학교 법학과와 서울대학교 행정대학원을 졸업하고 공무원이 되었다. 경제기획원 경제기획국 사무관으로 4년, 건설부 과장으로 7년, 국장으로 9년, 기획관리실장으로 3년을 지냈다.

　그 무렵 공무원 월급이 말도 안 되게 적었던 때여서 고생을 많이 했다. 하지만 우리나라가 최빈국에서 선진국 문턱까지 이르게 되는 과정에서 경제개발5개년계획과 국토종합개발계획 수립에 참여하였고 도로, 항만, 댐, 용수, 주택 같은 사회간접자본 확충 지원 업무를 맡았던 것을 지금도 보람으로 삼고 있다.

1988년 국토개발연구원장으로 있을 때 부동산 투기가 한창 기승을 부려, 토지공개념 확대도입방안을 마련하여 만성적인 부동산 투기를 억제하고 부동산 가격을 오랫동안 안정시키게 되었다. 또한 3차 국토종합개발계획을 수립하였고 분당, 일산, 평촌 신도시 기본계획을 마련하여 쾌적한 도시로 개발하는 데도 기여했다. 이어서 건설부장관과 서경대학교 총장을 지냈으며, 총장 임기를 마친 후 교수로 있다가 정년퇴직했다.

1973년 1차 석유파동으로 외환이 바닥나 국가 부도 직전까지 몰리게 되었을 때였다. 사우디 수석 건설관으로 5년간 근무하면서 우리 업체가 200억 달러에 달하는 공사를 수주하도록 지원관리하여 우리나라 경제가 위기를 벗어나는 데 일조한 것을 행운으로 생각한다. 당시 선진국 업체들과 치열한 경쟁을 벌인 끝에 세계 최대의 건설시장을 제패하는 신화를 창조했던 것이다. 그 중심에서 모든 상황을 계획하고 집행했던 사람으로 중동 건설현장 상황을 기록으로 남겨야겠다는 생각에 2011년 10월 〈신화는 스스로 창조되지 않는다〉는 책을 출간하기도 했다.

나는 남달리 다양한 직업을 경험했다. 뿐만 아니라 역마살이 끼었는지 해외에서 10년 가까이 살았으며, 국내외 이곳저곳을 많이 옮겨 다녔다. 어렸을 때는 공무원인 아버지를 따라 거의 매년 이사를 다녀 초등학교를 다섯 군데나 전학하였으며, 중·고등학교 때는 6·25전쟁으로 네 곳이나 옮겨 다녔다. 그 후 마도로스가 되어 일본과 동남아, 중동 각국을 둘러보았다. 공무원이 되어서도 3분의 1 이상을 해외에서 보냈다. 프랑스에서 1년간 연수를 받았고, 말레이시아에서 2년, 사우디에서 5년을 지냈다. 사우디에 있을 때 비행기를 탄 것만 해도 지구를 열 바퀴 이상 돈 거리였다. 그리고 대학총장 임기를 마치고 1년간 하버드대학에 가 있었다.

인생이란 아무것도 그려져 있지 않은 하얀 도화지 같은 것이다. 나의 도화지에 마도로스, 직업공무원과 장관, 연구원장, 대학교수와 총장이라는 그림을 그려 넣었다. 돌이켜보니 보람된 것도 많았지만 아쉬움도 적지 않아 '좀 더 열정적으로 살았더라면' 하는 생각이 들기도 한다.

그러나 4막5장의 드라마 같은 내 인생 도화지를 여기서 일단 접고자 한다. 이제 남은 여백에 나의 모자란 삶의 그림을 그릴 수 있길 기대해 본다.

2013년 9월
허 재 영

● 차례 ●

머리말 드라마 같은 나의 인생 | 4

1부 가장 힘들었던 시절

내 마음의 고향 | 12
여선생님과 단추 | 17
고달팠던 일제강점기 | 20
하루아침에 반동분자가 되다 | 25
가장 힘들었던 시절 | 35

2부 말라카 해협을 지나서

해양대 학생이 되어 | 42
풋내기 마도로스 | 47
가고시마 거리에 내리던 부슬비 | 59
말라카 해협을 지나서 | 67
갚을 길 없는 선배들의 은혜 | 78

3부 나의 공무원 생활

나의 공무원 생활 | 82

다시 돌아가고 싶은 프랑스 연수 시절 | 89

파리에서 만난 여인들 | 96

내가 본 장기영 부총리 | 102

외로운 진시황 | 107

미운 사람도 그리울 때가 있다 | 115

권력 앞에 꺾인 소신 | 121

그린벨트 관리의 어려움 | 126

도시개발은 국가의 백년대계 | 132

내가 본 일본 건설성 | 139

공무원의 꽃 | 145

제너럴 위스키 | 149

벙커샷이 굿샷이 될 줄이야 | 156

4부 일복 많은 국토개발연구원장 시절

얼마 되지 않은 교수 생활 | 162
일복 많은 국토개발연구원장 시절 | 168
토지공개념 확대도입의 어려움 | 173
개발 잠재력이 큰 중국 동북 3성 | 199
내가 준 팁이 소 한 마리 값이라니 | 206
혼란기의 러시아 | 215
지성이면 감천 | 222

5부 제25대 건설부장관이 되다

김영삼 대통령 당선자와의 만남 | 230

제25대 건설부장관이 되다 | 237

건설부장관의 사임 | 241

서경대학교 총장이 되어 | 248

정치 입문 실패기 | 258

밥 한 그릇에 얽힌 젊은 날의 슬픈 에피소드 | 264

생과 사의 갈림길을 넘어 | 267

엘리베이터에서 만난 꼬마 선생님 | 272

경계 허물기 | 276

어느 밥통의 항변 | 279

나의 부모님 | 284

글을 마치며 **나의 마지막 소망은** | 291

내 마음의 고향

여선생님과 단추

고달팠던 일제강점기

하루아침에 반동분자가 되다

가장 힘들었던 시절

1부
가장 힘들었던 시절

1부 가장 힘들었던 시절

내 마음의 고향

나는 초등학교를 다섯 군데나 다녔다. 공무원인 아버지를 따라 자주 이사를 했기 때문이다. 거의 해마다 옮겨 살다보니 불편한 점이 한두 가지가 아니었다. 낯선 선생님과 친구들을 만나야 하는 것도 그렇고 교과진도도 달라 따라잡기에 힘이 들었다. 학교에서나 동네에서 한동안 외톨이가 되어 마음고생도 많이 했다. 지금 생각하면 친한 친구와 정든 고향이 없다는 것이 가장 큰 아쉬움으로 남아 있다.

하지만 이사 다닌 곳마다 다른 환경에서 색다른 정취를 느낄 수 있었던 점은 좋았다. 나는 기회 있을 때마다 옛날에 살던 집을 찾아보곤 했다. 그러나 6·25전쟁과 1960년대 이후 급격한 도시화로 대부분의 도시 모습이 크게 달라졌다. 넓은 길이 생기고 새로운 건물과 아파트가 들어서서 옛날 살던 집을 찾을 수 없다.

그런데 초등학교 1,2학년을 보낸 충청남도 금산읍에 갔을 때였다. 우리가 살던 집이 그때 그 모습으로 남아 있는 것이었다. 얼마나 반갑던지 코끝이 찡해지며 꿈을 꾸는 것 같았다. 대문 밖에서 한참 동안 서성대며 집 안을 살펴보았다. 70년이 넘는 세월이 흘렀는데도 집 구조가 옛날 그대로였다. 기둥도 낡았지만 멀쩡했다.

집주인을 불러보았으나 인기척이 없었다. 살며시 대문을 밀었다. 열렸다. 아버지를 도와 가꾸던 화단도 그대로 남아 있고, 별채 창고도 옛날과 똑같은 모습이었다.

집 뒤로 돌아가 보니 우물과 펌프도 그대로 있었다. 그 우물은 내가 난생 처음으로 죽을 고비를 넘긴 곳이다. 어느 날 두레박으로 물을 퍼올리려다가 줄이 짧아 발이 땅에서 떨어진 상태에서 몸의 균형을 잃어 우물 속으로 곤두박질칠 아슬아슬한 순간에, 때마침 옆에 계시던 아버지가 두 발을 잡아 위기를 모면한 적이 있었다.

대청은 어머니께서 만든 조청, 식혜, 떡, 과일 같은 맛있는 음식이 있어 몰래 드나들던 곳이다. 어릴 적 입맛이 평생을 간다는데, 정말 그런 것 같다. 우리 어머니는 음식에 관심이 많아 가장 좋은 재료로 남달리 맛있게 만드는 것을 자랑으로 여기셨다.

금산은 내륙지방으로 냉동시설이 없던 그때는 신선한 생선은 구경도 못했다. 대신 배가 노랗고 알이 꽉 찬 영광굴비와 조기를 수십 두름씩 사서 일 년 내내 끊이지 않고 먹었다. 그래서 그런지 나는 생선 가운데 굴비나 조기탕을 제일 좋아한다. 요사이는 영광굴비가 금값이라 마음대로 먹을 수 없는 것이 아쉬울 뿐이다.

대청마루도 여전했다. 손때가 곱게 오른 것이 더 정겹게 느껴졌다. 어머니가 틈만 나면 쓸고 닦던 마루였다. 나는 쌀을 뿌려 놓은 후 참새가 날아오면 문고리에 묶은 줄을 잽싸게 잡아당겨 문을 닫아 잡곤 했다.

모이를 주던 닭을 일하는 누나가 잡아 요리하려고 할 때 한사코 못 하게 했던 내가 참새를 잡는 데는 아무런 감정이 없었던 것이 지금 생각하면 조금은 이해가 되지 않는다. 아마도 닭에게는 정이 들고 참새에게는 정이 들지 않아서였을까. 아니면 새총으로 참새를 잡으려다가 번번이 실패했기 때문일까.

이런저런 생각을 하며 대청마루 앞에 잠시 서 있었다. 그때 어머니께서 안방 문을 열고 "재영아, 어디 갔다가 이제 오느냐" 하고 물으실 것만 같았다.

그 동네에는 같은 또래의 개구쟁이가 많았다. 우리는 뒷동산 언덕바지에 있는 융단 같은 잔디밭에서 매일 만났다. 숨바꼭질, 군대놀이, 기마전, 씨름을 하면서 마음껏 뒹굴며 놀았다. 제기차기, 딱지치기와 구슬 따먹기, 자치기도 빼놓을 수 없었다.

근처 호수에는 잠자리가 많았다. 수놈 말잠자리를 잡아 호박꽃으로 노랗게 칠해 흔들면 암놈인 줄 알고 수놈 잠자리가 달려드는데 누가 많이 잡나 시합도 했다. 그러다가 버스가 신작로 고갯길을 힘겹게 올라갈 때면 가솔린 냄새가 구수해서 버스 꽁무니를 따라 달려가기도 했다.

저녁에는 이웃에 사는 구니모도 집에 모였다. 당시 대부분의 사람이 일본 성으로 창씨를 했기 때문에 한국 성이 무엇이었는지는 알 수 없다. 그는 시쳇말로 우리들에게 인기 짱이었다. 그가 할머니로부터 들은 얘기 보따리를 풀어놓을 때는 시간 가는 줄 몰랐다. 달걀귀신, 도깨비, 산도둑 얘기 등 무궁무진했다. 또 어머니들이 어떻게 임신해서 어떻게 애를 낳는지 알려 줄 때는 신기하게만 들렸다. 궁금해도 누구에게 쉽게 물어볼 수 없는 것인데, 나의 최초의 성교육 선생인 그가 이성에 대한 눈을 일찍 뜨게 한 것이 아닌가 싶기도 하다.

진달래가 한창 만발하여 뒷동산을 온통 붉게 물들이는 아름다운 계절 어느 날이었다. 2학년 우리 반에서 공부도 잘하고 멋지게 생긴 마치다와 내가 마음속으로 좋아하던 예쁘장한 가네코와 셋이서 꽃동산을 오르게 되었다.

마치다와 나는 가네코를 두고 은근히 신경전을 벌이는 라이벌 관계였다. 셋이서 거닐다가 갈림길이 나왔다. 나는 오른쪽으로 가자고 주장했고, 마치다는 왼쪽 꽃길이 더 아름답다고 고집하는 것이었다. 알량한 자존심의 대결이라고나 할까. 결투라도 벌일 태세였다.

가네코가 결정을 내려야 할 상황이 되었다. 우리는 조마조마한 마음으로 그녀의 얼굴만 쳐다보았다. 천만 다행히도 그녀가 내가 주장한 오른쪽 길을 택했다. 그때 맛보았던 그 승리감과 기쁨은 지금도 생생하게 떠오른다.

비록 2년간의 짧은 기간이지만 철없이 뛰놀던 금산은 나의 마음의 고향으로 가슴속 깊이 자리하고 있다. 그 후로는 도시에서 산 데다가 일본이 승산 없는 전쟁을 치르면서 어린 학생까지 온갖 노역에 동원하고 굶주리게 하여 아름다운 추억을 갖기가 어려웠다.

우리 집 선산을 서천에서 금산으로 옮기고는 매년 성묫길에 옛날 살던 그 집을 찾아가곤 한다. 서울에서 태어나 자란 우리 아이들은 선산을 서울 근처로 옮기자고 한다. 편리함만 생각했지 나의 마음을 헤아리지 못하니 그럴 법도 할 일이다. 고향 동산에서 마음껏 뒹굴며 뛰놀던 아름다운 추억을 갖지 못한 그들이 측은하게 생각된다.

나는 외롭거나 괴로운 일이 있을 때 금산을 생각하면 모든 시름이 눈 녹듯 녹아내리고 마음이 그렇게 푸근하고 아늑할 수가 없다. 인생을 살아가는 데 이보다 더 좋은 청량제가 없는 것 같다.

1부 가장 힘들었던 시절

여선생님과 단추

초등학교 2학년 때의 일이다. 일제강점기라 대부분 일본인 선생님이었다. 1학년 때는 마흔 살쯤 된 일본 여자선생님이 담임이었는데, 2학년이 되면서 젊은 한국 여성이 담임선생님으로 오셨다. 게다가 무척 예쁜 분이었다고 기억된다. 우리 반 아이들은 한국인인 데다가 젊고 예쁜 선생님이 오셔서 너 나 할 것 없이 좋아했다.

선생님은 공작시간에 색종이로 비행기와 배 만드는 방법도 가르쳐 주시고 여러 가지 아름다운 노래도 가르쳐 주셨다.

"봄이 왔네. 어데 왔지. 산에도, 들에도 봄이 왔네."

비록 일본 노래이긴 하지만 철없는 우리는 그저 신바람이 났다. 나뿐만 아니라 우리 반 아이들은 자상한 선생님을 잘 따랐다. 학교 가는 것이 그렇게 즐거울 수가 없었다.

하루는 우리 반 아이들이 모두 서커스를 구경하게 되었다. 선생님은 혹시 서커스를 미리 구경한 사람이 있느냐고 물었다. 나는 손을 번쩍 들었다. 그러자 앞으로 나오라고 하더니 손을 높이 쳐들고 서 있으라고 했다. 칭찬을 기대했는데 뜻밖에 벌을 받고는 나는 크게 당황했다. 선생님은 거기에 그치지 않고 학생들과 서커스를 구경하고 올 테니 교실 유리창과 마루를 깨끗이 닦아 놓으라는 것이었다. 나는 영락없이 콩쥐 신세가 되고 말았다. 그러나 나를 도와줄 개구리도 생쥐도 나오지 않았다.

나는 분하고 억울한 생각이 들었다. 내가 뭘 잘못했기에 그런 엄한 벌을 받아야 하는지 도무지 납득이 가지 않았다. 남달리 나를 귀여워해 주시던 분이어서 더 그랬다. 혹시 선생님이 마음속으로는 나를 미워하고 있었던 것이 아닐까? 나는 마음이 몹시 아팠다.

우리 반 아이들은 모두 들뜬 마음으로 서커스를 보러 갔다. 어느 누구도 나를 위로해 주지 않은 것은 물론 제일 친한 짝꿍마저 나에게 눈길조차 주지 않았다. 아이들이 교실을 빠져나가는 뒷모습을 보며 나는 울고 싶었다.

별수 없이 선생님의 명령에 따라야 했다. 방과 후 급우들과 함께 유리창과 마루를 닦을 때는 별로 힘들지 않았었다. 그런데 혼자서 하게 되니 이만저만 힘이 드는 게 아니었다. 양동이에 물을 떠와 걸레를 빨아가며 마루를 닦았다. 책상과 걸상이 있는 바닥을 닦기가 힘들었으나 오기가 나서 그랬는지 땀을 뻘뻘 흘려가며 열심히 걸레질을 했다. 그리고 유리창까지 말끔히 닦았다.

두어 시간 후 선생님이 돌아오셨다. 교실을 한번 둘러보더니 놀라시는 것 같았다. 그리고 한참 나를 대견하다는 눈빛으로 내려다보시더니 가까이 오라고 손짓을 했다. 선생님 앞으로 갔다. 선생님이 내 앞가슴을 가리켰다. 선생님이 가리키는 곳을 보니 단추 하나가 떨어져 나가고 없었다. 선생님은 나를 숙직실로 데리고 갔다. 분하고 억울한 감정을 억누르며 따라갔다. 선생님은 나의 마음을 읽기라도 하신 듯 따뜻한 미소를 지으며 말씀하셨다.

"재영아, 내가 많이 미웠지?"

그러고는 어디서 가져오셨는지 단추를 손수 달아주는 것이었다. 단추를 달고 계신 선생님의 옆모습을 보는 동안 이상하게도 분하고 슬펐던 감정이 깨끗이 녹아내렸다. 무섭기만 했던 선생님이 다정한 누나처럼 느껴졌다.

'그러면 그렇지, 선생님이 날 미워서 벌주신 것이 아닐 거야. 선생님과 함께 가지 않고 혼자 간 것이 마음에 들지 않으셨을 거야.'

그렇게 생각하니 마음이 편해졌다. 하지만 안타깝게도 몇 개월 후 나는 전학을 가야만 했다. 숙직실에 계신 선생님을 찾아가 작별인사를 드렸다. 선생님은 내 두 손을 꼭 잡고 눈시울을 붉혔다.

"네가 가면 보고 싶어서 어쩌지…."

선생님 눈에 눈물이 글썽해지자 나도 모르게 내 눈에도 눈물이 고이고 있었다.

지금도 단추를 볼 때면 가끔 선생님의 눈물이 떠오른다. 그리고 아련한 생각에 슬퍼질 때가 있다.

1부 가장 힘들었던 시절

고달팠던 일제강점기

초등학교 1학년이던 1941년 12월, 태평양전쟁이 일어났다. 일제는 어린 학생에게도 산에 가서 소나무 송진을 따오도록 했다. 석유가 모자라 연료로 쓰기 위한 것이었다.

나는 초등학교 1, 2학년은 충청남도 금산에서 보냈고, 3학년부터 5학년까지는 전라북도 군산에서 지냈다. 금산에서 살 때만 해도 집안이 풍족한 편이었다. 친구들과 어울려 뒷동산에서 마음껏 뛰놀던 아름다운 추억도 간직하고 있다.

그런데 3학년 때부터 전황이 불리하게 되자 일제는 전시체제를 강화하고 매일같이 군사 교련을 시켰다. 일본군 현역 하사인 교관은 자세가 나쁘거나 경례를 잘 못하면 욕을 퍼부으며 가죽 회초리로 때리거나 호된 기합을 넣었다. 우리는 염라대왕 같은 그를 호랑이라 불렀다. 뿐만 아니라 각종 노역에 동원되었다. 나중에는 오전 수업만 하고 오후에는 아예 일만 시켰다. 도로에 자갈을 깔거나 밭을 갈고 모를 심고 벼를 베는 작업을 했다.

 그 가운데서 가장 힘든 일은 대나무로 도시락 만드는 것이었다. 잘게 자른 대나무를 나무 모형에 맞추어 소쿠리처럼 엮어서 도시락을 만들었다. 뚜껑과 마무리 작업은 기능공이 도와주었으나 모서리 부분을 만드는 것이 무척 어려웠다. 처음에는 호기심과 성취감으로 열심히 일했다. 그러나 날이 갈수록 대나무에 손가락을 찔려 피가 나고 부르터서 아팠다. 똑같은 일을 매일 반복하다 보니 지겨워서 못 견딜 정도였다.

 마침 담임선생님이 그 일을 그만두고 신문 배달을 하라고 해 얼마나 다행인지 몰랐다. 친구 한 명과 백 군데가 넘는 집에 신문을 배달하게 되었다. 나와 교대한 친구와 함께 며칠 동안 배달하면서 구독자 집을 익혔지만 쉽지 않았다.

 군산은 항구도시라 일본 사람이 많이 살았는데, 대부분 그들이 구독자였다. 일본식 주택들이 비슷비슷해서 분간하기가 어려웠다. 그러다 보니 엉뚱한 집에 배달했는가 하면 빠뜨린 집도 더러 있었다.

 하루는 길목에서 부리부리하게 생긴 건장한 일본 중년 남자가 기다리고 있다가 "왜 우리 집에 신문을 배달하지 않느냐" 하고 호통을 치면서 머리에 알밤을 먹였다. 그런가 하면 어느 40대 부인은 야단치지 않고 의외로 미소를 지으며 "우리 집이 여긴데 앞으로 잊지 말고 넣어 줘요" 하고 조용히 타일렀다. 따뜻하고 인자한 모습이 오랫동안 가슴에 남았다.

가장 힘들었던 것은 눈이나 비가 오는 날이었다. 신문이 비에 젖지 않도록 우편함에 넣거나 초인종을 눌러 집안 사람에게 직접 전해 주곤 했다. 그러나 우편함이 없거나 집에 사람이 없을 때는 난감했다. 신문 배달도 만만치 않게 고달팠다.

일본 사람은 일반적으로 친절하고 성실한 것 같았다. 옷도 단정하게 입고, 집도 아담하고 깨끗했으며, 자그마한 정원을 가꾸고 있는 집이 많았다. 새를 기르는 모습이 퍽이나 안락하고 평화로워 보였다.

형이 사범학교에 합격했을 때였다. 주위에서 경사가 났다며 축하해 주었다. 어머니가 형의 담임선생님께 홍어를 선물로 갖다 드리라고 했다. 시장에 가서 제일 비싼 큼직한 홍어를 사서 끙끙거리며 선생님 댁에 갖다 드렸다. 비싸고 좋은 고기라서 선물한 것인데, 알고 보니 일본 사람은 먹지 않는다고 했다. 쌀이 모자라 점심을 콩나물국밥과 감자로 허기를 채우곤 하던 그때, 맛있는 고기를 버린 것 같아 무척 아쉬웠다.

전쟁 말기에는 거의 매일같이 공습경보가 발령되었다. 방공호에 대피하거나 집에 왔다 갔다 하느라 수업이 정상적으로 되지 않았다. 대형 폭격기인 미국의 B29기가 자주 나타났다. 동체는 보이지 않고 흰 연기만 보였다. 비행기까지 다다를 수 있는 고사포가 없어 일본 전투기가 낮은 상공에서 맴돌 뿐이었다. 일본에서 격추된 B29 비행기 잔해를 전국 각지에 순회하면서 전시했는데, 그 크기와 성능에 모두 깜짝 놀랐다.

폭격기가 자주 나타나고 학교 수업이 정상적으로 이루어지지 않자 부모님은 나와 동생을 장수군 계내면에 있는 친척 집으로 보냈다. 그런데 시골에 가서도 풀베기 같은 더욱 힘든 일을 해야 했다. 퇴비 할당량을 채우기 위해 휴일도 없이 일을 했다. 게다가 쌀이 모자라 감자로 끼니를 때우는 경우가 많았다. 농촌은 식량 사정이 괜찮으리라 생각했는데 그게 아니었다.

시골로 간 지 2개월 후에 해방을 맞았다. 라디오로 일본의 항복 소식을 듣거나 전해 들은 주민들이 어리둥절한 모습으로 광장에 모였다. 금융조합 이사 한 분이 단상에 올라가 "일본이 드디어 연합군에게 항복했습니다. 우리는 자유를 찾고 독립을 하게 되었습니다"라고 설명했다. 처음에는 모두 꿈인지 생시인지 몰라 어리둥절했다. 한참만에야 감격하여 눈물을 흘리며 박수를 치고 만세를 불렀다. 덩실덩실 춤을 추는 사람도 있었다. 모두가 한마음이 된 순간이었다.

초등학교 학생도 그렇게 고달픈 생활을 했는데 징용, 징병, 정신대로 끌려가 온갖 고생을 하거나 죽은 사람, 독립운동을 하다가 고문 끝에 목숨을 잃은 수많은 사람들의 고통은 얼마나 컸을지 짐작이 가고도 남는다. 그런데도 일본은 과거의 침략 역사를 부인하고 잔인한 행동을 뉘우치지 않고 있다. 같은 패전국인 독일이 피해를 입힌 사람들에게 기회 있을 때마다 사죄하고, 700억 달러 이상 보상을 하고 있는 것과는 너무나 대조적이다. 또 독도를 자기네 땅이라고 주장하는 것을 보면 그 역사의 현장에 있었던 우리로서는 참으로 어처구니가 없고 분통이 터진다.

지금도 몇 년간 공부를 제대로 하지 못하고 굶주리며 강제노역에 끌려다니던 당시를 생각하면 억울하고 분한 생각을 떨칠 수가 없다. 일본 학생들에 비해 우리가 키도 크고 힘도 세며 머리도 좋은데, 어떻게 해서 그들의 식민지가 되어 노예처럼 살아야 하는지 어린 마음에도 울분이 터졌다.

1956년 일본 도쿄에 처음 갔을 때, 아침마다 강제로 절을 했던 황궁을 보며 분을 삼키지 못했다. 우리는 세계에서 가장 못 사는 저개발국인데, 우리를 지배하며 괴롭히던 일본이 잘 사는 모습을 보고 가슴이 미어졌다. '우리 생전에 일본을 따라갈 수 있을까' 생각하니 눈물이 앞을 가렸다.

그런데 60년이 지난 오늘날, 상황이 크게 달라졌다. 구매력을 기준으로 한 1인당 소득과 생활수준이 일본의 4분의 1 수준에 지나지 않았던 것이 이제는 비슷해졌다. 일부 국제평가기관에서는 우리나라를 일본과 같거나 한 단계 높게 평가하기도 한다. 문화를 개방하면 우리 문화가 일본에 잠식당할 것으로 염려했는데, 욘사마로부터 시작된 K-pop 한류가 오히려 반대 현상을 일으키고 있다. 2012년 런던올림픽에서는 우리가 5위를 기록하여 11위인 일본을 크게 따돌렸고, 축구도 이겼다.

우리가 한을 풀고 일본을 이기는 길은 외교 교섭도 중요하지만 기본적으로 경제, 사회, 문화, 군사 면에서 우리 국력을 강화하는 것만이 최선의 방법이지 않나 생각한다.

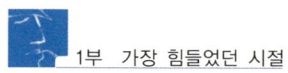
1부 가장 힘들었던 시절

하루아침에 반동분자가 되다

1950년 6·25전쟁이 일어난 것은 내가 용산중학교 4학년 때였다. 부모님과 우리 사형제는 흑석동에서 살고 있었다. 날씨도 청명한 일요일 아침, 형들 따라 덕수교회에 가서 예배를 드리고 돌아오는 길에 신문사에서 뿌린 속보를 보았다. 새벽에 북한괴뢰군이 삼팔선 전역에 걸쳐 탱크를 앞세우고 남침했다는 것이었다.

그전에도 삼팔선에서 남북 간 충돌이 자주 있었기에 이번에도 그러려니 생각했는데 그게 아니었다. 직장인이 출퇴근 때 이용하던 노란색 승합차가 휴가 나온 장병들을 싣고 계속 북쪽으로 달려갔다. 그때마다 시민들은 잘 싸워 달라고 눈물을 글썽이며 열렬히 박수를 쳤다.

그날 오후 집에서 창문을 열어 놓고 책을 읽고 있는데, 갑자기 비행기 소리가 요란하게 들렸다. 북한의 야크기 네 대와 동체가 두 개인 미군 함재기가 공중전을 벌이고 있었다. 얼마 전 국민들의 성금으로 마련한 비행기 열 대의 속도는 느린 데 비해 야크기는 엄청 빠른 속도로 사방으로 뿔뿔이 흩어져 날고 있었다.

다음 날 학교에 갔다. "이럴 때일수록 열심히 공부해야 한다"는 선생님의 말씀에 따라 우리는 평소처럼 수업을 받았다. 그러나 모두 전황이 어떻게 돌아가는지 궁금하고 불안하여 공부가 제대로 될 리 없었다.

6월 27일에는 북쪽에서 피난민들이 보따리를 달구지에 싣거나 어깨에 메고 몰려들었다. 멀리서 대포소리가 자주 들려와 전세가 불리하게 된 것 같아 몹시 불안했다. 수업을 마치고 집에 가는데, 한강 인도교가 한때 통제되었다가 풀렸다. 교량에는 다이너마이트가 담긴 듯한 상자들이 쌓여 있었다. 의정부가 적군에 함락되어 다리를 폭파하려다가 국군의 반격으로 다시 탈환하여 통제가 풀렸다는 것을 나중에 알았다.

정부에서는 상세한 전황을 발표하지 않고 "국민들은 동요하지 말고 정부를 믿고 일상 업무에 종사해 달라"는 방송만 되풀이했다. 믿을 수밖에 없었다.

6월 28일 새벽 한참 곤한 잠에 빠져 있는데, 바로 옆에서 폭탄이 터진 것 같은 엄청 큰 폭발음에 놀라 벌떡 일어났다. 알고 보니 한강 인도교 일부가 폭파된 것이었다. 우리 가족은 동이 트는 대로 아침을 먹는 둥 마는 둥하고 정황을 알아보기 위해 짐도 꾸리지 않은 채 동작동 뒷산으로 올라갔다. 한강 인도교 일부가 떨어져 나가고 피난 차량 행렬이 한강로를 따라 삼각지까지 늘어서 있었다.

　이승만 대통령과 정부는 이미 서울을 빠져나가 수원에 있다고 했다. 많은 사람들이 차량으로 피난을 가려다가 길이 막히고 만 것이었다. 주변에는 퇴각한 군인들이 뿔뿔이 흩어져 있었고, 어떤 군인은 밀짚모자에 민간인 옷으로 갈아입기도 했다. 패잔병의 처량한 몰골을 보니 억장이 무너지고 눈물이 절로 나왔다.

　혹시 집으로 돌아갈 수 있을까 기회를 엿보며 한참 기다렸다. 그러나 우리가 동작동 산 능선에 있는 것이 작전상 방해가 되었는지 국군이 우리에게 위협 사격을 가했다. 기겁을 하여 뛰다시피 산을 내려와 남쪽을 향해 피난길에 올랐다. 빠른 걸음으로 걸어서 저녁 무렵 과천에 도착했다.

　어느 큰 농가에 들어가 재워 주기를 간청했더니 고맙게도 흔쾌히 방을 내주고 음식까지 주었다. 그 집에는 나보다 한두 살 아래쯤으로 보이는 예쁘장한 여학생이 있었다. 그녀는 첫눈에 호감을 느꼈던지 미소를 지으며 우리를 따뜻이 대해 주었다. 음식도 나르고 이부자리도 챙겨 주었다.

　다음 날 아침 떠나려고 하자 그 집 주인이 뜻밖에도 나를 가리키며 "저 학생은 남아서 우리와 함께 살게 해 줄 수 없느냐"고 말하는 것이었다. 내 나이 열일곱 살이지만 키가 170cm이고 건장하게 보여 일꾼으로 쓸 만하다고 생각했는지, 아니면 데릴사위를 삼으려 그랬는지는 알 수 없었다. 나는 당황하여 "우리 가족과 떨어져 살 수 없다"고 잘라 말했다. 그때 만일 그 집에 남았더라면 나의 운명은 어떻게 되었을까. 그 후에 겪은 쓰라린 피난 생활과는 달리 평범한 농부가 되어 행복한 생활을 했을지도 모르는 일이었다.

수원을 향해 걸어가다가 점심때가 되니 목이 마르고 배가 고팠다. 길 옆에 있는 밭에 들어가 아직 익지도 않은 수박을 따서 배를 채웠다. 기차를 타기 위해 수원역으로 갔다. 여러 대의 화차에는 총상을 입어 피투성이가 된 국군 부상병이 가득 있었다. 얼마 전 북한 비행기가 기총소사를 했다는 것이었다. 날씨도 더운데다 치료를 제대로 받지 못한 탓에 고통을 이기기 못하여 신음하거나 고함을 지르고 있어 아비규환이었다. 처참한 광경이었다.

우리는 수원역에서 화물차를 겨우 탔다. 사람들이 콩나물시루처럼 빽빽이 타고 있어 빈틈이 없었다. 기차는 가다가 쉬기를 수 없이 반복했다. 허기에 지친 우리는 다음 날 새벽 전주에 도착해 누나 집으로 갔다. 우리 가족을 걱정하던 누나와 매형이 반갑게 맞아 주었다.

7월 3일부터 다시 본격적인 작전을 펼친 북한군이 파죽지세로 밀려왔다. 미군 선봉 부대가 평택에서 저지를 시도했으나 맥없이 무너지고 말았다. 우리 가족은 다시 피난길에 올랐다. 아버지와 큰형은 부산으로, 작은형과 나는 덕유산 근처 산골로 가고, 어머니와 동생은 누나 집에 남기로 하였다. 만일의 경우에 대비해 가족 중 일부라도 살아남아 대를 잇게 하기 위한 아버지의 배려에 따른 것이었다.

형과 나는 도보로 전주를 출발하여 진안을 거쳐 상전면 산골 마을로 갔다. 산으로 둘러싸인 그곳은 바깥세상과는 동떨어진 오지 중의 오지였다. 라디오나 신문이 없어 세상이 어떻게 돌아가는지, 전황이 어떻게 전개되고 있는지 알 수가 없었다. 다만, 마을 밖으로 출입하는 사람으로부터 소식을 전해 듣는 것이 고작이었다.

우리가 머문 집에는 주인 부부와 중학교 1학년인 아들이 살고 있었다. 전답 모두 합쳐 여덟 마지기에 지나지 않아 생활하기가 힘든 것 같았다. 아침부터 들에 나가 종일 일을 해도 아들 하나 공부시키기가 어렵다고 했다. 농지개혁이 되어 사정이 나아졌는데도 그렇다는 것이었다.

잠자리가 불편한 것은 그런대로 참을 만했지만, 황토벽에 벽지를 바르지 않아 그 냄새 때문에 잠을 잘 수가 없었다. 식사도 큰 문제였다. 반찬 한두 가지에 꽁보리밥을 주는데 처음 며칠간은 목구멍으로 잘 넘어가지 않았다. 된장국과 호박나물, 상추가 있어 그나마 다행이었다.

밥을 담아 주는 놋그릇은 녹이 파랗게 슬어 있었다. 주인아주머니에게 잘 씻어 달라고 했더니 녹은 몸에 좋은 것이라며 되레 우리를 의아하게 생각하는 것 같았다. 돼지우리와 외양간에서 나는 냄새로 가뜩이나 비위가 약한 나는 구역질이 나고 골치가 아파 견디기 힘들었다. 게다가 역한 화장실 냄새까지 풍겨 말할 수 없이 괴로웠다.

무료한 시간을 보내는 것 또한 큰 고통이었다. 읽을 책을 가지고 오지 않은 것이 그렇게 후회될 수가 없었다. 그나마 다행인 것은 마을 앞에 금강이 흐르고 있어 수영을 하기도 하고 밤이면 하늘 가득 쏟아지는 별을 볼 수 있어 좋았다.

하루는 미군 폭격기가 그곳에서 멀지 않은 국도에 있는 교량을 폭격했다는 소식이 들려왔다. 인민군이 점령한 후 군 소재지에 인민위원회가 있었지만 산간 마을까지는 행정력이 미치지 못했다. 우리는 약 3주간 그곳에서 머문 후 안천면, 동향면, 장수군 계내면 산골 마을로 옮겨 다녔다.

여러 곳을 헤매던 우리 형제는 지칠대로 지친 데다가 돈도 떨어지고 전황도 궁금하여 할 수 없이 전주로 다시 가기로 했다. 계내면에서 진안으로 가는 도중 자전거를 타고 가던 인민군 장교를 만났다. 의용군으로 끌려가기에 알맞은 스물한 살인 형과 나는 가슴이 철렁 내려앉았다. 그는 먼저 우리 신분을 물었다.

"동무들 보아하니 학생들 같은데 그렇지 않소?"

"네, 제 형은 대학 1학년이고, 저는 중학교 4학년입니다."

"동무들, 왜 이제까지 의용군에 지원하지 않았소?"

"그동안 친척 집에 가 있었는데 식량이 떨어져 그러잖아도 의용군에 입대하러 가는 길입니다."

"잘됐구만. 그럼 나와 함께 가자우요."

"군관 동무는 바쁘신 것 같은데, 먼저 가시지요. 우리는 바로 뒤따라가겠습니다."

"좋소, 그렇게 합시다. 나중에 봅시다."

우리가 우물쭈물하지 않고 확고한 태도로 말하는 것을 보고 어느 정도 믿음이 간 것 같았다. 그를 먼저 보낸 후 우리는 길을 바꾸어 산길을 따라 줄행랑을 쳤다. 야음을 이용해 간신히 전주 누나 집으로 갈 수 있었다.

만일 그때 의용군으로 끌려갔으면 어떻게 되었을까. 고등학교 동창 가운데 의용군으로 간 사람이 열 명가량 되는데, 일곱 명은 죽거나 행방불명되었고 두 명은 부상당해 포로가 되었으며, 한 명은 이북에서 살고 있는 것으로 알려져 있다. 생사의 갈림길에서 기적적으로 살아남은 셈이었다.

그동안 어머니는 재산을 송두리째 놓고 온 서울 집이 궁금해 동생을 데리고 오백 리 길을 걸어서 서울로 가셨다. 어머니는 유달리 가구와 살림살이에 애착이 많아 이사할 때마다 트럭 두 대가 필요했다.

우리 집에 '반동분자의 집'이라는 커다란 팻말이 붙어 있는 것을 보고 놀라 집에 들어가 보니 빈 집에 쓰레기만 잔뜩 쌓여 있었다고 했다. 여러 이웃집에 우리 물건이 놓여 있는 것을 보고 돌려달라고 하자 그들이 인민위원회에 고발한 것 같았다. 어머니는 연행되어 "반동분자 남편이 어디 있는지 말하라"며 심한 고문을 당하셨다.

흑석동에 있는 우리 집 주변은 대부분 한옥이어서 2층 양옥인 우리 집이 관심의 대상이 되었으며, 어떻게 알았는지 아버지가 여러 고을 군수를 지낸 것이 밝혀져 반동분자로 찍힌 것 같았다.

9월 15일 맥아더 장군이 이끄는 연합군이 인천에 상륙하고, 9월 28일 서울이 탈환되자 아버지는 부산을 떠나 전주로 오셨다. 그런데 큰형이 사고로 세상을 떠났다고 하여 가족 모두 비통한 심정으로 한동안 말을 하지 않았다.

며칠 후 아버지는 가족들을 한자리에 모이게 한 후 큰형이 어떤 사고를 당했는지 말씀해 주셨다. 눈물범벅이 되고 목이 메어 한동안 말씀을 못하시다가 힘겹게 입을 여셨다.

8월 13일 날씨가 너무 더워 영도다리 근처로 수영을 하러 갔다고 한다. 그런데 헤엄을 치던 큰형이 갑자기 심장마비를 일으켜 물속으로 빠졌다는 것이다. 먼발치에서 이를 본 아버지가 달려갔으나 수영을 하지 못해 주변 사람들에게 "사람 좀 살려 달라"고 외치며 사정했지만 누구 한 사람 선뜻 나서주지 않았다고 한다. 20분 정도 지나 구조대원이 왔으나, 그때는 이미 숨을 거둔 후였단다. 시신을 옮길 곳이 마땅치 않아 화장한 후 유골을 완월동에 있는 절에 안치했다고 했다.

우리 집은 한동안 울음바다가 되었다. 어머니는 며칠간 식음을 전폐하고 통곡을 하다가 실신까지 하셨다.

큰형과 나는 아홉 살 차이였다. 내가 초등학교 1학년 때 겨울방학이 되어 집에 온 큰형은 나를 데리고 눈 덮인 산을 올랐다. 그때는 따라가느라 어찌나 힘들던지 원망스러웠는데, 나중에 알고 보니 나를 단련시키기 위한 것이었다. 우리 집안의 기둥이 될 거라며 남다른 관심을 갖고 나를 격려해 주었다. 이따금 중국집에서

탕수육과 짜장면을 사 주었는데, 지금도 그 맛을 잊을 수 없다.

큰형은 몸은 약한 편이었으나 우리 사형제 중 제일 미남이었다. 중학교 다닐 때부터 여학생들이 따라다녔으며, 대학에 다닐 때는 더욱 그랬다. 미인은 박명이라고 하는데, 남자에게도 해당되는 것일까.

큰형은 서울대 치과대학을 나온 후 인턴을 거쳐 개업을 눈앞에 두고 있었다. 우리 집 기둥인 장남을 졸지에 잃게 된 아버지의 마음이 어떠했을까. 아마도 평생 가슴속 응어리로 남아 있었을 것이다. 숯덩이가 되었을 아버지의 심정을 생각하면 지금도 내 가슴이 먹먹해 온다.

서울 집으로 돌아온 우리는 너무나 황당스러웠다. '반동분자의 집'이란 팻말은 누군가 떼내어 없었지만, 벽과 창문이 다 부서지고 쓸만한 가구는 눈을 씻고 봐도 없었다. 복도와 방에는 쓰레기만 수북이 쌓여 있어 마치 유령의 집 같았다. 모든 것을 잃어버린 공허감과 분노로 가슴이 아팠다.

이웃집 사람들과 원한을 사거나 섭섭한 일이 없었는데도 이런 일을 당한 것은 인민위원회 관계자의 소행으로 생각되었다. 이웃 사람들은 아마도 몰수당한 재산을 먼저 가져가는 것이 임자라고 생각한 것 같았다. 그들은 훔쳐간 물건을 우리가 되찾기 위해 경찰에 고발하지 않을까 전전긍긍했다. 몇 사람은 미안하다며 가져갔던 물건을 들고 오기도 했으나, 둘 곳이 마땅치 않아 보관해 달라고 했다.

1·4후퇴로 피난을 갔다가 집에 다시 돌아왔을 때, 우리는 그 집에서 더 이상 살고 싶은 생각이 들지 않았다. 재수 없는 흉가라 하여 값도 제대로 받지 못하고 싸게 넘겼다. 정부출자회사 임원으로 계시던 아버지는 6·25전쟁 직전에 실시한 국회의원 선거에 출마했다가 떨어져 빚만 잔뜩 짊어졌다. 게다가 500석을 받던 농지마저 농지개혁으로 잃게 되어 빈털터리가 되었다. 우리 삼형제는 학업을 계속하기도 어렵게 되었고, 살아가기도 힘든 처지에 놓이게 되었다.
　지금도 6·25전쟁만 생각하면 치가 떨린다. 부모님께서 평생 절약하여 모은 전 재산을 잃었으며, 무엇보다도 큰형이 그렇게 세상을 떠난 것이 오늘날까지도 가슴속 깊은 상처로 남아 있다. 전쟁 중에는 물론 휴전이 된 후에도 오랫동안 곤궁함에서 헤어나지 못해 굶주려야 했으며, 내가 원하는 대학에 진학하지 못하고 험난한 길을 걸어가야 했던 것도 모두 그놈의 전쟁 때문이었다.

1부 가장 힘들었던 시절

가장 힘들었던 시절

9·28수복 후, 우리 가족은 다시 서울로 돌아왔다. 집이 부서져 버려 할 수 없이 이웃집에 방을 얻어 지냈다. 형이 서울시경 공보실 아나운서 시험에 합격되어 그나마 다행이었다. 열일곱 살인 나는 집 근처에서 출발하는 GMC 군용트럭을 타고 여의도 비행장에 가서 미군 수송기에서 C레이션과 각종 화물을 하역하는 일을 했다. 의외로 많은 일당 오천 원을 받아 생계를 도왔다.

우리는 1·4후퇴 때까지 머물다가 1월 4일 새벽 서울을 떠났다. 그날따라 얼마나 춥던지 한강은 물론이고 온 천지가 꽁꽁 얼어붙은 듯했다. 달구지에 짐을 싣고 수많은 피난민 대열에 끼어 가는데 "누구를 막론하고 한강을 건너는 자는 총살에 처한다"는 방송이 요란하게 들렸다.

하루 종일 걸어서 다음 날 새벽 군포역에 도착했다. 마침 마지막 떠나는 화물열차가 있었다. 화차 안은 물론 지붕에도 피난민이 빽빽이 타고 있었다. 간신히 비집고 화차 안으로 들어가니 철도 직원들이 가운데에 난로를 피워 놓고 밀가루 포대를 계단식으로 쌓아 사람들이 그 위에 가득 앉아 있었다.

우리 옆자리에는 평양에서 피난 온 세 모녀가 있었다. 큰딸은 스무 살, 작은 딸은 내 또래쯤 되어 보였는데 귀티가 나고 예쁘장했다. 돈을 많이 주고 화차를 탔을 텐데, 이 약한 여성들이 어디서 무엇을 하며 살아갈지 딱해 보였다. 기차는 가다 쉬다를 반복한 후 사흘 만에 대전에 도착했다.

우리는 대전 역전에 방 한 칸을 얻어 한 달 동안 그곳에서 지냈다. 그때만 해도 문맹자가 많아서 우리 세 부자는 병무청과 시청 앞에 사과상자를 놓고 군 입대 지원서나 호적등본 발급 신청서를 대서하여 번 돈으로 겨우 살아갈 수 있었다.

중공군이 수원까지 쳐들어오자 정부와 국회는 부산으로 내려가고, 육군 본부는 대구로 옮겼다는 풍문이 돌았다. 우리도 기차를 타고 대구로 내려가 북성로 2가 박장로 집에 피난 보따리를 풀었다. 방 다섯 개에 피난민이 가득 차 있어 어머니는 남의 집 식구 틈에 끼어서 자고, 우리는 경북도청 숙직실에서 잤다.

얼마 후 대구 교외에 있는 침산동에 방 한 칸을 얻어 살 때였다. 하루는 아버지 심부름으로 오만 원을 주머니에 넣고 가다가 잠시 내기장기를 구경했는데, 그 사이 그 돈을 소매치기 당했다. 당장 양식을 살 돈도 없는 처지에 너무나 기가 막혀 하늘이 노랗게 보였다. 부모님 뵐 면목이 없어 당장 죽고만 싶었다. 그때의 충격이 얼마나 컸던지 그 후 살아가면서 버스나 지하철에서는 신경을 곤두세우는 버릇을 갖게 되었다.

형은 서울경찰국 대구사무소에서 근무했고, 나는 대구역 앞 PX에서 담배를 사가지고 나오는 미군들에게 매달려 양담배를 샀다. 럭키스트라이크Lucky Strike, 캐멀Camel, 체스터필드Chesterfield 순으로 인기가 좋았다. 이런 담배를 상인들에게 팔곤 했으나 남는 것이 별로 없었다. 그러나 달리 돈 벌 방법이 없었다.

아버지는 전국피난민연합회를 조직하여 회장이 되었지만, 돈이 되는 일은 아니었다. 다행히 전에 공무원으로 함께 근무하던 경상북도 차경삼 보사국장의 주선으로 대구 동부시립병원 사무장으로 근무하게 되었다.

범어동에 방을 얻어 살면서 어머니는 모시와 삼베를 도매상에서 떼어다 가정집에 팔았다. 만석꾼 부잣집 맏딸로 고생 모르고 남부럽지 않게 살던 어머니도 별수 없이 행상에 나선 것이었다. 남달리 자존심이 강한 어머니가 푸대접을 받아가며 집집마다 찾아다니는 모습을 보니 무척 가슴이 아팠다.

동생은 전시연합중학교에 다녔고, 나는 다른 피난민 학생들과 함께 대구중학 4학년에 들어가 공부했다. 1951년 9월, 고등학교 2학년이 되면서 피난 온 학생들을 여러 학교에 분산시키게 되어 나는 영남고등학교에 배치되었다. 처음에는 지방 학생과 한 반에서 공부하다가 피난 온 학생과 실력 차이가 너무 커서 분반을 했다.

2학년이 끝나갈 무렵, 육군사관학교 11기생 모집공고가 있었다. 고달픈 피난 생활이 지겨워 응시할까 생각도 했으나 군인 생활은 나의 성격에 맞지 않는 것 같아 그만두었다. 만일 그때 전두환, 노태우 대통령과 같은 11기생이 되었더라면 군인이 되어 나의 인생행로가 크게 달라졌을 것이다.

몇 개월 후, 아버지는 미 8군 부대에서 나오는 각종 폐기물을 재활용하는 오물처리장 책임자로 자리를 옮겼다. 수입이 꽤 괜찮았다. 하지만 거기에서 나오는 돈을 상관들에게 갖다 바쳐야 하는데 양심적이고 고지식한 아버지는 그러지 못해 얼마 안 가서 잘리고 말았다.

다시 고통스런 날들이 이어졌다. 나는 할 수 없이 학업을 중단하고 오물처리장에서 일을 해야 했다. 주로 깡통을 펴는 작업이었다. 하루 종일 일하고 나면 몸이 천근 같고, 손에는 상처투성이였다. 그 무렵 쌀 한 가마는 13만 5천 원, 보리는 8만 원이었다. 공무원 월급은 3만 원 내외, 근로자 노임은 1, 2만 원에 지나지 않았다.

하루 한 끼 먹기도 무척 힘들었다. 돈이 생기면 쌀 한 되와 장작 한 단으로 밥을 지어 허기진 배를 채우는데, 먹는 때보다 굶은 적이 더 많았다. 배고픈 것보다 참기 힘든 일이 없다는 것을 그때 뼈저리게 느꼈다.

나는 어느 날 달밤에 허기진 몸으로 장작 한 단을 사들고 걸으며 둥근 달에게 맹세했다. "이 시련은 평생 잊지 않을 것이며, 결코 헛된 일이 되지 않게 할 것이다"라고 굳게 다짐했다. 그리고 어느 때보다 힘들었던 그곳에서의 고통을 '범어동의 고난'이라 이름지어 불렀다. 이 시련은 연약하기만 했던 나를 강하게 만들었고, 돈으로 살 수 없는 무형의 큰 자산이 되어 인내심과 강한 투지를 심어 준 것 같다.

어려움에 부딪힐 때마다 '범어동의 고난'을 생각만 해도 용기와 힘이 절로 생겨나 세상 살아가는 데 큰 도움이 되었다. '젊어서 고생은 돈을 주고도 못 산다'는 말이 진리라는 것을 새삼 실감하게 되었다.

해양대 학생이 되어

풋내기 마도로스

가고시마 거리에 내리던 부슬비

말라카 해협을 지나서

갚을 길 없는 선배들의 은혜

2부
말라카 해협을 지나서

2부 말라카 해협을 지나서

해양대 학생이 되어

1952년 가을, 아버지는 H농림국장의 배려로 농업창고장이 되었다. 그나마 다행이었지만 박봉으로 생활하기 힘든 것은 마찬가지였다. 생활비를 많이 도와주던 형이 서울시경을 그만두고 대학에 복학했다.

나의 대학 진학이 큰 문제였다. 피난 생활을 하는 동안 고등학교에서 정상수업을 한 것은 불과 몇 개월에 지나지 않았다. 그래도 서울대학 법과에 지원하고 싶었다. 영어사전을 통째로 외우겠다고 의지를 세울 만큼 영어에는 어느 정도 자신이 있기 때문이었다.

그러나 아버지의 생각은 달랐다. 약학대학이나 이공계로 가라는 것이었다. 전쟁 중에도 전문직이나 기술자들은 일자리를 구할 수 있었으나, 인문계 출신이나 행정직들은 취업이 되지 않아 고생한다는 것을 뼈저리게 체험했기 때문이었다. 아버지의 말씀이 일리가 있었지만 그렇다고 내 적성에 맞지 않는 분야를 선택하기는 싫었다.

그때는 집안 사정이 너무 어려워 인문계든 이공계든 대학에 진학할 형편이 못 되었다. 형의 등록금 내기도 빠듯한 상황에서 무슨 재간으로 내 등록금까지 마련한단 말인가. 아무리 궁리해 봐도 뾰족한 묘안이 없었다.

아버지께서는 집안 사정이 아무리 어렵다 해드 "대학에 갈 형편이 못 된다"라고 차마 말씀을 하시지 못할 거라는 것을 나는 잘 알고 있었다. 아버지의 마음이 얼마나 아프실까를 생각하니 내 가슴이 더 미어졌다.

때마침 해양대학 신입생 모집공고가 났다. 특차로 다른 대학보다 일찍 뽑았다. 입학금만 내면 4년 동안 등록금이 면제되고, 숙식도 국비로 제공해 주며, 교복까지 무상으로 준다고 했다. 졸업 후에는 해군 예비역 소위로 임관되며, 원양상선 항해사가 되면 봉급을 많이 받게 된다고도 했다.

내 희망과는 거리가 멀고 성격에도 맞지 않았지만, 달리 대안이 없었다. 우선 해양대학에 입학한 후 혹시 재학 중이라도 집안 사정이 좋아지면 다른 대학으로 옮기려고 생각했다. 그럴 형편이 못 되면 졸업 후에 취직하여 번 돈으로 늦게라도 원하는 대학에 가리라 생각했다.

6·25전쟁 중이던 그때는 가정형편이 어려운 사람이 많았다. 그래서인지 항해과, 기관과 각각 50명 모집에 전국 각지에서 1,400여 명이 몰려와 부산과 군산에서 시험을 치렀다. 다행히 9기

항해과에 합격했다. 남들은 어려운 경쟁을 뚫고 합격했다 하여 축하해 주었지만 내 마음은 씁쓸했다. 내가 원하는 길을 간다 해도 경쟁이 심한 사회에서 성공하기 어려운데, 엉뚱한 길로 돌아가야 하니 참으로 안타까운 일이 아닐 수 없었다. 험준한 산이 앞길을 가로막고 있는 것 같은 답답한 심정이었지만, 그것이 주어진 나의 운명이라면 노력과 강한 의지로 극복해야겠다고 굳게 다짐했다.

대학 생활은 군대와 비슷했다. 침대가 있는 널따란 마루방에서 합숙을 하며 기상나팔 소리에 맞춰 일어나 체조와 구보를 한 후 아침식사를 했다. 수업은 오전에만 하고 오후 대부분의 시간은 군사훈련을 했다. 나는 기수로 뽑혀 교기를 들고 맨 앞에서 행진했다. 교관인 해군중령과 준위는 수시로 포복과 엎드려뻗쳐를 시켰다. 팔꿈치가 빨갛게 벗겨져 쓰리고 아팠다.

밤에는 당직 사령인 7, 8기 선배들이 비상소집을 하여 행동이 느리거나 건방지다는 이유로 곤봉으로 엉덩이를 수없이 얻어맞았다. 서너 대 정도는 자고 나면 괜찮아졌으나, 다섯 대 이상 열 대 가까이 맞고 나면 허벅지에 피멍이 들어 반듯이 눕지도 못했다. 잠을 이루지 못할 정도로 고통이 심해 며칠씩 고생해야 했다.

신세타령이 절로 나와 마음 같아서는 뛰쳐나가고 싶었지만 꾹 참을 수밖에 없었다. 선배들이 그렇게 때리는 것은 자기들도 선배들에게 그렇게 얻어맞았으며, 그것이 기강을 세우기 위한 관례라고 생각하기 때문인 것 같았다. 내가 당직 사령이 되면 시정하리라 마음먹었다.

　1학년 1학기를 마칠 무렵, 학교가 군산에서 브산 거제리로 이전했다. 교사는 가건물이고, 기숙사가 없어 각자 방을 구해야 했다. 나는 학교에서 가까운 철도관사의 다다미 석 장 방을 얻어 잠을 자고 세끼 식사는 학교에서 했다. 보리밥에 된장국과 반찬 한두 가지가 전부였다. 혈기왕성한 우리에게는 턱없이 부족한 양이었다. 네 시 반에 저녁식사를 하고 일곱 시쯤 되면 배가 고파 견딜 수가 없었다. 거제리 시장에 가서 밥을 사 먹었다. 때로는 돈을 아끼기 위해 자취를 하기도 했다.

　2학기부터는 군사훈련을 거의 하지 않고 정상수업을 했다. 영어, 수학 등 일반교양과목과 항해, 운용학 등 전공과목을 배웠다. 나는 다른 대학 편입에 대비해 틈틈이 법학, 행정법, 경제학을 공부했다. 하지만 1학년이 끝날 때가 되어도 집안 사정은 달라지지 않았다. 몇몇 친구가 서울대와 고려대로 갔다. 나는 그들이 무척 부러웠다.

　어머니께서 매달 6,000환을 보내 주셨다. 방값과 식대를 내고 나면 남는 게 없었다. 책이나 필요한 물건도 살 수 없고, 영화 구경이나 데이트는 엄두도 낼 수 없었다. 그 금액은 아버지 월급의 3분의 1이나 되는 것으로 그나마 어머니가 계를 하셨기에 송금이 가능했다. 돈이 늦게 오거나 안 올 땐 꼼짝없이 굶어야 했다. 굶주림은 끈질기게 나를 따라다니며 괴롭혔다.

　우리 집 근처에 경남여고 2학년 여고생이 있었다. 마산에서 초등학교를 나와 이모집에서 살고 있었는데 나를 오빠라 부르며 친동생처럼 따랐다. 내가 좋아하는 스타일의 귀염둥이였으며 등산할 때는 산 밑까지 따라오기도 했다. 시내에서 인기 있는 영화가 상영되고 있다며 보러 가자고 보채기도 했지만 갈 수 없었다. 친구들이 레스토랑, 영화관, 댄스홀을 다니면서 청춘을 즐기는 것을 볼 때면, 그렇게 부러울 수가 없었다. 모처럼 데이트를 할 수 있는 기회가 왔었지만, 그럴 형편이 못 되었다. 지금도 가끔 그때를 떠올리면 내 자신에게 미안한 생각이 든다.

나의 유일한 즐거움은 등산이었다. 집 뒤에 나무가 우거진 높은 산이 있었는데, 비가 오나 눈이 오나 올라가서 생각에 잠기기도 하고 노래도 부르고 웅변을 하기도 했다. 숲속을 거닐다 보면 배고픔도 잊고 근심 걱정 없이 새로운 삶의 의욕이 생겼다.

1956년 11월, 3학년 2학기가 끝날 무렵 영도 동삼동에 있는 신축 교사로 옮겼다. 강의실 외에 도서실, 식당, 목욕탕, 휴게실, 기숙사 등이 있는 최신식 건물이었다. 낙성식에 이승만 대통령과 교통부장관 등 많은 인사가 참석했다.

학업 환경은 몰라보게 좋아졌지만 식사량은 여전히 적어 늘 배가 고팠다. 게다가 내가 가고자 하는 분야와는 전혀 다른 강의를 들으니 흥미도 없고, 공부할 의욕도 생기지 않았다.

20대 초 혈기왕성한 꽃다운 청춘에 데이트 한 번 하지 못했다. 친구들과 어울려 대포 한 잔 하면서 꿈과 낭만을 즐기는 기쁨도 없이 3학년까지 그렇게 메마르고 쓸쓸한 대학 생활을 보내야 했다.

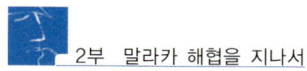 2부 말라카 해협을 지나서

풋내기 마도로스

해양대학에서는 4학년이 되면 해상실습을 나간다. 그때는 실습선이 따로 없어 해운공사와 개인회사 소속 선박에 각각 네 명씩 배치되었다.

1. 나의 첫 항해

나는 해운공사 소속으로 43년이나 된 1,700톤급 '평안호'에 탔다. 낡고 작은 데다가 속력이 느려서 선원들은 '똥배'라 부르기도 했다. 그러나 풋내기 마도로스의 첫 항해여서, 마치 첫사랑과의 첫 데이트처럼 가슴이 설레었다. 배가 고동소리를 길게 울리며 부산항을 떠나 영도를 돌아갈 때까지 뱃머리에 서서 멀어져 가는 부산항을 바라보며 흥분을 감추지 못했다.

첫 항해를 축복해 주듯 날씨도 쾌청했다. 사방이 푸른 하늘과 검푸른 바다뿐이어서 푸른색을 좋아하는 나는 황홀했다. 끝없는 대자연, 그 아름다움을 새삼스레 느낄 수 있었고, 몸과 마음이 저절로 맑아지는 것 같았다. 새벽 수평선 너머에서 부글거리며 떠오르는 태양의 모습은 장엄했다. 마치 나에게 새로운 희망을 안겨 주는 듯. 저녁에 서쪽 바다로 조용히 빠져 들어가는 아름다운 일몰은 이별을 아쉬워하며 떠나가는 여인 같았다.

배가 파도를 헤치며 달릴 때, 뱃머리에 부딪혀 부서지는 포말은 낮에도 멋지지만 달빛을 받으면 하나 하나가 진주처럼 반짝였다. 파도는 때로 거칠게, 때로 잔잔하게, 숨을 고르기도 했다. 거울처럼 잔잔할 때는 부모형제나 연인의 얼굴이 비치는 듯했다.

배가 낯선 항구 가까이 다가가면 갈매기 떼가 반가운 친구를 만난 듯 배 위를 맴돌며 환영해 주었다. 먼 바다에서는 때때로 상어, 돌고래, 다랑어가 떼를 지어 나타났다. 배와 앞서거니 뒤서거니 하면서 경주를 벌이다가 멋진 곡예를 보인 후 사라지곤 했다. 자기들끼리만 헤엄치는 것이 심심했는지 모처럼 경주 상대를 만나 신바람이 난 듯했다.

대마도를 지나 망망대해로 나갔다. 일등항해사와 함께 오전과 오후 네 시에서 여덟 시까지 브리지에서 당직을 보았다. 학교에서 배운 대로 육지나 섬이 보이는 곳에서는 등대나 산꼭대기를 기준으로 하고, 먼 바다에서는 해와 별을 기준으로 항측航測하여 해도상에 배의 위치를 수시로 확인했다. 그리고 오가는 배를 보면서 조타수에게 항해 방향과 속도를 지시했다.

다음 날 아침, 일본 규슈 남단에 있는 가고시마 만을 거슬러 올라갔다. 양쪽이 울창한 산림으로 둘러싸여 있고, 오가는 배들이 깨끗하고 속력이 빨라 이국에 간 것이 실감났다. 가고시마 항에 입항할 때 마침 그곳의 수산대학 실습선이 닻을 올리고 출발하고 있었다. 크기는 우리 배와 비슷했지만 최신형으로 레이더와 최신식 설비를 갖추고 있었다. 우리나라의 유일한 해양대학도 실습선이 없는데 일본에서는 지방대학에도 실습선이 있는 것이 무척 부러웠다.

가고시마 항은 규모가 그다지 크지 않았다. 3천 톤급 여객선이 도쿄, 오사카, 오키나와 등지를 왕래했다. 배가 떠날 때마다 '이별의 노래'가 울려 퍼지는 가운데 떠나는 사람과 환송하는 사람이 긴 테이프를 마주 잡고 있었다. 배가 부두를 떠나 테이프가 끊어질 때까지 눈물을 흘리며 이별을 아쉬워하는 모습이 퍽 인상적이었다.

현청 소재지인 가고시마는 인구가 26만 명이라고 했다. 건물들이 깨끗하고 야자수가 늘어선 시가지도 아름다웠으며, 남국의 풍취가 물씬 풍겼다. 웅장한 사쿠라지마 화산 중턱은 구름에 가려 있고, 꼭대기에서는 이따금 흰 연기를 내뿜어 운치를 더했다. 나는 5박6일 머무는 동안 시로야마 공원, 동물원, 식물원, 백화점 등을 두루 구경했다. 네온사인과 만국기로 화려하게 장식한 덴몬칸 거리를 거닐 때는 황홀하기까지 했다.

그곳은 일본에서 인물이 많이 나는 곳으로 유명했다. 사시마와 야마가타 사람들이 메이지유신을 주도해서 그런지 사이고 다카모리를 비롯한 유명한 사람들의 동상이 눈에 많이 띄었다. 명산인 사쿠라지마 때문에 인물이 많이 난다고 했지만, 똑똑한 남자들은 도쿄나 오사카 같은 외지로 무조건 내보내는 습관 때문이 아닌가 생각했다.

가고시마는 첫 항해 때 첫 번째로 가서 도야마 다에코를 만나 난생 처음 데이트를 한 곳이다. 그 후 일본 여러 곳을 다녀봤지만 그곳만큼 따뜻하고 정감이 넘치는 곳은 없는 것 같았다. 일본에도 마음의 고향이 생겨 흐뭇했다.

가고시마를 떠나 호소가와와 모지를 거쳐 여수항으로 입항할 때였다. 선원들이 잔뜩 긴장하여 분위기가 심상치 않았다. 입항 수속이 끝난 후 세관원이 배에 올라왔다. 선원들과 한바탕 숨바꼭질이 벌어졌다. 밀수품이 발각되면 몰수당하고, 심한 경우 벌금까지 내야 하므로 선원들은 불안해 하고 있었다.

그 당시 우리나라에서는 넥타이, 나일론 양말 등 일상용품조차 제대로 생산되지 않아 일본, 홍콩에서 이런 물건을 사 오면 적어도 50%, 잘하면 2배 가까이 남는다고 했다. 그래서 선원들은 침대 밑과 벽, 천장은 물론 창고, 기관실 같은 은밀한 곳에 물건을 숨겨 두어 배가 성한 곳이 없을 정도였다.

2. 즐거웠던 군산호 생활

7월 초, 군산호로 옮겨 탔다. 총 톤수가 3,827톤이며, 평균 속력은 10노트였다. 조타시설이 자동이며, 침실도 호텔처럼 꾸며졌고 식사도 좋았다. 학교에서 3년간 보리밥에 된장국과 반찬 한두 가지로 굶주리던 것과 비교하면 엄청난 호사였다. 비프스테이크 같은 양식과 갈비찜 같은 한식도 마음껏 먹을 수 있었다.

부산을 떠나 사흘 후 도쿄에 도착하여 11일간 도쿄와 요코하마 항에 정박했다. 매일 시내에 나가 도쿄, 와세다대학을 비롯해 공원, 박물관, 동식물원, 백화점 등을 두루 구경했다. 일제강점기에 초등학교를 다니면서 아침마다 절을 했던 천황이 살고 있는 궁성을 보았을 때는 착잡한 심정이었다. 외곽을 한 바퀴 도는 데 꼬박 한 시간이 걸렸다. 간다 거리에는 수많은 서점에 각 분야의 전문 서적들이 수북이 진열되어 있어 감탄하지 않을 수 없었다. 일본이 선진국으로 발전한 저력이 거기에서 나왔구나 싶었다.

가와사키 조선소는 규모가 여의도 면적만큼 커 보였다. 요코하마 항은 동양 제일의 항구답게 웅장하여 대형 선박들이 셀 수 없이 많이 정박해 있었다. 6·25전쟁으로 우리 국토는 폐허가 되어 있는데, 우리를 지배하며 괴롭히던 일본은 6·25전쟁 특수 경기에 힘입어 그렇게 잘 살고 있었다. '우리도 생전에 저들처럼 발전할 수 있을까' 생각하니 가슴이 답답했다.

요코하마를 떠나 부산에 귀항했다가 필리핀으로 갔다. 엿새 동안 항해 끝에 루손 섬 북쪽에 있는 토바코 항에 도착했다. 인구 4만 명의 자그마하고 아담한 도시였다. 일본의 후지산처럼 정삼각형으로 생긴 아름다운 산이 우뚝 솟아 있었다. 높이가 2,400m인 마욘산은 활화산으로 이따금 연기를 내뿜고 있어 장관이었다.

필리핀은 1인당 국민소득이 우리나라보다 세 배나 높고, 영어를 공용어로 쓰며 각종 제도가 미국식으로 근대화되어 있었다. 그러나 중국인과 외국인이 경제권을 쥐고 있어 빈부의 격차가 심한 것 같았다. 시장에서 사과 한 개와 스무 개가 넘게 달린 바나나 한 송이와 맞바꾸었다. 그즈음 국내에서는 바나나 구경조차 할 수 없었고 가격도 엄청 비쌌다. 우리나라 사과가 그렇게 향기가 좋고 맛있다는 것을 그곳에서 처음 알았다.

  일행 중 한 사람은 주머니에 넣을 수 있는 귀엽게 생긴 원숭이를 가방 하나와 바꾸었다. 그들은 포켓 멍키 잡는 방법을 알려 주었다. 빈 야자열매에 밤을 넣어 끈으로 매달아 둔다고 했다. 그러면 원숭이가 와서 야자열매 속에 손을 넣어 밤을 쥔 후 손을 빼려고 할 때 쉽게 잡을 수 있다는 것이다. 욕심이 많은 원숭이는 손에 쥔 밤을 끝까지 놓지 않기 때문에 잡히고 만다고 한다. 사람도 원숭이처럼 영리한 체하지만 괜한 집착에 사로잡히는 경우가 흔히 있지 않은가.

  군산호 선장은 앨버트라는 미국인이었다. 그는 스물세 살 때부터 40년간 배를 타고 있다고 했다. 군산호를 미국에서 인수하면서 선장으로 왔으며, 월급이 1,200달러나 되어 선원 전체 월급을 합친 것보다도 많았다. 영어회화를 배우기 위해 그분과 친하게 지냈다. 외톨박이로 외로워하던 그는 나를 따뜻하게 대해 주었다. 술, 담배, 초콜릿 등을 선물로 주곤 했다. 그런데 그가 떠나면 선장이 되기로 예정되어 있던 일등항해사는 나 때문에 선장이 가지 않는

다면서 나를 미워하고 트집을 잡았다. 인간적으로 친해진 선장과 대학 선배인 일등항해사와의 틈바구니에서 적지 않게 마음고생을 했다.

3. 죽을 고비를 넘긴 포항호

11월에 군산호와 비슷한 크기의 포항호로 옮겨 탔다. 일본 동해안에 있는 미야즈 항에 입항했다. 그곳에는 일본 3경의 하나인 아마노하시다테天ノ橋立가 있었다. 마치 조물주가 정성들여 만든 듯 육지가 바다로 길게 뻗어 호수처럼 되어 있고, 양쪽으로 백사장과 솔밭이 조화를 이루어 운치를 더했다. 때마침 단풍이 한창인데다 첫눈이 내려 흰 꽃을 피운 소나무와 단풍이 잘 어우러져 절경을 이루고 있었다. 이 광경을 허리를 굽혀 다리 사이로 거꾸로 보면, 마치 하늘로 올라가는 다리처럼 보였다. 내가 속세를 떠나 하늘에 오른 신선처럼 느껴졌다.

친구와 함께 기차를 타고 오사카로 갔다. 츠루하시에는 한국 음식점과 상점이 많았다. 교포 한 분이 친절하게도 도요토미 히데요시가 살았던 천수각을 비롯해 시내 여러 곳을 관광시켜 주었다. 저녁에는 네온사인이 휘황찬란한 홍등가도 가 보았다. 항구마다 아가씨가 많이 있었지만, 그곳엔 한 블록에 무려 3천 명이나 모여 있다고 했다. 옛날 왕이 삼천궁녀를 거느렸다는데, 직접 가서 보니 어마어마한 수였다. 짙게 화장을 하고 기모노를 화려하게 차려

입은 아가씨들이 길거리에 나와 지나가는 사람을 유혹하고 있었다. 어떤 아가씨들은 술 취한 사람을 넷이서 납치하다시피 끌고 가는가 하면, 점잖게 생긴 중년 남자는 스스럼없이 마음에 드는 아가씨를 고르기도 했다.

우리는 구경하는 것만으로도 쑥스러웠는데, 일본 남성들은 그곳에 가는 것을 대수롭지 않게 생각하는 것 같았다. 도쿄에는 이보다 더 큰 홍등가도 있다고 했다. 그러나 경제가 발전하고 소득 수준이 높아지면서 다음 해인 1957년 공창제도가 폐지되었다.

미야즈를 떠나 홋카이도 남쪽에 있는 무로란과 하코다테에서 시멘트를 실은 후, 12월 24일 크리스마스이브에 인천을 향해 출항했다. 항구를 벗어나자 새카만 구름과 함께 폭풍우가 몰려왔다. 배가 전후좌우로 요동쳤다. 처음에는 머리가 아프다가 뱃속이 울렁거리더니 밥 먹은 것은 물론 내장에 있는 모든 것을 토했다. 세상만사가 귀찮아지고 처량하게 느껴졌다. 참기 힘든 고통이었다.

그 후 얼마동안 날씨가 괜찮아지는 듯하여 기진맥진한 몸으로 브리지에 올라가 당직을 보았다. 그런데 다음 날 아침, 한층 더 큰 폭풍우가 몰아쳤다. 산더미 같은 노도가 몰려와 뱃머리가 물속에 한참 잠겼다가 나오기를 수없이 반복하더니 배가 30~35도까지 좌우로 기울어지는 것이었다. 큰 파도가 곧 배를 삼켜 버릴 것만 같았다. 모두들 공포에 떨었다. 배를 오래 탄 선원들도 뱃멀미를 하고 겁에 질려 얼굴색이 새파래졌다. 식탁과 선반에서 쏟아져 내린 그릇과 물건들이 바닥에 굴러다녀 공포 분위기를 더 자아냈다.

침대를 꽉 붙들고 누웠다. 죽음의 공포 속에서 부모형제의 모습이 먼저 떠올랐다. 스물셋의 꽃다운 나이에 이대로 죽는다고 생각하니 너무나도 기가 막혔다. 이 세상에 태어나 무엇 하나 제대로 한 것 없이 고생만 하다가 죽다니 억울하였다.

크리스마스날 꼼짝없이 죽을 고비에 처한 나는 호소할 데라곤 하나님밖에 없었다. 눈물을 흘리면서 살려 달라고 진심으로 빌고 또 빌었다. 살려만 주시면 독실한 신자가 되어 앞으로 좋은 일 많이 하며 살아가겠다고 다짐을 했다.

반 시간쯤 지나 나의 기도 덕분이었는지 폭풍우의 기세가 꺾이기 시작했다. "이제 살았구나." 탄성이 절로 나오고 안도감과 다시 살아난 희열로 가슴이 벅찼다. 얼마 후 바다는 언제 그랬느냐는 듯 거울처럼 잔잔해졌다.

독도 옆을 지나 인천항에서 하역을 마친 후 묵호로 갔다. 동해안을 따라 항해하는데, 바닷가 자그마한 마을에 있는 집들에서 불빛이 비쳤다. 가족들이 모여 앉아 식사를 하며 정다운 얘기를 오순도순 나누는 모습이 보이는 듯했다. 참으로 부러운 생각이 들었다. 총각인 내가 그 정도니 가족이 있는 선원들의 심정은 어떠했을까. 인간의 행복은 먼 데 있는 것이 아니고, 평범한 가정에 깃들어 있다는 것을 새삼 느꼈다.

부산항에 돌아온 후, 필리핀의 바콜로드에 갔다. 인구 7만 명의 작은 도시인데도 의외로 아담하고 번화했다. 또 대학이 다섯 개나 있어 학교마다 유치원, 초등학교, 중·고등학교가 같은 캠퍼스에 있었다. 시내 구경하러 갔다가 그곳 사람들이 신기한 눈으로 쳐다보아 우리가 오히려 그들의 구경거리가 되었다.

처음에는 일본 사람인 줄 알고 곱지 않은 눈초리였으나, 한국인이라고 하니 반가워하며 친절하게 대해 주었다. 2차 세계대전 중 일본군이 필리핀 사람을 많이 학살했다고 했다. 아마도 한국 배로는 우리 배가 처음 그곳에 간 것 같았다.

열흘 동안 그곳에 머물면서 여러 곳을 구경하러 다녔다. 하루는 혼자 마차를 타고 사탕수수밭 사이를 달려 교외로 갔다가 때마침 놀러온 20여 명의 여대생을 만났다. 호기심 많은 그들과 어울려서 사진을 찍고 노래를 부르며 신나게 놀았다. 유명한 배우라도 된 듯 그들로부터 사인 공세를 받았다.

그곳에서 만난 닌화Ninfa라는 학생은 함께 온 친구들의 리더인 듯했다. 내가 그들의 노는 모습을 흥미 있게 쳐다보며 지나갈 때, 나를 불러들인 것이 그녀였다. 그녀가 손을 흔들며 오라고 하여 내가 망설이자 다가와 악수를 청한 후, 어느 나라에서 왔으며 이름과 직업이 무엇인지 물었다. 그리고 나를 자기 자리로 데리고 가서 친구들에게 소개했다.

뜨거운 박수를 받은 나는 처음에는 얼떨떨했으나 이내 친해질 수 있었다. 차려놓은 음식을 먹으며 그들을 따라 노래도 불렀다. 아가씨들이 따라 주는 맥주를 사양하지 않고 마시다 보니 어느덧 거나하게 취해 임금님이 부럽지 않은 기분이었다. 20여 명의 아가씨들과 어깨동무하고 춤추며 즐겁게 논 것은 난생 처음 있는 일이었다. 뜻밖에 굴러온 젊은 날의 행운이라고나 할까.

닌화는 바콜로드대학 영문과 2학년이라고 했다. 성격이 활발하고 정열적이었으며, 큰 눈이 예뻤다. 헤어질 때 그녀는 다음 날 오전, 부두에 있는 우리 배로 오겠다고 했다. 우리는 시내에서 영화를 본 후, 그곳 특유의 생선요리를 먹었다. 세계적으로 알아준다는 산미구엘 맥주는 목구멍으로 넘어갈 때 쏘는 듯한 상쾌한 맛이 좋았다. 공원을 거닐며 그녀가 살며시 팔짱을 낄 때는 가슴이 두근거려 날아갈 듯한 기분이었다.

그녀의 집에도 갔다. 환경이 썩 좋은 부촌에 살고 있었다. 그녀의 모친이 친절히 맞이해 주었다. 응접실에서 선조들을 포함한 가족 앨범을 보여 주는데, 자기의 선조가 순수한 토착민이 아니라 스페인과 중국인의 피가 섞여 있다는 것을 강조했다. 순수 혈통을 자랑하는 우리와는 달랐다.

그녀는 말라캣 카나갈리Malacat Kanagali라는 노래를 부르며 나에게 따라서 하라고 했다. 외국인과 열렬히 사랑을 하다가 떠나보내는 애절한 노래였다. 우리나라 아리랑처럼 부르기가 쉬웠다. 그곳 사람들이 가장 많이 즐겨 부르는 노래라고 했다.

그녀와 아쉬운 이별을 한 후, 산 칼로스에 갔다. 어느 여고에서 개최된 밸런타인데이 행사에 초대받았다. 2월 14일이 밸런타인데이라는 것을 그때 처음 알았다. 흰 가운을 입은 남녀 학생들이 촛불을 들고 예배드리는 제법 성대한 의식이었다. 음식을 차린 방으로 옮기자 댄스파티가 열렸다. 여고생들과 어울려 춤추며 즐거운 시간을 보냈다. 학교에서 댄스를 가르쳤는지 모두 춤 솜씨가 뛰어났다.

다음 날 이등항해사와 함께 해안가에 있는 카페에서 럼주를 마셨다. 밴조, 기타, 바이올린을 지닌 악사 세 사람이 팝송 등 여러 가지 노래를 불러주는데 운치가 넘쳐흘렀다. 때마침 정월 보름달이 야자수 우거진 해안가를 대낮처럼 비추고 있어 환상적이었다. 우리에게 한국 노래를 부르라고 하여 '아리랑'을 합창했더니, 두어 번 들은 후 거의 틀리지 않고 연주하는 데 탄복했다.

그곳을 떠나 십자성을 뒤로 하고 8일 동안 항해 끝에 부산으로 돌아왔다. 항해 중에 이별을 슬퍼하며 노래를 불러주던 '닌화'의 젖은 눈동자가 자꾸만 어른거렸다. 그녀가 계속 그 노래를 부르고 있는 것 같아 나도 당직을 보며 수없이 불렀다. 마도로스 풋사랑이란 바로 이런 것을 두고 말하는 것 같았다.

포항호를 끝으로 풋내기 마도로스 생활은 막을 내렸다. 풍랑이 거칠 때는 남달리 뱃멀미를 심하게 하였고 죽을 고비를 넘기기도 했지만, 1년 간의 실습 생활은 즐거웠고 많은 추억을 남겼다. 지금도 가끔 그때 일들이 생생하게 떠오르곤 한다. 영화의 한 장면처럼.

2부 말라카 해협을 지나서

가고시마 거리에 내리던 부슬비

나는 부슬비를 좋아한다. 그중에서도 봄에 내리는 부슬비를 더 좋아한다. 그런 날은 혼자 우산을 받고 거닌다. 때로는 산에 오르기도 하고 철따라 온갖 꽃이 피고 지는 양재천변을 거닐기도 한다. 젊은 시절 불렀던 노래를 흥얼거리며 걷노라면 나는 행복감에 젖어 꿈 많던 시절, 낭만이 가득했던 스물세 살의 젊은이가 된다.

1956년 일본 규슈 남쪽에 있는 가고시마에 갔을 때였다. 5월 초라 녹음이 싱그럽게 우거지고 있었다. 친구와 함께 시내를 거닐고 있는데 부슬비가 내리는 것이었다. 우리는 가까운 우산 가게로 갔다. 젊은 점원 아가씨들이 친절하게 맞이했다.

우산을 고르는데 일본에 가면 우산 살이 여덟 개 있는 것을 사오라는 어느 선배의 말이 떠올랐다. 그런데 아가씨들이 펴 보이는 우산마다 살이 열 개였다. 고르다보니 우산이 상품대에 수북이 쌓였다. 미안해서 그대로 나올 수가 없어 하나를 골랐다.

돈을 지불하고 나오려는데, 아가씨들이 미소를 지으며 조심스레 묻는 것이었다.

"실례지만 어디에서 오셨습니까?"

"어디에서 왔는지 알아맞혀 보시지요."

"글쎄요…."

장난기가 동한 내가 말했다.

"홋카이도에서 왔습니다."

그 무렵 일본은 지역마다 사투리도 다르고 억양도 달라 말이 잘 통하지 않는 경우가 있었다. 그래서인지 그들은 내 말을 곧이곧대로 믿는 것 같았다.

"아, 그러세요."

"사실은 한국에서 왔는데요."

속인 것이 미안해서 나는 바로 이실직고했다.

"어머나, 정말이세요?"

그들은 깜짝 놀라는 것이었다. 그 당시 비행기 편도 많지 않았고 해외여행이 아주 어려웠던 시절이었다. 그들이 다시 물었다.

"어떻게 이곳에 오셨습니까?"

"우리는 고베상선대학과 같은 한국해양대학의 실습선을 타고 왔습니다."

그들은 고베상선대학을 잘 알고 있다며 반가워했다.

때마침 가게 주인도 없고 손님도 없었다. 그들은 우리를 붙들고 이것저것 계속 질문을 했다.

"한국은 추운 곳이지요?"

"한국 여자들은 얼굴이 희고 피부가 고운가요?"

그렇게 반 시간 이상 이야기를 나누었다. 그들은 가고시마 여자 상업학교를 나온 선후배 사이였다. 도야마 다에코富山妙子란 아가씨는 나와 동갑내기 스물세 살이고, 야마쿠라 마사코山倉昌子란 아가씨는 스물한 살이었다.

도야마 양은 키가 작고 피부가 가무잡잡한데- 눈이 큰 남방계의 미모를 지니고 있었다. 야마쿠라 양은 키가 크고 피부가 흰 편이며 몸매가 날씬했다. 잘 웃으며 쾌활했다. 두 사람이 아주 대조적이었다. 나는 쾌활하면서도 차분한 성격인 도야마 양이 어쩐지 매력적으로 느껴졌다. 도야마 양의 눈길 속에 나에 대한 호기심이 깃들어 있는 것 같기도 했다.

작별인사를 하고 가게 문을 나와 한참 걸어가고 있는데, 뒤에서 우리를 부르는 소리가 들렸다. 도야마 양이 지다를 신은 채 종종걸음으로 뛰어왔다. 혹시 계산이 잘못되었는가- 생각했다.

그녀는 우리를 향해 숨찬 목소리로 물었다.

"언제 귀국하십니까?"

너무나 뜻밖이었다.

"내일 돌아갈 예정입니다만, 몇 시에 일을 마치십니까?"

"여섯 시에 끝납니다."

"가고시마에 처음 왔는데 안내해 줄 수 있습니까?"

그녀는 쾌히 승낙하며 만날 시간과 장소를 알려 주었다.

우리는 설렘으로 가슴이 두근거렸다. 난생 처음 찾아간 이국땅에서 어여쁜 일본 아가씨와 데이트를 하게 되었으니 말이다.

우리는 여섯 시 반에 약속된 식당에서 만났다. 사시미와 스시를 곁들인 일본 정통 정식요리를 먹었다. 가고시마는 항구도시로 각종 수산물이 풍부하고 값도 싸다고 했다. 식당 한쪽 스테이지에서는 밴드음악이 흘러나오고 있었다. 식사를 마친 후 우리를 스테이지로 안내했다. 잘 못 추지만 흥겹게 춤을 추며 즐거운 시간을 보냈다.

다음 날 아쉬움을 남긴 채 가고시마를 떠난 나는 한 달쯤 지난 후 다시 가고시마에 가게 되었다. 우연치고는 여간해서 있을 수 없는 일이었다. 부산 광복동 거리에 있는 선물가게를 뒤져 보았지만 변변한 인형 하나 없던 시절이었다. 하는 수 없이 신라시대 복장을 한 석회석으로 만든 남녀 인형을 선물로 사 가지고 그 우산가게에 들렀다. 그렇게 반가워할 수가 없었다.

저녁에 도야마 양과 카페에서 만났다. 야마쿠라 양이 자리를 비켜 준 것 같았다. 남녀 가수가 번갈아 가며 반주에 맞춰서 멋진 노래를 부르고 있었다. 우리는 각자 취미며 한국과 일본에 관한 여러 가지 얘기를 나누었다.

그녀가 말을 할 때 일본 여성 특유의 높고 맑은 애교 있는 목소리가 가슴속까지 상쾌하게 울려 퍼졌다. 가슴이 녹는 듯했다. 그녀의 커다란 눈을 한참 들여다보고 있으면 내가 그 속으로 빨려

들어갈 것만 같았다. 그때마다 그녀는 내 마음을 읽기라도 했는지 살며시 눈을 아래로 뜨거나 눈길을 옆으로 돌리곤 했다. 그런 모습이 더 예뻤다.

우리는 음식점에서 스키야키를 시켰는데 달착지근하여 맛이 좋았다. 그녀는 번화가인 덴몬칸 거리로 안내했다. 파친코도 하고 소프트 아이스크림과 당고, 라면도 먹었다. 처음 해 보고 먹어 보는 것들이었다.

거리에는 만국기가 휘날리고, 노래가 흘러나왔다. 가게마다 온갖 상품이 넘쳐나 풍요의 극치를 이루고 있었다. 형형색색의 네온사인이 대낮처럼 밝게 비추고 있어 황홀했다. 천국이 따로 없는 것 같았다. 우리 생전에 이렇게 잘 사는 날이 올 수 있을까 생각하니 가슴이 답답했다.

그 당시 우리나라는 6·25전쟁으로 입은 상처가 채 가시지 않아 대부분의 공장과 주택, 건물들이 허물어져 있고 수많은 사람들이 굶주리고 있었다.

그런데 일본은 6·25전쟁이 일어나자 군수물자 등 46억 달러에 달하는 특수가 생기는 바람에 경제가 복구되어 신무경기神武景氣라 부르는 호황을 누리고 있었다.

가고시마는 인구 20여만 명의 대구만한 도시인데도 큰 백화점이 있고 미술관, 박물관, 동물원, 도서관, 도시공원 같은 문화시설이 잘 갖추어져 있었다. 가옥, 빌딩, 상가, 음식점 등이 깨끗하고 도시가 잘 정비되어 있었다. 일본 사람들은 마음이 좁고 잔인

한 줄 알았는데 그게 아니었다. 예의바르고 친절하며 자기 일에 성실한 것 같았다.

우리는 계속 시내를 거닐었다. 아침부터 내리던 부슬비가 온종일 내렸다. 빗속을 거닐며 그녀는 작은 소리로 노래를 들려주기도 했다. 둘이 한 우산을 쓰니 나의 왼쪽 어깨와 그녀의 오른쪽 어깨가 부슬비에 촉촉이 젖었다.

나는 우산 잡은 손을 그녀의 오른쪽 어깨 쪽으로 옮겼다. 그러자 그녀는 나에게 더 가까이 다가왔다. 한 번도 느껴보지 못했던 따뜻한 여자의 체온과 은은한 체취로 마치 전류에 감전된 듯했다. 그녀는 왼팔로 나의 허리를 살며시 감싸안았다. 우리는 그렇게 빗속을 거닐었다.

그 다음 날도 우리는 부슬비 속에서 만났다. 이름도 생소한 샤브샤브를 처음으로 맛있게 먹은 후 한 우산 속에서 시내를 걸었다. 미술관에 들러 그녀가 서양과 일본 작가의 그림을 설명하는데, 그 분야에 문외한인 나는 놀랍기만 했다. 시로야마 공원은 조명, 벤치, 오솔길 같은 여러 가지 시설이 잘 되어 있어 산책하기에 아주 좋았다.

우리는 공원을 거닌 후 근처에 있는 그녀의 집으로 갔다. 가족들이 못 사는 나라 한국의 청년을 어떻게 맞아 줄지 긴장되었다. 자그마하고 아담한 집이었다. 아버지는 철도국 공무원이라고 했다. 어머니가 차와 과자를 내오며 따뜻하게 맞아 주었다. 공무원 봉급으로 그녀와 남동생 두 명을 동시에 대학 보내기가 버거워 그녀는 대학 진학을 포기한 것 같았다. 전국 초등학교 그림 그리기 경연대회에서 1등 한 상장을 보여 주었다. 뛰어난 재능을 살리지 못할 것 같아 안타까운 생각이 들었다.

나는 헤어질 때 다시 만날 것을 굳게 약속했다. 작별인사를 하는데 그녀의 목소리가 떨렸다. 눈물이 글썽해지는 눈망울을 쳐다볼 수 없어 서둘러 돌아섰다.

다음 날 가고시마를 떠날 때 그녀의 얼굴이 자꾸 떠올랐다. 천국에서 쫓겨나오는 듯 허전했다.

귀국 후 고맙다는 편지를 보냈다. 그녀는 답장에서 난생 처음으로 많이 걸어 발가락에 여러 군데 물집이 생겼으며, 어머니가 나에 대해 좋은 인상을 가지고 있다는 것이었다. 그리고 가까운 시일 내에 가고시마에 다시 오기를 간절히 바란다고 했다.

하지만 나는 가고시마에 다시 갈 기회가 없었다. 우리는 2년 남짓 편지로만 열정을 삭였다. 나는 그 당시 학업을 계속하고 있었고 결혼을 하기에는 현실적으로 너무나 많은 장애가 가로놓여 있었다.

고심 끝에 결혼 적령기인 그녀를 놓아 주는 것이 그녀의 행복을 위한 길이며 도리라고 생각했다. 쓰라린 가슴을 안고 행복을 비는 마지막 편지를 보냈다. 그 후 연거푸 두 번이나 편지가 왔지만 끝내 답장을 보내지 않았다. 나는 그렇게 매정한 사나이가 되고 말았다.

오랜 세월이 흘렀는데도 가고시마의 부슬비 속에 싹튼 그녀에 대한 애틋한 정을 잊을 수 없다. 아니, 내 가슴속 깊이 그녀의 모습과 감정이 그대로 살아 있다.

지금도 부슬비가 내리는 날이면 나는 그때로 돌아가 그녀가 들려준 노래를 부르며 가고시마의 덴몬칸 거리와 시로야마 공원을 걷는 것이다.

그 후 일본 여러 지방을 다녀왔지만 가고시마에는 한 번도 가지 않았다. 내 가슴속에 간직하고 있는 천사 같은 그녀의 모습과 환상이 혹시나 깨지지 않을까 우려되기 때문인지도 모른다.

2부 말라카 해협을 지나서

말라카 해협을 지나서

1957년 봄, 해양대학을 졸업했다. 다른 대학에 편입학하려면 이듬해 봄까지 꼬박 1년을 기다려야 했다. 그동안 다닐 대학을 알아보면서 한편으로 공부도 했다.

그 무렵 대한해운공사 신입사원 모집공고가 있었다. 해양대학 졸업생이 가장 선망하는 곳이었다. 망설이다가 만일의 경우에 대비한다는 생각으로 응시했는데, 다행히 합격했다. 입사수속을 마치자 바로 부산호 삼등항해사로 발령이 나 1957년 6월 초, 동남아로 출항하게 되었다.

한두 달 후면 돌아오겠지 하고 떠났다. 필리핀의 바콜로드와 싱가포르를 거쳐 귀국할 예정이었다. 그러나 뜻밖에도 계획이 바뀌어 중동으로 가게 되었다. 그곳은 위락시설도 없고 몹시 더운 곳으로 알려져 있어 모두들 실망이 컸다.

싱가포르는 세계 각국 사람들이 드나드는 국제도시로 항구에는 늘 수십 척의 선박이 정박해 있어 해상운송의 중심지임을 실감할 수 있었다. 고층건물도 많고 상가도 번화하고 공원시설도 잘 되어 있었다. 다만, 중국인이 많이 사는 동네는 창가에 빨래가 걸려 있는 등 지저분해 보였다.

싱가포르를 떠나 말라카 해협을 지날 때 바다는 비단처럼 잔잔했다. 부모님과 형제, 친구들의 모습이 물 위에 어리는 것 같았다. 떠나기 전 며칠간 그녀의 집에서 머물며 함께 지내던 부산 거제리의 귀염둥이 아가씨 영자의 얼굴도 자꾸 떠올랐다. 경남여고 2학년인 그녀는 오빠가 없다며 나를 친오빠처럼 따랐다. 여동생이 없는 나도 잘 되었다 싶어 함께 영화도 보고 이마를 맞대고 숙제도 풀었다. 그 사이 정이 든 것 같았다.

말라카 해협은 인도네시아 수마트라 섬과 말레이 반도 사이에 있는 중요한 해상로다. 동서양을 왕래하는 선박들은 이 해협을 통과할 수밖에 없어 세계 해상무역의 절반 이상이 이곳을 통해 이루어지고 있다.

그러기에 18, 19세기 세계 5대양을 웅비하며 많은 식민지를 가지고 있던 영국은 말라카에 요새를 만들었다. 우리 배가 말레이 반도 연안을 따라 항해할 때, 여러 대의 대포가 총구를 우리에게 겨누고 있는 것 같아 그 모습이 사뭇 위압적으로 느껴졌다.

그 주변에는 야자수 그늘 아래 분홍색 지붕과 흰색 벽으로 된 아담한 집들이 옹기종기 모여 있어 한 폭의 그림 같았다. 해안을 따라 드문드문 있는 비치에서 수영을 즐기는 사람들의 모습도 무척 평화로워 보였다.

저녁 무렵 불어오는 바람은 훈풍보다 더 시원하고 솜털처럼 부드러워 어렸을 때 어머니 품에 안겼던 아늑함을 느끼게 했다. 상쾌하기 이를 데 없는 그 바람은 가슴속 깊이 스며들어 온갖 번뇌를 날려 버리고 황홀한 무아지경에 빠지게 했다. 수많은 별들이 쏟아져 내릴 듯한 밤하늘에 북쪽으로 나지막하게 떠 있는 북두칠성과 북극성, 남쪽 하늘 높이 반짝이는 십자성은 유난히 밝아, 한데 어울려 우리의 항해를 축복해 주는 듯했다.

사흘이나 걸려 950km나 되는 말라카 해협을 빠져나오자, 보이는 것은 푸른 하늘과 검푸른 바다뿐인 인도양의 망망대해였다. 나는 오전, 오후 여덟 시에서 열두 시까지 네 시간씩 조타수와 함께 브리지에서 당직을 섰다. 조타장치가 자동으로 되어 있어 별로 할 일이 없었다.

뱃머리에 부서지는 하얀 포말을 보며 추억에 잠기기도 하고, 미래를 설계해 보기도 하고, 흥얼흥얼 노래를 부르기도 했다. 조타수와 오랜 시간을 함께 지내다 보니 그가 살아온 이야기를 모두 듣게 되었다. 나는 그가 부르는 '목포의 눈물', '눈물 젖은 두만강' 같은 흘러간 노래를 열심히 따라 배우기도 했다. 그러다가 무료해지면 높은 브리지에 올라가 허공에 대고 목청껏 소리를 지르기도 했다.

우리만 외롭고 심심한 것은 아니었다. 마주 오는 배도 마찬가지였다. 배들은 서로 스쳐 지나갈 때마다 기적소리를 길게 뽑아 인사를 나누고, 무사 항해를 빌어 주었다. 낮에는 수기로 인사를 나누기도 했다.

나흘 후, 아라비아 해에 접어들었다. 한국 배로는 아마도 처음으로 가는 것 같았다. 오만 만을 거쳐 페르시아 걸프 만을 거슬러 올라가 이란의 반다르샤푸르에 도착했다.

항구 근처에 갔을 때 좁은 해로 운항, 입출항과 접안을 도와주는 파일럿이 우리 배에 올라왔다. 처음 보는 이란인이었다. 서양인처럼 키가 크고 코와 눈이 큼직하나 얼굴이 가무잡잡했다. 나이는 스무 살밖에 안 되었다는데도 턱수염이 많아 잘 봐주어도 서른 살은 되어 보였다.

이틀 후, 코라므샤르에 가서 닻을 내렸다. 철도, 창고, 사무실이 있는 작은 도시였다. 해변을 따라 각국 영사관이 있고, 멋진 야자나무 가로수가 있어 산책하기에 안성맞춤이었다. 세관 간부의 집에 초대를 받아 가 보니 어렵게 사는 서민들과는 달리 윤택해 보였다. 부인은 얼굴이 하얗고 금발 미인이었다. 그곳 특산물인 석류와 홍차, 과자를 대접받았다.

답례로 그 부인과 어린 딸을 우리 배에 초대하여 구경시켜 주었다. 기관실로 안내하여 디젤 엔진이 작동하는 것을 보여 주고, 브리지에서 배를 어떻게 조종하는지 알려 주었다. 자기 남편은 배를 수시로 타지만 자기는 처음이라며, 의외로 배가 깨끗하다고 했다. 그리고 자기가 남자로 태어났더라면 선원이 되어 세계 각국을 다녔을 것이라고 했다. 우리는 한국 음식도 대접했다. 불고

기와 김치를 처음 먹어 보는데도 맛있다고 했다.

그 후 우리는 다시 그녀의 집에 초대받아 가서 양고기를 실컷 먹었다. 그녀는 고등학교를 졸업한 후 열아홉 살 때 결혼하여 딸 하나를 두었다. 그곳에선 남자는 19~20세, 여자는 16~17세가 결혼 적령기라고 했다.

배에 돌아오자마자 우리 배가 그곳에서 4개월간 용선傭船되었다는 반갑지 않은 소식을 들었다. 덥고 메마른 그곳에서 지낼 생각을 하니 아찔했다. 모두들 실망이 컸다. 새 학기 취학을 앞둔 나는 초조했다. 승무원 40여 명 가운데 실습생이 네 명 있었는데, 이들은 다른 배편으로 귀국하도록 했다.

우리 배는 주로 코라므샤르에 정박해 있으면서 외국에서 입항하는 큰 배로부터 화물을 옮겨 실었다. 미국, 영국, 프랑스, 스위스 같은 여러 나라 배에 접속하여 하역할 때는 선원들끼리 왕래가 잦았다. 서로 자기 배로 초대하여 음식과 술을 대접했다. 시내에 나가더라도 갈 만한 곳이 없고 외로워서 그런 것 같았다.

미국인들은 쾌활하고 호탕하며 개방적이고, 영국인들은 이성적이고 차분했다. 어느 기관사는 자기 삼촌이 런던대학 부총장이라며 내게 스칼러십을 받아 영국에서 공부할 수 있도록 노력해 보겠다고 했다. 프랑스인 항해사는 언제든지 자기 방에 와서 프랑스산 와인을 마음껏 마시라고 했다. 그들은 항상 취한 상태에 있는 것 같았으며 토론하기를 좋아했다.

이태리인들은 쾌활하고 노래를 좋아해 우리가 잘 아는 '돌아오라 소렌토로' 등을 합창으로 불러 주기도 했다. 스위스인들은 꼼꼼하고 침착하나 깍쟁이같이 보였다. 스위스에는 바다가 없는데도 20여 척의 외항선을 보유하고 있다고 했다.

우리 배는 이라크 제2 도시인 바스라, 이란의 아바단, 반다르샤푸르, 쿠웨이트에 가서 짐을 푸는 작업을 했다. 인류 문명의 발상지인 메소포타미아 지방을 관류하는 유프라테스 강과 티그리스 강이 합쳐진 샤트 알 아랍 강을 수없이 오르내렸다.

이 강의 폭은 200~300m로 꽤 넓었으며, 이란과 이라크의 국경을 이루고 있었다. 강 양쪽에는 야자수가 일정한 간격으로 심어져 있고, 그 사이로 멋진 3,4층 건물과 집들이 있어 아름다운 전원을 이루고 있었다. 거기에서 생산되는 솔방울만한 야자대추는 꿀보다 더 달아 옛날에는 식사 대용으로 먹었다고 했다.

인구 4만 5,000명의 아바단에는 큰 정유회사가 있어, 정유된 휘발유를 송유관을 통해 지중해까지 보내고 있었다. 건물은 대부분 사각형인 데다가 누런색을 띠고 있어 우중충하고 음침한 느낌을 주었다.

서민들의 집에는 침대만 있을 뿐, 이렇다 할 가구가 없고 불결한 편이었다. 고급주택과 대조적이어서 빈부의 격차가 심하다는 것을 알 수 있었다. 이라크와 쿠웨이트와는 달리 시내에는 차도르를 쓰지 않은 여성이 의외로 많았고, 상가는 꽤 번화했다.

하구에서 샤트 알 아랍 강을 한 시간 반 정도 거슬러 올라가면 바스라가 있다. 인구가 50만 명이라고 하지만 그렇게 크지 않았다. 중심부에는 쇼핑센터, 백화점, 영화관이 있고 멋진 초록색 돔이 있는 회교 사원이 곳곳에 있어 인상적이었다. 메소포타미아 지역은 아담과 이브가 살던 에덴동산으로 알려져 있어서 그런지 오래된 고적이 많았다.

1957년 6월, 카심Kassim이 쿠데타를 일으켜 국왕을 살해하고 수상이 된 후 사회주의를 표방하고 있어 살벌한 분위기였다. 시내 곳곳에 군복을 입은 그의 초상화가 걸려 있고, 미국, 영국, 프랑스를 배격하는 한편 소련과 우호관계를 맺고 있었다.

인구 37만 명인 쿠웨이트는 사우디 유전이 본격적으로 개발되기 전이라서 석유 생산이 미국 다음으로 많아, 연간 원유로 벌어들이는 수입이 3억 6,000만 달러라고 했다. 1인당 국민소득이 1,000달러로서 당시 세계에서 가장 높았다.

도로를 비롯한 항만, 전력 같은 각종 사회간접자본을 확충하고 있었다. 이란이나 이라크와 비슷한 오래된 건물을 헐어 버리고 현대식 건물을 많이 짓고 있었다. 상가에는 각국에서 들여온 상품이 넘쳐났고, 특히 일본 상품이 많았다.

우리가 머무는 동안 네온사인도 새로 생겼으며 벤츠, 링컨컨티넨털 등 고급 승용차도 눈에 많이 띄었다. 화폐는 의외로 인도 루피를 사용하고 있었으며, 차도르를 쓴 여성들이 많았다. 항구에는 수십 척의 배가 대기하고 있어, 화물을 하역하기 위해서 한 달 이상 기다려야 할 때도 있었다.

우리 배의 용선 기간이 4개월에서 한 달 더 연장되었다. 기가 막혔다. 차라리 세계 일주라도 했으면 좋았을 텐데, 덥고 메마른 곳에서 감옥 같은 생활을 더 하게 되어 모두 실의에 빠졌다.

무엇보다도 더위에 시달리는 것이 괴로웠다. 비는 전혀 오지 않고 한낮 기온이 40도를 넘었다. 수시로 불어오는 열풍과 복사열로 선내와 방안이 온통 찜통이었다. 선풍기를 열심히 돌려봤자 더운 바람만 나올 뿐이었다. 침대, 책상, 의자가 뜨거운 열을 뿜어내어 저녁에 잠을 이룰 수가 없었다.

또한 햇볕이 뜨겁게 내리쬐는 선상에서 땀범벅이 되고, 때로는 모래바람 속에서 작업을 해야 했다. 화물 하역은 원래 전문회사가 하도록 되어 있으나, 전문회사와 인부가 모자라 우리 배 선원이 직접 작업을 하고 항해사, 기관사가 감시를 했다. 수당이 많이 붙어 87,000원이나 되는 월급을 받았다. 당시 쌀 한 가마가 1,591원이었으니 큰 돈이었다. 하지만 고생이 많았다. 식사 부식비는 1인당 하루 90센트였다. 그만큼 먹을 수 없어 절반 정도를 절약해서 돈으로 받아 용돈이 충분했다.

그러나 즐길 거리가 없었다. 시내에 나가도 술집도 없고 유흥시설도 없어 고작 영화를 보는 것이 유일한 즐거움이었다. TV는 물론 라디오, 신문도 없어 창살 없는 감옥이 따로 없었다. 모두 배 안에 갇혀 화투, 마작, 장기, 바둑, 담배내기 노름을 하며 무료한 시간을 보냈다. 그럴수록 스트레스만 쌓여 갔다. 나도 한때 마작도 하고 바둑을 두기도 했으나 공부하느라 바쁜 것이 그나마 다행이었다.

본사에서 보내 온 신문, 잡지를 보거나 가족으로부터 편지를 받아보는 것이 큰 기쁨이었다. 편지가 오지 않거나 늦게 오면 걱정이 되어 잠을 설쳐야 했다. 총각인 나도 그랬는데 가족이 있는 사람들의 심정은 말할 나위가 없을 것 같았다. 다들 밤마다 고향 꿈을 꾸는 향수병 환자가 되어 있었다.

스트레스가 쌓이자 신경이 극도로 날카로워져 선원들 사이에 말다툼과 싸움이 빈번해졌다. 화투나 카드놀이를 하거나 장기, 바둑을 두다가도 괜히 신경질을 부리며 판을 엎어 버려 싸움으로 번졌다.

또 화물을 해치에 싣거나 부두로 옮기는 작업을 할 때는 기중기 조종사와 작업원 간에 손발이 잘 맞아야 하는데, 그렇지 않을 경우 욕지거리를 하게 되고 급기야 싸움이 벌어졌다.

사관이라고 해서 예외일 수 없었다. 하루는 선장의 명령에 따라 구명정 훈련을 하게 되었다. K이등항해사가 기계를 돌려 구명정을 내리고 있었다. 그때 일등항해사가 나타나 중단하라고 지시했으나 소음 때문에 미처 듣지 못하고 계속 작업을 했다.

그러자 화가 잔뜩 난 일등항해사가 옆에 있는 몽둥이를 들어 이등항해사를 내리치고 나까지 때리려 했다. 일등항해사는 해양대학 2기생이고, 이등항해사는 6기생으로 4년 선배였지만, 평상시 같으면 있을 수 없는 일이었다.

하루는 훌륭한 인격자로 알려진 4기생인 P일등항해사 대리와 그의 방에서 잡담을 하고 있었는데, 갑자기 그가 "자네는 공부를 많이 해서 그런지 건방져" 하면서 나를 주먹으로 치려고 했다. 5개월간이나 극한 상황에서 지내다 보면 비정상적인 사람이 될 수도 있다는 것을 절실히 느꼈다.

선원들 가운데 환자가 여러 명 생겨 그들을 데리고 병원에 갔을 때였다. 뜻밖에도 20대 중반의 젊은 여의사가 진단을 하고 나서 감기약과 위장약을 주었다. 시내에서 여성들을 많이 보았지만, 그런 미인은 처음 보았다. 사람의 혼을 빨아들일 듯한 반짝이는 큰 눈과 오똑한 코, 그리고 웃는 모습이 그렇게 예쁠 수가 없었다.

나는 엉겁결에 웃통을 벗고 내 건강도 체크해 달라고 했다. 그녀는 청진기로 이리저리 살펴보더니 내 마음을 알아차린 듯 미소를 지으며 엄지손가락을 치켜세워 보이면서 매우 건강하다고 했다.

그녀는 테헤란 의대를 나온 코라므샤르에서 유일한 여의사였다. 한국 사람을 처음 봐서 그런지, 호기심이 많아 한국에 대해 여러 가지를 물었다. 그녀는 일본과 중국에 대해서는 어느 정도 알고 있으나, 한국에 대해서는 전혀 아는 게 없다고 했다. 한국이 어디 있으며 언어, 역사, 기후, 음식, 결혼 등에 대해 궁금해 했다. 환자들이 많이 기다리고 있는데도 아랑곳하지 않고 계속 애기를 나누었다. 겨우 20여 분 대화를 나누었는데도 스트레스가 싹 풀리는 듯했다.

그녀의 이름은 지반데Zibandeh. 그곳 기준으로 보면 노처녀였다. 남녀끼리 데이트할 장소도 없고, 그런 분위기가 전혀 아니어서 그런지 그녀가 몹시 외로워 보였다. 여자도 그렇겠지만 남자에게 여자가 없는 세상은 마치 사막처럼 삭막하다. 여자 승무원이 한두 명만 있었더라도 선원들 사이에 다툼도 덜하고, 환자도 적게 생겼을 것이라는 생각이 들었다.

1957년 12월 초, 드디어 귀로에 올랐을 때는 마치 지옥을 벗어나는 것처럼 기뻤다. 파키스탄의 수도 카라치 항에서 목화를 실은 후 말라카 해협을 지나 홍콩을 거쳐 일본의 고베와 나고야 항에 풀었다.

현해탄을 지나 멀리 고국 땅이 보일 때는 감격하여 눈시울이 뜨거워졌다. 7개월 만에 밟은 고국 땅, 그 감회는 이루 말로 표현할 수 없었다.

2부 말라카 해협을 지나서

갚을 길 없는 선배들의 은혜

귀국하자마자 배에서 내린 후, 1958년 4월 고려대 법학과 3학년에 편입학했다. 기뻤다. 그동안 틈틈이 그 분야 공부를 하였기에 수업을 받는 데는 별다른 어려움이 없었다. 다만, 세 살이나 아래인 급우들과 함께 수업을 받는 것이 처음에는 조금 어색했다.

그러나 기쁨도 잠시, 예상치 못한 시련이 다가왔다. 어렵기만 하던 집안 사정이 얼마간 좋아져서 시발택시를 한 대 마련하려고 했다. 현금을 주고 그냥 샀으면 별일 없었을 텐데, 튼튼하게 만드는 것이 좋다고 하여 제조공장에 주문한 것이 화근이 되고 말았다. 마침 사돈인 서울지검 J검사가 두 대를 주문한 상태여서 안심이 된 데다가, 제작회사 김 사장이 남달리 친절하고 성실한 사람으로 보여 전혀 의심하지 않고 그의 요구대로 200만 환을 선금으로 지불했다.

얼마 후 공장에 가 보니 사장과 직원들이 감쪽같이 뺑소니를 치고 차체 골조만 덜렁 남아 있었다. 가슴이 철렁 내려앉는 듯했다. 전쟁으로 집과 전 재산을 잃었던 악몽이 되살아났다. J검사가 전국적으로 지명수배를 했지만 헛수고였다. 우리는 또다시 빈 털터리가 되고 말았다.

시발택시를 잘 굴려서 두 대, 세 대로 늘려 나가겠다는 부푼 꿈은 하루아침에 사라지고 말았다. 몇 년 전에 백운학 관상가가 했던 말이 떠올랐다. "사업계에는 얼씬도 하지 말고 관계로 나가시오." 그의 말대로 정말 재운이 없는 것이었을까.

당장 나와 동생의 등록금이 문제였다. 그래서 휴직상태에 있던 해운공사에 가서 선배들에게 사정을 할 수밖에 없었다. 다행히 선원과장을 비롯한 선배들이 내가 수석으로 입사한데다 더 공부하겠다는 열의에 감동했는지 전폭적으로 도와주었다.

방학 동안에 부산항에 계류 중이거나 부산에서 제주를 왕래하는 배를 탈 수 있도록 특별히 배려해 주었던 것이다. 5·16혁명 후에는 전 직원의 4분의 1이 감원되고, 규율이 더욱 엄격해졌는데도 감원시키지 않고 계속 도와주었다. 당시 월급 65,000환으로 등록금은 물론 여러모로 요긴하게 쓸 수 있었다.

1960년 3월, 서울대 행정대학원 입학시험을 보았다. 고등고시 행정과가 없어지고 고급공무원 양성기관으로 프랑스와 같은 행정대학원이 생겼다 하여 30명 모집에 200여 명의 응시자가 몰려왔다. 정치학 시험을 망쳤는데도 요행히 합격되었다.

고려대에 이어 서울대 행정대학원에 다닐 수 있었던 것은 오로지 선배들 덕분이었다. 만일 그때 그분들의 도움이 없었다면 학교를 다니지 못해 나의 운명이 크게 바뀌었을지 모르는 일이다.

인생을 살아가면서 많은 사람으로부터 크고 작은 도움을 받았다. 그 가운데서도 공무원으로 있을 때 승진시켜 준 분이 먼저 떠오르고, 다음으로 적극적으로 도와준 선배들의 고마움을 잊을 수 없다. 그때마다 배은망덕하지 않기 위해 나름대로 노력했으나 미흡하기 이를 데 없다. 많은 빚을 지고 있는 셈이다.

박현규 선원과장은 큰 선박회사 사장을 거쳐 해사문제연구소 이사장으로 계시고, 김계장은 이미 돌아가셨는지 연락이 되지 않고 있어 은혜를 갚을 길이 없다. 부모님의 은혜를 갚을 수 없는 것처럼 막막하기만 하다.

그래서 도와주신 분들에게 빚을 갚기 위해서는 젊은 날의 나처럼 돈이 없어 학업을 계속할 수 없거나, 굶주리고 있는 사람들을 도와주는 것밖에 달리 방법이 없다는 생각을 할 때가 있다.

3부

나의 공무원 생활

나의 공무원 생활
다시 돌아가고 싶은 프랑스 연수 시절
파리에서 만난 여인들
내가 본 장기영 부총리
외로운 진시황
미운 사람도 그리울 때가 있다
권력 앞에 꺾인 소신
그린벨트 관리의 어려움
도시개발은 국가의 백년대계
내가 본 일본 건설성
공무원의 꽃
제너럴 위스키
벙커샷이 굿샷이 될 줄이야

3부 나의 공무원 생활

나의 공무원 생활

　　초등학교 시절 나의 꿈은 의사가 되는 것이었다. 사람이 건강하게 오래 사는 방법을 연구하고 싶어서였다. 중·고등학교 시절에는 아버지의 영향을 받아서인지 공무원으로 바뀌었다. 하지만 대학을 나온 후 정부관리 기업체인 해운공사에 들어갔다. 그런데 얼마간 지내다 보니 적성에도 맞지 않고 장래성도 없어 보여 공무원이 되었다.

　고등고시 행정과를 폐지하고 로스쿨처럼 서울대학교 행정대학원으로 대체할 것이라고 알려졌다. 1960년 3월, 지망생들이 많아 어렵사리 들어갔다. 그러나 학업을 마칠 때까지도 제도화가 되지 않아 건설부에서 수습을 마친 후 1962년 4월, 4급**주사** 공무원으로 발령받았다. 송주인 선배가 과장대리로 있는 주택과에서 정책 업무를 맡아 주택공사 설치를 추진하는 등 5개월 정도 근무했다.

　때마침 경제기획원에서 실시한 경제계획관보 공채시험에 합격한 것이 큰 행운이었다. 거기에는 내로라하는 100여 명의 사무관들이 있었다. 그들과 경쟁하는 가운데 공부를 많이 하게 되었고, 다양한 경험을 쌓을 수 있었다. 경제기획국에 근무하면서 경제개발5개년계획 수립에 참여했고, 건설백서를 발간했으며, 매월 대통령이 참석하는 '월간 경제동향 보고회의'를 주관하기도 한 것은 더없이 좋은 경험이었다.

1966년 말 2차 경제개발5개년계획안을 수립하였을 때였다. 수고한 직원들을 미국에서 개최되는 '계획수립기법'에 관한 세미나에 보내기로 했다. 경제기획원에서 두 사람, 한국은행에서 한 사람 선발했는데, 거기에 내가 뽑혔다. 피츠버그대학에서 7주간 머물면서 각국 계획전문가들과 토의하는 과정에서 많은 것을 배울 수 있었다.

1967년 1월 같은 건물에 있는 경제과학심의회의에 서기관 두 자리가 비게 되었다. 유태현 선배가 주관하여 경제기획원 선임사무관 중에서 후보자를 스카우트하는데 내가 뽑혔다. 경제기획국장은 경제기획원에서 계속 근무하는 것이 장래로 보아 더욱 유리할 것이라며 적극 만류했다. 하지만 승진할 기회가 많지 않을 것 같아 당초 계획대로 옮겼다.

그곳에서 근무한 지 얼마 되지 않았을 때 경제기획원 물가정책과장 자리가 비게 되었다. 경제기획원에서 모시고 있던 우윤희 국장, 진봉현 차관보, 김태동 차관 세 분이 의논한 끝에 그 자리에 나를 추천했다. 그러나 장관은 경제협력국의 서석준 사무관을 승진시켰다. 그는 그 자리에서 2년마다 승진한 끝에 40대 중반에 부총리까지 올라갔다. 고속으로 승진할 수 있는 모처럼의 기회를 놓치게 되어 아쉬움이 컸다. 하지만 지나고 보니 젊은 나이에 일찍 승진하는 것이 반드시 좋은 것만은 아닌 것 같았다.

경제과학심의회의에서 건설·교체 담당관으로 근무한 지 약 반년 지났을 때 직속상관인 주원 위원이 건설부장관으로 부임했다. 국토계획·도시계획 분야의 원로학자인 장관께서는 건설부를 토목부처에서 경제부처로 격상시키려는 의욕을 지니고 있었다. 그리하여 경제기획원에서 엘리트로 꼽히는 K과장을 국토계획국장으로 발탁하고, 1968년 2월 나를 건설진흥과장으로 발령하였다.

막중한 임무를 맡게 된 나는 먼저 건설통계를 정비했다. 각 시도에 건설통계 요원을 파견하거나 지명하여 정확한 통계자료를 만들도록 하고, 통계국과 협의하여 지정통계로 격상시켰다. 도로, 항만, 수자원, 상하수도, 주택 같은 사회간접자본에 대한 통계자료와 투자실적을 조사, 분석하여 건설 수요를 예측하고 중·장기 투자계획을 작성했다.

한국은행과 같은 관계기관과 협의하여 건설자재 생산 및 물가지수, 건설노임지수, 건설공사비지수를 편성했다. 그리고 시멘트, 철근 같은 주요자재와 건설기술자 및 기능공의 수급계획도 작성했다. 이와 더불어 국부조사 및 건설업 센서스도 추진했다.

그 무렵 경부고속도로를 비롯하여 각종 토목공사가 증가함에 따라 건설장비의 수요도 크게 늘어났다. 건설수요 예측이 없다

보니 대부분의 장비를 주먹구구식으로 들여왔다. 나는 각종 장비 보유 상황을 정확하게 조사하고 각 부문별로 건설수요를 예측했다. 그 자료를 바탕으로 하여 원단위 계산방식으로 각종 장비의 수요를 산정했다. 경제기획원 외자도입심의회에서는 중장비 도입을 심의할 때 그 자료를 활용했다.

우리 과에서는 건설기술용역과 해외건설업무도 맡고 있었다. 건설업의 해외진출 방안과 전략을 수립했다. 그리고 대일청구권 자금을 비롯한 건설관계 외자도입 방안을 마련했고, 국제협력편람도 발간했다.

건설에 관련된 각종 정책, 계획, 통계자료를 정리하여 '건설경제동향'을 주간, 월간, 계간, 연간단위로 발간했다. 얼마 후에는 사단법인 건설경제연구회를 만들어 '건설경제'를 매월 발간했다.

건설부는 토목공사 중심 부처로서 국·과장을 비롯한 대부분의 직원들이 기술자로 설계·시공 같은 기술업무에만 전념하고 있을 뿐 계획, 정책이나 경제적 타당성 조사에는 별로 관심이 없었다. 나는 장관의 지시에 따라 매주 열리는 국장회의에 참석하여 건설경제의 필요성과 건설경제동향을 설명했다. 하지만 대부분의 국장들이 잘 이해하지 못할 뿐만 아니라 관심이 없는 것 같았다. 넘어야 할 벽이 너무나 높다는 것을 실감할 수 있었다.

우리 과에도 경제에 관해 전문지식을 가진 직원이 없었다. 황무지 개척하듯 일 년 넘게 꾸준히 노력한 결과 점차 경제마인드를 가지는 사람이 늘어나게 되어 보람을 느낄 수 있었다. 각국 직원들이 건설경제에 대해 문의하거나 투자우선순위를 결정하는 데 협조를 요청하는 일이 많아졌다.

그런데 1년 2개월 후 주원 장관이 물러나고 군장성 출신이 장관으로 부임했다. 부내에서 가장 중요시하고 있는 부서인 기획예산담당관 후임자를 물색하는 과정에서 내가 낙점되어 그 자리로 옮기게 되었다. 건설부를 경제부처로 만드는 작업은 중단되고, 그동안 쌓았던 공든 탑이 하루 아침에 무너져 아쉬움이 컸다.

1969년 4월부터 2년 4개월 동안 기획예산담당관으로 있으면서 쉴 수 있었던 날이 다섯손가락으로 꼽을 정도로 바쁜 나날을 보냈다.

이한림 장관 후임으로 태완선 장관이 부임하였을 때 국토행정과장으로 옮겨 지쳤던 심신을 회복하며 몇 개월 지났을 때였다. 1972년 1월 새로 부임한 장예준 장관이 나에게 기획예산담당관으로 다시 가라는 것이었다. 요직이기는 하지만 고생을 많이 했던 그 자리에 다시 가고 싶지 않았다. 그런데 건설기획관이란 국장자리를 만들어 승진시켜 줄 터이니 가라는 것이었다. 그렇게까지 말하는 장관의 명령에 따를 수밖에 없었다.

그 후 건설기획관 자리가 생겼을 때 국무총리로부터 전화를 받은 장관은 피치 못할 사정이라며 내게 양보를 권했다. 다음 기회에는 꼭 승진시키겠다는 말에 달리 항의할 수도 없었다.

2년 후 말레이시아 건설관 자리가 생겼다. 내가 가장 오래된 고참 과장인데다가 영어를 구사하는 마땅한 사람이 없는 상황에서 정재석 차관의 추천으로 1974년 초 부이사관으로 승진하여 그곳에서 2년간 근무했다. 중동붐이 한창 일어나기 시작했던 1976년에 사우디 건설관으로 옮겨 그곳에서 5년간 지냈다. 1981년 7년간의 해외근무를 마친 후 도시국장이 되었다. 1년 남짓 일하다가 건설진흥국장으로 옮겼다.

1982년 기획관리실장 자리가 공석이 되었을 때였다. 하나뿐인 1급 자리를 군 출신 아니면 경제기획원과 재무부 국장 출신이 발령받는 것이 관례로 되어 있었다. 좋은 대학을 나오고 매년 열 명 내외만 뽑는 행정고시에 합격한 선배 국장들도 그 자리에 오르지 못하고 연구소 소장이나 지리원장을 지낸 후 그 단두어야 했다.

그 자리는 부내 스무 명 가까이 되는 국장급 공무원들이 한결같이 가고 싶어하는 선망의 자리였다. 국장 생활 9년째로 최고참인 나는 마치 동생들을 많이 거느린 시집 못 간 노처녀와 같은 심정이었다. 혹여 밑에서 먼저 치고 올라가면 어떻게 해야 할지 마음이 조마조마했다. 후임자를 상관으로 모시고 일할 수는 없을 것 같았다. 그렇다고 아이들도 어린 40대 후반에 그만두면 무엇을 해야 할지 막연했다.

마침 사우디 칼리드 국왕이 서거하여 장관을 따라 조문사절로 갔을 때 나를 잘 알게 되어서였는지, 아니면 국장으로서 제일 고참이라서 그랬는지 새로 부임한 장관은 나를 승진시키기로 마음먹고 있었던 것 같다.

승진이 드라마틱하게 이루어졌다. 건설진흥국장으로 발령이 났을 때 박동규 해외건설협회장이 장·차관과 나를 한정식집으로 초대하여 점심식사를 하고 있을 때였다. 전두환 대통령으로부터 장관에게 전화가 걸려왔다. 아웅산 사건 때 작고하신 서상철 차관 후임으로 누구를 추천하고 싶으냐고 묻는 것이었다. 김종호 장관은 즉석에서 이관영 기획관리실장을 추천했다. 그는 뜻밖의 행운에 감격한 나머지 어찌할 줄 몰랐다. 그러자 옆에 있던 심부름하는 아가씨가 기획관리실장 자리가 비게 되었으니 자기를 시켜 달라고 농담으로 말하자 장관께서 나를 가리키며 "이분한테 혼날 소리 하지 마라" 하는 것이 아닌가. 그리고 사무실로 돌아와 차관과 기획관리실장 승진 품의 공문을 작성하여 총무처에 발송했다. 그 순간의 기쁨은 오랫동안 잊을 수 없었다.

장관이 대통령과 개인적으로 친한 관계에 있었기 때문에 승진이 가능했다. 국회의장이나 국무총리 같은 높은 분의 청탁을 뿌리치고 소신껏 나를 천거한 것이었다. 그리하여 부내에서 처음 기획관리실장으로 승진하는 영광을 안게 되었다. 그 후부터는 부내 승진이 관례화되었다.

운칠기삼運七技三이란 말이 있듯이 이렇다 할 배경이나 재주가 없는 내가 비교적 순탄하게 승진할 수 있었던 것을 다행으로 생각하고 있다. 공무원이 나의 적성에 맞고 매사를 긍정적이고 창의적으로 처리한 것과 23년 동안 하루도 결근한 적이 없을 정도로 건강이 뒷받침되어 열심히 일했기 때문이 아닌가 생각한다. 거기에다 좋은 상사를 만난 것도 크나큰 행운이었다.

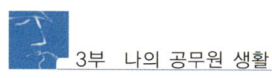
3부 나의 공무원 생활

다시 돌아가고 싶은 프랑스 연수 시절

1991년 우리나라와 중국 사이에 국교정상화가 은밀히 추진되고 있었다. 이를 뒷받침하기 위한 방안의 하나로 내가 원장으로 있던 국토개발연구원과 중국 국가과학기술위원회가 '황해연안개발'이라는 연구과제를 공동으로 수행하고 있었다. 정식수교가 되지 않았기 때문에 미국 하와이대학의 이스트웨스트센터가 주관하는 형식을 취했다.

연구과제는 양측이 협의하여 작성하고 회의비와 교통비, 체재비는 우리가 중국에 갈 때는 중국 정부가 부담하고 그들이 한국에 올 때는 우리 연구원이 각각 부담하기로 하였다.

그런데 입국 비자를 받기 위해 일본이나 홍콩으로 가야 했으며, 서울-베이징 간 직항 항로가 개설되지 않아 홍콩이나 동경을 경유하여야 했다.

중국 측 일행 열두 명이 우리나라에 도착했을 때였다. 그들의 직책은 모두 연구원으로 되어 있어 신분을 알 수 없었지만 베이징 부시장이 포함되어 있는 것으로 밝혀졌다. 여성 한 사람은 나중에 알고 보니 초대 주한 중국대사의 부인이었다.

숙소를 워커힐로 정해 주었으면 좋겠다고 했다. 그런데 그들이 오기 얼마 전 중국 민항기가 선양에서 상하이로 가던 중 춘천에 불시착하는 사고가 있었다. 그때 우리 정부는 여객과 승무원 숙소를 워커힐로 정한 후 융숭한 대접을 해 주었다. 귀국할 때는 TV, 세탁기 등 푸짐한 선물도 주었다. 이러한 사실이 중국 내에 널리 알려져 많은 사람이 한국에 대해 호감을 갖게 되었으며, 워커힐을 가장 좋은 호텔로 인식하였던 모양이었다.

그들이 머무는 열흘 동안 호텔 체재비 외에 식사를 포함한 활동 경비로 하루에 1인당 100달러를 지불했다. 매일같이 회의를 하면서 점심과 저녁식사는 우리 연구원과 주택공사, 토지개발공사, 도로공사가 번갈아 가며 대접했다. 그런데 귀국할 때 우리 연구원 직원이 호텔 체크아웃을 하면서 그들이 한 푼도 쓰지 않은 사실이 밝혀졌다. 냉장고의 음료수는 물론 아침식사도 전혀 하지 않은 것이었다. 그들은 1인당 1,000달러를 고스란히 저축한 셈이었다.

그 후 우리가 중국에 갔을 때 안 사실인데, 그 무렵 1,000달러는 매우 큰돈이었다. 그 돈으로 웬만한 집 한 채를 살 수 있었고, 공장이나 회사도 2,000달러면 인수할 수 있었다.

1960년대에 우리가 이와 비슷한 일을 체험한 기억이 떠올랐다.

박봉에 시달리던 공무원에게 가장 매력적인 보너스는 해외연수였다. 그즈음 우리나라는 세계에서 가장 못 사는 나라로 미국을 비롯한 선진국으로부터 원조를 받고 있었다. 그 일환으로 미국의 AID, 영국과 프랑스 정부, 콜롬보 플랜 같은 기관에서는 한국 정부에서 선발한 공무원을 자기 나라에서 연수시켰다. 기간은 대부분 1년 내외였다.

체재 수당은 미국의 AID가 월 240달러 정도로 가장 많아 인기가 좋았다. 영국과 프랑스 정부는 150달러 내외, 콜롬보 플랜은 100달러로 가장 적었다. 모두 AID연수를 희망하고 있어 경쟁이 치열했다.

해외연수를 하면서 절약하면 1,000달러 이상 돈을 저축할 수 있어 귀국 후 그 돈으로 전셋집을 얻거나 전셋돈에 보태어 작은 집 한 채를 마련할 수 있었다. 외교관들도 예외가 아니어서 해외 근무 중에 열심히 절약하는 사람이 많았다.

나는 1963년 경제기획원 사무관으로 있을 때 프랑스에서 1년간 월 수당 150달러를 받으며 연수를 받았다.

김포에서 노스웨스트 비행기를 타고 도쿄로 갔다. 어머니와 직장동료 여러 사람이 배웅해 주었다. 도쿄에서 하루저녁 머문 후 에어프랑스를 타고 파리에 갔다. 프로펠러 비행기라서 열여덟 시간이나 걸렸다. 난생처음 타는 비행기라서 그런지 지루하기보다는 긴장이 되었다.

파리에 도착하여 해외연수 업무를 맡고 있는 아스테프ASTEF에서 먼저 프랑스어 테스트를 받았다. 프랑스 사람들과 처음 만나 대화할 때 거의 알아들을 수 없는 것은 물론, 아예 말할 용기도 나지 않았다. 출국 전 2~3개월간 배운 프랑스어 실력으로는 어림도 없는 일이었다.

나는 함께 간 두 사람과 보르도대학에서 두 달 동안 어학 훈련을 받았다. 보르도는 프랑스의 네 번째 큰 도시로 아담했다. 포도주 고장답게 그 종류가 많았으며, 물보다 싼 포도주를 실컷 마실 수 있었다. 병값이 포도주보다 더 비쌌기 때문에 빈병을 와이너리에 가지고 가서 술을 따라와 마셨다. 식사 전 애피타이저로 마시는 것은 물론 식사 도중이나 식사 후에도 마시고 목이 마르면 물 대신 마셨다. 그러다 보니 늘 취해 있는 기분이어서 어학 공부하는 데는 지장이 있었지만 기분은 좋았다.

프랑스 사람은 포도주를 많이 마셔서 그런지, 기후 변화가 심한 곳에 살고 있어서 그런지 다혈질이 많은 듯했다. 카페 같은 데서 친구들과 어울려 토론하기를 좋아하며, 곧잘 흥분하다가 풀어지곤 했다. 말하는 중에 "왜?"라고 질문을 많이 하는 것으로 보아 논리적이고 합리적인 것 같았다.

그곳은 스페인과 가까웠다. 여행을 좋아하는 나는 휴일에 기차를 타고 스페인 여행길에 올랐다. 국경 이룅에서 기차를 갈아탔다. 동양 사람을 볼 기회가 적어서 그랬는지 내가 타자마자 스페인 사람 십여 명이 우리 칸으로 몰려왔다. 어느 나라에서 왔느냐고 묻기에 한국에서 왔다고 대답했는데, 대부분 우리나라를 잘 몰랐다. 그중 딱 한 사람이 한국전쟁 얘기를 하며 아는 체를 했다.

 그들은 나에게 음식과 술을 권하기도 하고 자기네 민요를 합창으로 불러주기도 했다. 프랑스 사람들이라면 어림도 없는 일이었다. 프랑스에 비해 못살았지만 인정이 넘쳤다. 나에게도 노래 한 곡 부르라고 하여 아리랑을 불렀더니 따라하기도 했다. 그래서 밤새도록 지루한 줄 모르고 마드리드까지 갈 수 있었다.

 마드리드에서 박물관과 미술관을 둘러본 후, 일요일마다 열리는 투우 경기를 관람했다. 거창한 개회식이 끝난 후 투우사들이 약 두 시간에 걸쳐 여섯 마리의 소와 차례로 싸워 쓰러뜨리는데, 흔드는 빨간 보자기를 보고 흥분한 소의 뿔이 아슬아슬하게 투우사를 스쳐갈 때마다 관중들은 열광적으로 환호했다.

 내가 보기에 투우사와 소와의 싸움은 공정하지 못한 것 같았다. 검은 소의 힘이 워낙 세서 그런지 모르겠으나 방호를 단단히 한 말 탄 사람이 먼저 소의 등을 창으로 찔러 피를 흘리게 하고 힘을 뺀 후 싸웠기 때문이다.

 마드리드의 물가는 프랑스의 절반도 안 될 정도로 싸서 휴가철에 프랑스 사람들이 많이 몰려온다고 했다.

 파리로 돌아와 당초 계획대로 건설성 관계자를 만나 주택정책 등에 대한 연수를 받았지만, 자유시간이 많아 파리대학에 있는 경제사회개발학원에서 강의를 들었다. 등록금이 거의 무료였다. 외국 유학을 바라고 있던 나는 대통령과 수상을 비롯한 고위직 인사를 많이 배출한 명문 국립행정학교에도 들렀다. 외국인은 입학 절차가 까다로우며, 청강생으로만 입학이 가능하다고 했다. 프랑스 대학에서는 장학금도 많이 주지 않고 아르바이트하기도 어려웠다. 130여 명의 교포 가운데 유학생이 절반 정도였다. 대학박사 학위를 받기도 쉽지 않았지만 국가박사를 받기가 무척 어려워, 어떤 학생은 10년 가까이 박사과정을 밟고 있다고 했다.

유학이 어렵겠다고 판단한 나는 그 기회에 돈이 허용하는 한 프랑스는 물론 유럽 각국을 여행하고 싶었다. 친구 한 사람과 함께 파리 남쪽에 있는 아담한 도시 디종에 갔을 때였다. 디종대학에서 기타를 메고 다니는 키가 크고 잘생긴 일본 청년을 만났다. 그는 도쿄대학을 나온 후 외교관 시험에 합격한 외교관보였다. 외무성에서 경비를 대주어 1년간 프랑스 각지를 자유롭게 여행하고 있다고 했다. 아마도 프랑스 아니면 프랑스어를 사용하는 나라 공관에서 근무하게 될 것이라고 했다. 부임하기 전에 근무지 사람들과 자유롭게 만나 그들의 사고방식과 풍습, 언어를 익히도록 배려하는 일본 시스템이 부러웠다.

우리는 기차를 타고 프랑스 제3의 도시 리옹에 가서 시내와 주변을 구경한 후 아름다운 안네시 호수를 거쳐 샤모니로 갔다. 세계에서 제일 길다는 케이블카를 타고 몽블랑 옆에 있는 3,800m의 산봉우리에 올라갔다. 알프스 준봉과 산 밑으로 전개된 파노라마가 장관이었다.

스위스 제네바에서 국제연맹청사 등을 구경한 후 레만호를 따라 로잔 시내와 호반에 있는 쉬이온 성을 구경하고 나니 여비가 떨어져 아쉬움을 남긴 채 파리로 돌아갔다.

　식사는 주로 값싼 대학 식당을 이용했고, 주말에는 중국요리를 먹었다. 한국 사람이 운영하고 있는 '도꾜'라는 일본 식당이 있었는데, 값이 너무 비싸 손님 대접할 때만 이용했다.

　국내에서 손님이 올 때마다 루브르박 물관과 에펠탑, 노트르담, 사크레쾨르 성당, 샹제리제 거리, 개선문 등지를 십여 차례 안내했다. 그러나 호주머니 사정 때문에 극장과 오페라는 자주 갈 수 없었다.

　물가가 비싼데다가 소비지출이 많아 저축을 전혀 하지 못했다. 공부만 하며 열심히 절약하면 수백 달러를 저축하여 귀국 후 요긴하게 쓸 수 있었을 것이다. 하지만 모처럼 볼거리도 많고 즐길 거리도 많은 그곳에 가서 절간의 스님처럼 지낼 수는 없었다.

　프랑스에 있으면서 아무런 부담도 스트레스도 받지 않고 새가 창공을 마음껏 나는 듯 1년간 자유롭게 살 수 있어 좋았다. 비록 유럽을 다 돌아보지 못하고 돈 한 푼 저축하지 못했지만 아름다운 추억을 가슴 가득 담아올 수 있었다. 어쩌면 내 생애에서 가장 행복한 한 해가 아니었던가 할 정도였다. 다시 그때로 돌아간다 해도 나는 볼 것, 먹을 것, 들을 것을 참아가며 저축을 하지는 않았을 것이다.

3부 나의 공무원 생활

파리에서 만난 여인들

처음 파리에 갔을 때 예상과는 달리 우중충하고 낡은 건물이 많아 실망했다. 그러나 시간이 흐를수록 아름답고 정감이 넘치는 곳으로 느껴졌다.

그 무렵 우리 교포는 130명 정도였는데 학생이 절반쯤 되고, 화가도 꽤 있었다. 그때 남관南寬 화백을 비롯한 많은 화가들을 만날 수 있었다. 그들의 아틀리에에 갔을 때 어렵게 생활하는 것을 보고 안타까운 생각이 들었다. 하지만 그런 가운데서도 긍지를 갖고 보람을 느끼는 것 같았다.

파리의 특징은 광장을 중심으로 방사형으로 도시계획이 잘 되어 있는 것이다. 가로변에 즐비한 6~8층 건물 하나하나가 조각으로 장식되어 있는 것이 놀라웠다. 노트르담 성당을 비롯하여 유서 깊고 예술적인 건물이 셀 수 없이 많았다. 모든 시설이 정성을 다해 만든 예술품이었다.

거리의 가로수와 공원도 특색 있게 꾸며져 있어 산책하는 것이 큰 즐거움이었다. 나는 도시의 아름다움에 매료되어 시간 나는 대로 시내 구석구석을 걸어다니며 구경했다. 웬만한 파리지앵도 나만큼 파리 시내를 많이 걸어다니지는 않았을 것이다.

프랑스인들은 우리와 키가 비슷한데다 외모도 세련되게 보여 친근감이 느껴졌다. 특히 여성들의 코 먹은 듯한 발음이 매력적이었다. 어느 나라든 어린이들은 귀엽게 보이지만 프랑스 어린이들은 마치 천사 같았다. 그들이 영어를 할 줄 알면서도 프랑스어만 고집하는 것은 소득보다 문화에 더 높은 가치를 두고 있는 자존심 때문이 아닌가 생각되었다.

거리에서 불법 데모를 하면 경찰은 가차없이 곤봉으로 때려 진압한 후 연행해 갔다. 민주주의 국가에서 그렇게 해도 괜찮은지 의아스러웠다.

아침에는 커피와 계란 또는 빵으로 간단히 식사하는 사람이 많았다. 내가 처음 갔을 때 카페에서 아침식사를 하면서 국내에서 하던 것처럼 생계란을 위아래 구멍을 뚫은 후 빨아먹었다. 여간해서 남의 일에 관심을 두지 않는 프랑스 사람들이 이상하다는 표정으로 쳐다보는 것이었다. 야만인으로 생각하는 것 같았다.

그들은 특히 저녁식사를 두 시간 넘게 느긋하게 먹는다. 인생을 즐기는 모습이 부러웠다. 우리가 김치를 좋아하듯 그들은 치즈를 좋아한다. 치즈 종류가 무려 200가지가 넘었으며, 나도 어느 사이에 곰팡이가 슨 것을 좋아하게 되었다.

7월 14일 그들의 독립기념일 행사에도 가 보았다. 육·해·공군의 시가행진이 튈르리 광장에서 출발하여 샹젤리제 거리를 지나 개선문까지 이어졌다. 탱크를 비롯한 각종 무기도 뒤따랐다. 나폴레옹 이후 전쟁에서 별로 이긴 적이 없는데도 군인들은 보무당당하게 행진하였고, 길 양쪽에 늘어선 시민들은 프랑스 국기를 흔들며 환호했다.

저녁에는 불꽃놀이와 함께 시내 곳곳에서 연주회가 열렸다. 나는 집 근처 공원에서 열리는 연주회에 가 보았다. 프랑스 국가를 비롯해 다양한 음악이 연주되었다. 그 가운데서도 샹송이 가슴 깊이 와 닿았다.

연주회가 끝날 무렵 참석한 모든 사람이 음악에 맞춰 춤을 추는 것이었다. 부부나 연인 그리고 서로 아는 사람은 말할 것도 없고, 생면부지의 낯선 사람과도 자연스레 한데 어울려 춤을 추었다. 나도 옆에 있는 어느 중년 부인과 함께 춤을 추었다. 자유분방하고 스스럼없이 잘 어울리는 모습이 부러웠다. 개성 강한 그들의 국민통합이 그런 방식으로 이루어지고 있음을 느꼈다.

마드리드에 갔다가 돌아오면서 야간열차를 탄 적이 있다. 우리 칸에는 나와 20대 초반의 예쁜 아가씨 단둘이었다. 그런데 그녀는 스페인어 외에 영어나 프랑스어를 전혀 하지 못했다. 손짓 발짓 해가면서 의사소통을 시도해 보았지만 실패로 끝났다. 비 내리는 창가에서 그녀가 부르는 노래를 듣는 것으로 만족해야 했다. 그때처럼 스페인어를 배우지 못한 것을 후회한 적은 없었다.

프랑스어를 익히기 위해 '알리앙스프랑세즈' 어학원을 다녔다. 바캉스철에는 파리 사람들은 모두 피서지로 떠나고, 파리에는 외국인들로 넘쳐났다. 어학원도 마찬가지였다. 여름에는 세계 각국 학생들이 방학을 이용하여 그곳으로 모여들었다. 특히 예쁘고 발랄한 여학생들이 많았다.

그런데 선생은 강의시간에 마치 초등학교 학생 가르치듯 수시로 질문을 퍼부었다. 잘 알아듣지 못해 옆 사람의 지원이 필요할 때가 많았다. 손으로 입을 가리고 답을 알려 주거나 종이에 재빨리 써주곤 했다. 스페인 아가씨가 자주 내 옆에 앉아 자연스레 내 짝꿍이 되었다. 우리가 늦기라도 하면 클래스메이트들이 우리 둘의 자리를 비워 둘 정도였다.

몇 달 지내면서 데이트를 자주 하다 보니 정도 들었다. 그런데 하루는 그녀가 아무 연락도 없이 학교에 나오지 않았다. 옆에 있는 스페인 학생의 말에 의하면 그 여학생의 부모가 파리에 왔다가 한국 학생과 연애를 한다는 말을 듣고 그녀를 강제로 데리고 갔다고 했다.

마드리드대학 4학년인 그녀는 프랑스 여성과는 달리 머리카락이 검은색에 가깝고 자그마한 키에 코도 날카롭게 생기지 않았다. 마음 씀씀이가 동양적이어서 더욱 친근감을 느끼게 했다. 유난히 반짝이는 큰 눈이 매력적이었다. 나는 공원과 시내를 하염없이 거닐며 쓰린 가슴을 달랠 수밖에 없었다.

호기심이 많은 프랑스인들은 일본 사람을 좋아했다. 동양에서 유일한 선진국으로 문화와 풍습이 잘 알려져서 그런지, 아니면 일본의 풍경화와 도자기를 좋아해서 그런지는 알 수 없었다. 우리가 상점이나 레스토랑에 가면 일본인으로 알고 친절하게 대해 주었다. 일본인 덕을 톡톡히 본 셈이었다.

하루는 저녁에 룩셈부르크 거리를 거닐고 있는데, 난데없이 한 아가씨가 다가와 재빨리 내 팔짱을 끼는 것이었다. 당황한 나에게 미소를 띠며 미안하다고 했다. 카페에서 커피를 마시면서 얘기를 나누었는데, 그녀는 파리대학에 다닐 때 클래스메이트인 일본인 학생과 사랑에 빠졌다고 한다. 그런데 귀국했다가 다시 오겠다고 굳게 약속한 그가 감감 무소식이었다는 것이다.

실의에 빠진 그녀는 랑데뷰하면서 갔던 그 거리를 자주 거닌다고 했다. 그런데 그와 모습이 비슷한 나를 보자 엉겁결에 팔짱을 끼게 되었다고 했다.

나는 어이가 없었다. 꿩 대신 닭인가 하는 생각이 들기도 했지만 매력적인 그녀와 사귀는 것이 싫지는 않았다. 그녀는 파리 남쪽에 있는 디존에서 태어났지만, 전형적인 파리지엔느였다. 162cm 정도의 키에 코가 날카롭게 높거나 금발이 아니어서 위화감이 느껴지지 않아 좋았다. 이성적인 눈매와 수다를 떨지 않고 차분하게 말할 때 턱과 입 모양이 예뻤다.

얼마 후 그녀가 앨범을 보여 주었는데, 일본인 그 녀석과 내가 신기할 정도로 꼭 닮은 꼴이었다.

그 후에도 우리는 자주 만났으나 내가 일본인이 아니라는 것을 끝내 밝힐 수 없었다. 그녀를 실망시키게 될지 고르기 때문이었다. 귀국일이 가까워지면서 나는 시나브로 그녀를 멀리했다. 나마저 깊은 상처를 안겨 주고 싶지 않아서였다.

50년 가까운 세월이 지났지만 TV나 신문에서 파리에 대한 뉴스를 볼 때마다 지금도 낭만이 넘치는 거리와 상점 그리고 잠시나마 마음을 주었던 여성들의 모습이 낡은 포스트카드처럼 눈앞을 스쳐 지나간다.

3부 나의 공무원 생활

내가 본 장기영 부총리

1964년 10월 경제기획원 경제기획국 사무관으로 있을 때였다. 청와대로부터 1965년 1월부터 매월 대통령에게 경제동향을 보고하라는 지시가 내려왔다. 박정희 대통령이 와서 직접 보고를 받겠다는 것이었다. 배석자는 국무총리를 비롯하여 경제부처 장관과 경제과학심의회의 위원, 그리고 한국은행 및 산업은행 총재와 공화당 정책위의장 등 경제정책을 다루는 고위층 인사들이었다.

그 무렵 박 대통령은 수출이 우리나라 경제발전의 원동력이라고 확신하고 매월 열리는 수출진흥확대회의에 참석하여 수출현황과 문제점, 대책 등을 직접 보고받고 독려하였다.

그런데 더 나아가서 경제 전반에 대한 동향과 문제점 및 대책을 직접 챙기겠다는 것이었다. 그는 세계에서 가장 낙후되어 있을 뿐만 아니라 북한에 비해서도 뒤떨어져 있는 우리 경제를 발전시키겠다는 굳은 신념을 갖고 있었다.

　1961년 국가재건최고회의 의장으로 있을 때 경제개발5개년계획을 수립할 것을 내각에 지시했다. 그리고 이를 효율적으로 시행하기 위해 경제기획원을 설립하여 외국으로부터 자금과 기술을 과감하게 도입하고, 경제정책을 종합적으로 조정하도록 했다.

　또 각 부처가 경제정책을 잘 수행하고 있는지, 관계 부처끼리 협조가 잘 되고 있는지를 확인하는 데 중점을 두고 있는 것 같았다. 박 대통령은 해외방문으로 바쁠 때도 한 번도 빠지지 않고 참석할 정도로 그 회의를 중요하게 여겼다. 경제부처 장관들 모두 긴장하지 않을 수 없었다.

　그때 내가 월간 경제동향보고회의 자료와 브리핑 차트를 주관하여 만드는 담당자로 지명되었다. 나는 재정수입과 지출을 비롯하여 통화량 및 예금·대출 동향과 함께 무역수지와 외환보유고, 산업생산지수와 주요상품의 생산추이 그리고 둘가와 주요 소비재의 수급 및 가격 등 전반적인 경제동향에 대한 보고서를 작성했다. 그밖에 외자도입 같은 현안과제와 중요사항도 포함시켰다.

　보고는 경제기획국장 또는 기획차관보가 했고, 장기영 부총리 겸 경제기획원장관이 수시로 보충설명을 했다.

　박 대통령은 과묵하고 예리한 편이었다. 간혹 질문을 할 때는 핵심을 찔러 모두들 긴장되어 진땀이 날 정도였다. 그리고 보고 중에 미진한 점이 있으면 잊지 않고 기억했다가 다음번 회의에서 끝까지 확인하였다. 이러한 확인 행위는 긴장감을 풀지 않고 빈틈없이 일을 처리하도록 하는 위력을 발휘하는 것 같았다.

그 무렵에는 식량, 특히 쌀과 연료 같은 민생 기본재의 확보가 큰 관심사였다. 하루는 쌀 문제로 장기영 부총리와 C농림부장관 사이에 격론이 벌어졌다. 평소 경제장관회의에서도 두 사람은 이따금 논쟁을 벌이기도 했다. 농림부장관은 미국에서 박사학위를 받아서 그런지 선린상업학교를 나온 장기영 부총리를 얕보는 듯한 태도를 보였다. 하지만 우리가 보기에는 장기영 부총리가 더 논리정연하게 말하는 것 같았다.

그때까지만 해도 '보릿고개'가 있어 굶주리는 농민과 영세민이 많았다. 그해는 유독 더 심해서 쌀값이 크게 올라 사회문제가 되었다. 보충설명을 하던 장기영 부총리가 농림부장관에게 물었다.

"쌀값이 크게 오르는 것은 농림부가 작년도 미곡생산량을 잘못 추계한 데 그 원인이 있다고 생각하는데, 그렇지 않습니까?"

"그렇지 않아도 작년도 미곡생산량 추계에 문제가 있는 것 같아 점검을 하고 있습니다."

"빨리 조사해서 정부 보유미를 풀든가, 외국에서 쌀을 긴급히 수입해서라도 쌀값을 안정시켜야 할 것입니다."

"알겠습니다."

묵묵히 듣고 있던 대통령이 힐책하였다.

"쌀값이 크게 오르고 있는데 농림부에서는 그동안 뭘하고 있었소?"

그 일이 있은 지 얼마 지나지 않아 농림부장관이 경질되었다.

연탄값이 크게 뛰어 사회적 문제가 되었을 때였다. 대통령이 상공부장관에게 물었다.

"연탄값이 크게 뛰는 이유가 뭡니까?"

"석탄 생산은 석탄공사와 민영 탄광회사 모두 계획대로 생산하고 있으며 재고량이 55만 톤으로 공급에 아무런 차질이 없습니다."

"그러면 교통부장관, 수송에 문제가 있는 겁니까?"

"죄송합니다. 화차 제조가 늦어져서 수송에 약간 차질이 생겼습니다만 바로 해결하도록 하겠습니다."

A교통부장관은 기술직 공무원 출신으로 대통령은 그의 기술을 높이 평가하고 있어서 신임이 두터웠다. 그런데도 단호했다. 그런 일이 있은 지 며칠 후 교통부장관도 경질되었다.

박충훈 상공부장관은 공군 장군 출신으로 치밀하고 지혜로운 분이었다. 미리 직원을 우리 부서에 보내어 보고안을 사전에 탐지하여 대비했다. 탄광별로 석탄 생산량 및 재고량과 청량리역에 있는 재고량까지도 미리 파악하고 있었다. 그는 수출이 크게 늘어난 공로를 인정받아 그 후 장기영 부총리 후임으로 승진했다.

장기영 부총리는 입지전적인 인물이다. 그는 한국은행의 전신인 조선은행에 들어가 해방 후 조사부장을 역임하여 경제 전반에 대해 박식했다. 게다가 두뇌회전이 빠르고 처세술도 능수능란하였다. 우리로부터 브리핑 자료를 보고받은 후 차트를 자기 방에 놓고 가도록 했다. 그 차트를 보면서 어떻게 회의를 진행할 것인가와 어느 부문에서 보충설명을 할 것인가를 구상하는 것이었다.

장기영 부총리는 대통령 마음을 누구보다도 잘 알고 있는 L비서실장과 긴밀한 유대관계를 갖고 있었다. 그를 통해 대통령이 궁금하게 여기는 일과 자신에 대해 오해하고 있는 것을 전해 들은 후 관련사항을 보충설명하면서 자연스럽게 해명하는 것이었다. 대통령이 고개를 끄덕이며 오해를 푸는 것 같은 모습을 자주 보았다.

그는 매주 한두 차례 열리는 경제장관회의를 주재하였는데 장관들의 개성이 강해서 회의를 운영하는 데 어려움이 많았다. 하지만 상정 안건을 미리 검토하는 과정에서 그 내용을 가장 잘 아는 각 부처 담당국장을 불러 문제점과 대책방안을 소상히 파악했다. 경제장관회의에서 안건을 토의할 때 장관들은 자기 부처 소관사항에 대해 의장이 더 상세하고 정확하게 설명하는 것을 보고는 주눅이 들 수밖에 없었다. 부총리로서의 위상을 굳건하게 할 수 있었다.

그는 정열적으로 일했다. 업무 추진력이 뛰어나 '불도저'라 불렸다. 사무실에 침대를 두고 자는 날도 많았다. 새벽 2시경에 한국일보 교정쇄가 나오면 검토한 후 인쇄하도록 했다. 오후에는 모친이 손수 만든 간식과 옥수수를 즐겨 먹었다.

그가 1964년부터 3년간 재임하는 동안 외국으로부터 많은 자금과 기술을 도입하여 우리 경제가 도약할 수 있는 발판을 닦았다. 그는 원래 언론인이요 체육인이지만 두둑한 배짱과 무서운 추진력, 그리고 뛰어난 지략으로 행정가로서 많은 업적을 남겼다.

 3부 나의 공무원 생활

외로운 진시황

1969년 4월 건설부 건설경제과장으로 있을 때였다. 국토계획 전문가인 주원 장관 후임으로 1군사령관 출신인 이한림 장관이 부임했다. 하루아침에 부내 분위기가 180도 달라졌다. 봄날처럼 따스하고 평화스럽기만 했던 것이 매서운 바람이 몰아치는 동토의 땅으로 바뀐 것이었다.

장관은 취임하자마자 차관과 기획관리실장을 바꾸었다. 건설부 업무 내용을 잘 아는 차관은 얼마간 유임시킬 것이라 생각했는데 그게 아니었다.

L기획관리실장은 5·16혁명 당시 문교부차관으로 있었는데, 한 계급 강등되어 온 분이었다. 육군에서 용감하고 유능한 장군으로 소문이 자자했었다. 그런데 신임장관이 오자 서리 맞은 배추가 되어 버린 것이었다.

내가 경제장관회의 안건을 설명하기 위해 실장과 함께 장관실에 갔을 때였다. 장관이 몇 가지 질문을 하자 그는 긴장한 나머지 안색이 창백해졌다. 뭐라고 말을 하는데 소리가 입속에서 맴돌기만 하고 나오지 않았다. 저럴 수가 있을까, 의아하게 생각했다. 알고 보니 그가 1군사령부 참모로 있을 때 사령관이었던 장관에게 얼마나 호되게 시달렸는지 앰뷸런스를 타고 도망쳐 나온 적도 있었다는 것이다. 외나무다리에서 원수를 만난 격이라고나 할까. 더 이상 버티지 못했다.

　장관은 일제시대 박정희 대통령과 동기로 만군사관학교를 다녔고, 성적이 우수하여 일본 육군사관학교를 함께 나왔다. 그가 1군사령관으로 있을 때 5·16혁명이 일어났는데, 거기에 동조하지 않아 구금된 후 예편되었다. 대통령은 그와의 우정을 잊지 못해서인지 아니면 그의 능력을 높이 평가해서 그랬는지 여러 곳의 정부관리 기업체 사장을 거쳐 건설부장관으로 임명했다. 당시 대통령의 최대 관심사업은 경부고속도로 건설이었다. 그 사업을 추진할 수 있는 적임자로 그를 생각한 것 같았다.

　장관은 20대에 별을 단 후 계속 사단장, 군단장, 사령관 등 최고지휘관 생활만 하였기에 세상에 무서운 사람이 없는 것 같았다. 대통령도 군 동기생인데다 자기보다 군 계급이 낮아서인지 마음속으로 그렇게 존경하는 것 같지도 않았다. 다만 군대와 고향 선배인 정일권 총리에게는 깍듯이 대하는 것 같았다.

　그는 장관실을 으리으리하게 개조하여 바닥에는 붉은 카펫을 깔고, 벽과 회의용 의자까지 모두 황금색으로 바꾸었다. '아방

궁'처럼 호화스러웠다. 군대시절부터 그를 '진시황'이라 부르게 된 사연을 알 듯했다.

 군대처럼 테이블에는 아무런 서류도 두지 않았다. 결재를 받으러 장관실에 들어갈 때는 먼저 '아방궁'의 분위기에 압도되었다. 그는 결재하기 전에 보고자의 태도와 언행을 먼저 살폈다. 머리카락이 꼿꼿이 설 정도로 긴장되었다.

 '진시황'의 호랑이처럼 부리부리하고 빛나는 큰 눈과 마주쳤을 때는 주눅이 들어 감히 쳐다볼 수가 없었다. 질문하고 야단칠 때의 우렁찬 목소리는 마치 뇌성 같았다. 떨려서 말이 제대로 나오지 않을 정도였다.

 그는 서류를 꼼꼼히 들여다보기가 귀찮았는지 요약 보고서를 좋아했다. 각 과마다 차트사를 따로 두었으며, 미니차트를 서류 위에 붙여 결재를 받았다.

 비서가 차를 테이블 위에 갖다 놓을 때는 앉는자리에서 너무 가깝거나 멀지 않은 정해진 자리에 정확히 놓아야 했으며, 손잡이를 삐뚤게 놓는 경우에는 벼락같이 호통을 쳤다.

 그는 승용차도 다른 장관과는 달리 미8군에 부탁하여 사온 캐딜락 링컨을 타고 다녔다. 경제기획원에서는 공사 부대비로 장관실을 호화스럽게 꾸민 데다가 외제차까지 산 것을 알고 예산을 크게 깎았다.

 그가 공사현장을 시찰할 때는 담당국장이나 소장이 운전기사 옆자리에 앉아 안내했다. 하루는 경제기획원 차관 출신인 도로공사 사장이 경부고속도로 공사현장을 안내하게 되었다. 그런데 장관의 질문에 답변이 시원치 않자 허허벌판에 내려놓고 가버렸다.

그가 인천항 공사현장에 갈 때도 그랬다. 서울지방건설국장이 인천 시내를 빠져나가면서 잔뜩 긴장한 나머지 엉뚱한 길로 안내하자 바로 내려놓고 사무실로 돌아갔다.

그의 까다로운 성격에 운전기사도 여간 힘들어하지 않았다. 총무과장은 운전 경험은 물론 온순하고 참을성 있는 사람을 구했는데, 2년여 동안 네 명이나 바뀌었다. 한 사람은 장관으로부터 어떻게나 호되게 야단을 맞았던지 광화문 네거리에 차를 팽개쳐 둔 채 뺑소니를 쳤다. 큰 소동이 벌어진 건 물론이다.

그가 지방 출장을 갈 때는 우리 과 직원들이 밤샘을 해야 했다. 출장 가는 지역에 있는 각종 공사의 진척상황, 문제점 등을 적고 도면을 그려 책자를 만들어야 했기 때문이다.

그가 경제장관회의나 국무회의에 참석할 때는 그의 괴팍한 성격을 잘 아는 장관들이 그를 가까이 하지 않고 조심스레 대했다. 경제장관회의 의장인 부총리는 대통령과 그와의 관계를 잘 알아서 그런지 각별히 신경을 쓰는 것 같았다.

그는 수시로 국장회의를 소집했다. 사회를 맡은 나는 장관이 들어오면 '차렷' 하고 구령을 붙여 차관 이하 국장들을 일어서게 했다. 그리고 순서에 따라 국장들이 보고하도록 했다. 모두들 긴장했다. 보고를 잘못하면 호통을 치고 바로 좌천시켰기 때문이다. 전문분야를 가리지 않고 전보시키거나 사표를 받기도 해 모두

안절부절 못했다.

정부 각 부처가 5박6일간 전시대비 을지연습을 실시할 때였다. 갑자기 대통령이 방문한다는 통보를 받았다. 권위를 생명처럼 여기는 장관이 당황하는 모습을 그때 처음 보았다. 그는 실시단장인 기획관리실장에게 브리핑을 하라고 지시했다. 실장은 자신이 없었는지 아직 상황을 파악하지 못했다며 망설였다. 화가 머리끝까지 오른 장관은 상황실장인 나에게 보고하라고 했다. 나도 교대한 지 얼마 되지 않아 최근 상황을 미처 파악하지 못한 상태였다. 그러나 망설일 수 없었다. 시나리오와 조치사항을 들여다보고 있는데 대통령이 도착했다.

"파괴된 도로를 몇 대의 장비와 얼마만큼의 어떤 물자와 인원 몇 명을 동원하여 어느 날 어느 시까지 긴급 복구하여 병력과 군수물자 수송에 지장이 없도록 조치했다"는 내용을 20여 분에 걸쳐 보고했다. 대통령은 만족스러운 표정으로 별다른 질문은 없었다.

대통령이 다녀간 후 장관은 기분이 좋았는지 간부들이 모인 자리에서 칭찬을 아끼지 않았다.

"허 과장, 그렇게 브리핑 잘하는 것 처음 봤소. 수고 많이 했소."

내가 기획예산담당관으로 가게 된 것은 브리핑 때문이었다. 장관이 취임하였을 때 나의 전임자가 긴장해서 건설부 업무현황을 제대로 보고하지 못했다. 화가 난 장관이 '갈아치우라'고 명령하자 그는 기획관리실장 및 차관과 상의한 후 내 자리와 맞바꾸게 되었다. 그 때문에 전임 장관의 특명에 따라 내가 1년여에 걸쳐 열성을 다해 추진했던 '건설부를 경제부처로 만드는 작업'은 아쉽게도 물 건너가고 말았다. 건설부나 개인적으로 보나 안타까운 일이었다.

내가 부임해서 얼마 안 되었을 때였다. 장관이 결재를 한 후 예산서를 보면서 나에게 몇 가지 질문을 했다.

"가만있자, 금년도 공지천 하천 개수 예산이 얼마더라?"

"네, 4천5백만 원입니다."

"경주에서 포항 가는 국도 포장 예산은 얼마요?"

"네, 국고채 2천만 원을 포함해서 6천만 원입니다."

그는 마음속으로 놀라는 것 같았다. 그 후부터 나에 대한 신임이 두터워지기 시작했다. 군 출신 장관에게 처음 잘 보이거나 나쁘게 보이면 끝까지 가는 경우가 많았는데, 다행이다 싶었다.

연초에 대통령이 각 부처를 초도순시할 때 업무보고하는 것이 큰 행사였다. 보고 자료를 다른 부처와는 달리 슬라이드로 만들고, 공사현장 사진을 끼워 실감나게 보고했다. 대통령이 관심있게 보고받았으며, 장관은 흡족해 하는 것 같았다.

내가 2년 가까이 근무하였을 때였다. 일요일인데도 장관이 우리 사무실에 불쑥 나타났다. 마침 직원들은 식사하러 나가고 혼자 있는데, 뜬금없이 물어보았다.

"휴일에도 수고 많이 하는구먼. 과장 된 지 얼마나 됐소?"

때마침 국장 자리 하나가 비게 되었는데, 내가 고생을 많이 하고 있어 미안해서 그랬는지 승진시킬 생각을 비친 것이었다.

당시 내 나이 38세로 국장으로 승진할 경우 3, 4년 후에는 옷을 벗어야 했다. 한 자리밖에 없는 1급 기획관리실장 자리는 군인 출신 아니면 경제기획원이나 재무부에서 차지하는 것이 관례로 되어 있었다. 기껏해야 주택공사나 도로공사 이사로 가서 얼마 지나고 나면 끝이었다. 그럴 바에야 과장으로 오래 근무하는 것이 훨씬 나을 것 같았다. 나는 잘라 말했다.

"과장된 지 4년밖에 되지 않았습니다. 더욱 열심히 일해 경험을 많이 쌓도록 하겠습니다."

"정말 그래요?"

그의 호의는 고마웠으나 나로서는 무턱대고 받아먹을 떡이 아니었다.

그가 재직한 2년 3개월 동안 설날과 추석을 프함해서 내가 쉴 수 있었던 날은 다섯손가락으로 꼽을 정도였다. 고생한 대가를 받지 못했지만 각국의 업무를 누구보다도 소상히 파악하게 되어 그 후 일하는 데 큰 도움이 되었다.

그의 권위적인 성격과 행동 때문에 직원들은 군대와 같은 생활을 해야 했다. 어느 장관보다도 색다른 에피소드를 많이 남겨 지금도 옛 동료들과 만나면 심심찮은 화젯거리가 되곤 한다.

그가 예리한 판단력과 뛰어난 리더십으로 국토를 방위하고 경부고속도로를 공기 내에 성공적으로 완공시키는 등 국가적으로 많은 공로를 세웠지만 개인적으로는 행복하다고 할 수 없을 것 같다.

그는 집안에서조차 권위주의적이어서 출퇴근 시 부인을 포함한 가족들을 복도에 세워 두었고, 부인에게 구두끈도 매게 했다고 했다. 그리고 대문은 자기만 이용하고 가족과 방문자는 뒤켠에 있는 쪽문을 이용하도록 했다.

은퇴 후에 그는 고생시킨 직원들을 이따금 식사에 초대했다. 비교적 총애를 받았던 나도 몇 차례 세배를 하러 갔고 식사도 함께 했다. 부드럽게 대해 주었지만 현직에 있을 때의 무서운 모습이 되살아나 마음이 편치 않았다. 친한 친구인들 따뜻한 마음으로 그를 뒷바라지해 주었는지 모르겠다.

그는 한동안 치매로 고생하였던 것으로 알려졌다. 건설부 과장이었던 L씨가 분당 어느 은행에 갔다가 거기에 쪼그리고 앉아 있는 그를 보았다고 했다. 천하의 '진시황'이 그렇게 초라한 모습으로 바뀔 줄은 정말 몰랐다는 것이다.

얼마 후 92세가 된 2012년 4월, 당대를 풍미하던 큰 별이 떨어졌다는 부음을 들은 우리는 안타까운 마음으로 그의 명복을 빌었다.

3부 나의 공무원 생활

미운 사람도 그리울 때가 있다

　　　　　직장생활에서 인간관계가 얼마나 중요한지는 누구나 잘 알고 있다. 그러나 노력만 가지고는 잘 풀리지 않는 경우가 있다. 성격과 사고방식의 차이, 경쟁이나 이해관계에 의해 상사나 동료, 부하 사이에 크고 작은 갈등이 생기기 마련이다. 어떤 경우에는 얼굴 생김새며 행동거지나 말투가 마음에 들지 않거나, 뭐라고 딱히 꼬집어 말할 수는 없지만 사람을 싫어하여 갈등의 골이 점점 깊어가기도 한다.

　내가 건설부 기획예산담당관으로 근무할 때였다. 재무부 국장이 승진하여 나의 직속상관인 기획관리실장으로 왔다. J실장은 누구에게나 친절하게 대했다. 내 딴에는 나도 꽤 친절하고 성실하다고 생각했는데 그 정도로는 어림없었다. 말하자면 족탈불급足脫不及이었다.

　그는 사람을 만나면 90도로 인사했다. 상사는 물론 부하나 심지어 청소부 아주머니에게도 깍듯이 했다. 처음에는 당황하기도 했으나 훌륭한 분이라 여겨 모두 좋아했다. 공손히 인사를 해도 본체만체하는 다른 간부들과 대조되어 더욱 그랬다.

하지만 외유내강이라 할까, 겉으로는 부드럽게 대하지만 속으로는 빈틈없는 분이었다. 지나칠 정도로 꼼꼼하고 성실했다. 저녁 10시 전에 퇴근하는 일이 없었다. 토요일이나 일요일 또는 공휴일이라 해서 예외가 아니었다. 취미생활이란 없어 보였고 일만이 인생의 전부인 것 같았다.

그때 경부고속도로를 비롯하여 소양강댐과 충주댐, 울산과 창원공업단지, 인천항과 포항제철항 등 굵직굵직한 공사들이 한창 진행 중이었다.

부내 업무를 종합하여 조정하는 기획관리실 직원들은 그야말로 눈코 뜰 새가 없었다. 내가 하는 일은 각 부서에서 추진하고 있는 업무와 공사에 대해 장단기 계획을 세우고, 예산을 배정하며, 진행상황을 점검하는 것이었다. 어느 부서보다도 일복이 많은 자리였다. 업무 중에는 대통령이 관심을 갖고 있는 사업이 많아 청와대는 물론 국무총리실, 경제기획원 그리고 국회에서까지 요구하는 자료를 수시로 제출하고 설명해야 했다.

그 무렵 '진시황'이라 불리는 1군사령관 출신인 이한림 장관이 부하들을 호되게 몰아치고 있었다. 승진시켜 데려온 차관과 기획관리실장이라 해서 예외가 아니었다. 그러다 보니 국·과장과 직원들은 말할 나위도 없었다.

밤 10시까지 사무실을 지키며 업무를 빈틈없이 해내는 실장을 부하로 둔 장관은 만족했지만 그런 상사 밑에서 일하는 사람은 죽을 지경이었다. 그분은 사정없이 일을 시키며 쥐어짰다. 결재서류에 오탈자가 있으면 날벼락을 치고 결재서루가 구겨지면 자기 방에 있는 다리미로 펴기도 했다. 워낙 까다롭고 무서운 장관을 모시다 보니 그럴 수밖에 없었으리라.

그는 군 출신이 아닌데도 부하는 상사의 명령에 무조건 복종해야 한다고 생각하는 것 같았다. 장·차관의 지시가 불합리하거나 문제가 있고 심지어 규정에 어긋나는 경우에도 큰소리 없이 복종하는 것이었다. 그러나 나는 그러지 않았다. 문제가 있는 경우 내 의견을 말했으며, 그래도 하라고 하면 그때 가서 지시에 따랐다. 그러한 태도가 그의 비위에 거슬렸던 모양이다.

그러나 실장과 나 사이에 결정적인 갈등이 생기게 된 것은 그 때문이 아니었다. 저녁식사가 문제였다. 그는 10시 넘어 퇴근한 후 집에 가서 식사를 했다. 그의 집은 사무실에서 가까운 데 있지만 우리 집은 갈현동이었다. 교통이 불편하던 때라 밤 11시가 넘어서야 식사를 할 수 있었다.

아침에 식욕이 나지 않아 식사를 거를 때가 많았다. 혈기왕성한 30대 중반인 나는 오후 6시쯤 되면 배가 고파 못 견딜 지경이었다. 바쁘지 않은 틈을 보아 실장에게 저녁식사를 하러 가자고 권했으나 번번이 거절당했다. 건강이 나빠지고 있어 혼자서라도 식사를 하게 해 달라고 건의했으나 들은 체도 하지 않았다.

그는 저녁식사 때가 되면 별다른 일이 없는데도 나를 찾곤 했다. 내가 틈을 보아 식사하러 다니는 것을 알게 된 그는 나를 불러 나무랐다.

"윗사람이 식사를 하지 않고 있는데 아랫사람이 어떻게 식사를 한단 말입니까?"

"저는 다른 것은 몰라도 배고픈 것은 도저히 참을 수 없어 그랬습니다. 죄송합니다."

그러나 이해하는 기색이 전혀 보이지 않았다.

6·25전쟁 때와 군대생활 하면서 굶주린 것은 어쩔 수 없는 일이었지만, 군대에서도 그러지 않는 대명천지에 저녁식사를 제때 못하게 하는 것은 지나친 일이라고 생각하였다. 일을 많이 하고 밤샘을 하는 것은 얼마든지 참을 수 있지만 배곯는 것은 견딜 수 없는 일이었다. 고통도 크려니와 무엇보다도 건강관리를 위해 물러설 수 없는 일이었다.

그 후에도 상황을 살펴가며 나는 저녁식사를 했다. 그럴수록 실장과 갈등의 골은 더욱 깊어만 갔다. 하루에도 여러 번 만날 때마다 눈살을 잔뜩 찌푸리며 짜증을 내는 모습을 보아야 하니 가슴이 답답했다. 그동안 상하 직원 간에 비교적 원만한 관계를 유지해 오던 나로서는 상사로부터 미움을 받는 것이 피를 말리는 듯 괴로웠다. 잠을 설치는 날이 많아지고 심신이 쇠약해졌다.

부하의 입장을 손톱만큼도 이해해 주지 않는 그가 얄밉게 느껴졌다. 얄미움이 점차 증오로 바뀌고 나중에는 원수로까지 생각하게 되었다. 기분 같아서는 한 대 후려갈겨 주고 싶었지만 그럴 수도 없었다. 전생에 무슨 원수였기에 그런 고통을 당해야 하는지 알 수 없는 일이었다.

사무실 분위기가 좋을 리 없었다. 주변 사람들은 성격이 크게 모나지 않은 두 사람 사이가 나빠진 데 대하여 의아하게 생각했다. 식사 때문에 그렇게 되었다고 해도 설마 그럴 리가 있겠느냐며 곧이듣는 사람이 없었다. 약삭빠른 사람들은 부내 제3인자로서 힘이 막강한 실장에게 나를 험담하며 아부하기도 했다. 우리 과의 계장 세 명 가운데 두 사람도 그랬다. 나중에는 차관까지 나를 불러 "실장을 잘 모시라"고 나무라는 것이었다.

나의 자리가 국장으로 승진하는 곳이기는 하나 당시 승진할 시기도 아니었으며, 그럴 생각도 없었다. 다만 하는 일이 적성에 맞고 고생한 보람을 느낄 수 있기 때문에 버티고 있었다. 하지만 날이 갈수록 실장과의 관계가 더 악화되고 나아질 가망이 없어 다른 자리로 옮기고 싶었다.

실장도 나의 능력과 성실함은 인정하면서도 충성심이 부족한 사람으로 생각하는 것 같았다. 그도 마음이 편치 않아 나를 다른 곳으로 보낼 생각도 해 보았을 것이다. 그러나 나에 대한 장관의 신임이 두터운 상황에서 이러지도 저러지도 못했을 것이다. 참고 견디는 것이 무척 힘들었지만 달리 방법이 없었다.

그러던 어느 날 6·25전쟁 피난시절에 고생하던 생각이 떠올랐다. 그때 겪었던 고난이 힘들었지만 그 후 세상을 살아가는 데 큰 도움이 되었다. 어렸을 때 비교적 고생을 모르고 살아온 물러빠진 나를 굳건하게 만들어 주었던 것이다. '그때에 비하면 이 시련이 별것 아닌 것이 아닌가. 이 시련도 나를 더욱 굳세게 단련시켜 줄 씨앗이 될 것이 아닌가.' 이런 생각을 하니 한결 마음이 편안해졌다.

식사 문제로 부하를 미워하는 그분이 오히려 측은하게 느껴졌다. 신경질을 부리더라도 웃는 낯으로 공손히 대했다. 그리고 더욱 열심히 일했다. 그분을 위해서가 아니라 내 자신을 위해 그랬다. 하지만 실장의 노여움은 2년이 지나도 나아지는 기색이 없었다. 그렇게 우리는 불편한 관계를 풀지 못하고 헤어졌다.

그 후 나는 몇 개의 부서를 옮겨 다녔지만 그처럼 성실한 사람은 만나보지 못했다. 이따금 그분의 찌푸린 얼굴과 성실한 모습이 오버랩 되어 떠오르곤 했다. 미워하면서 닮아간 것일까. 그의 친절과 성실성을 나도 알게 모르게 본받게 된 것 같다.

지금도 아파트 청소부 아주머니를 만나면 90도는 아니지만 공손히 인사를 하고 있는 것도 그분에게서 배운 것 같다. 무엇보다도 아랫사람의 입장에 서서 생각해야 한다는 뼈저린 체험이 그 후 대인관계에 있어 큰 도움이 되지 않았나 생각한다.

미운 사람도 때론 그리울 때가 있다는 말이 있는데, 나는 요새 그것을 실감하고 있다.

3부 나의 공무원 생활

권력 앞에 꺾인 소신

    1980년 말, 나는 건설부 주택국장으로 내정되었다. 그러나 업무 관계로 사우디아라비아에서 귀국이 늦어지자 도시국장으로 바뀌어 발령이 났다. 주택국에는 긴급히 처리할 업무가 많았기 때문이었다. 7년이나 해외에서 지낸 나로서는 오히려 다행으로 여겼다.

  도시 관련 업무는 비교적 나에게 생소했지만 언젠가 일하고 싶었던 분야였다. 대학에 갓 입학한 학생처럼 도시 관련 법령과 서적을 열심히 읽었다. 불치하문不恥下問이라 하지만 그리 쉽지 않았다. 국장 체면에 모르는 것을 직원들에게 자주 물어볼 수는 없었다. 도시 관련 업무에 대해 잘 모른다는 것이 알려질 경우 체면이 서지 않을 것은 물론 직원들을 통솔하기가 어렵게 될지 모를 일이었다. 그래서 결재할 때 모르는 부분을 과장과 사무관에게만 자연스럽게 업무와 관련해서 물어보았다.

다른 건설업무와 마찬가지로 도시 관련 업무도 일본 제도를 벤치마킹한 것이 많았다. 새로 나온 도시 관련 일본 서적을 읽은 후 제도 개선방안을 제시하기도 했다. 그러다 보니 국장으로서 자신감도 생기고 체면도 서게 되었다.

선진국에서는 산업혁명 후 100여 년에 걸쳐 점차적으로 도시화가 이루어져 도시화율이 80~90%에 이르고 있다. 우리나라의 경우는 1960년에 전 국민의 3분의 1 정도가 도시지역에 살았으나 1970년에는 절반이 넘었고, 1980년에는 3분의 2 정도로 급속히 증가하여 최근에는 90%를 넘어서고 있다.

이와같이 도시화가 빠르게 진행된 이유는 산업화가 급속히 이루어짐에 따라 일자리를 찾아 많은 인구가 농촌에서 도시지역으로 이동했기 때문이다. 특히 서울을 중심으로 한 수도권으로 집중되었다. 설문조사에서도 잘 나타나듯이 수도권 인구집중 요인의 약 60%는 직장 때문이고, 20% 정도는 좋은 대학이 있기 때문이라고 했다.

도시인구의 급격한 증가는 여러 가지 문제를 일으켰다. 시민들은 주거난, 교통난, 상하수도난, 공해에 시달려야 했다. 국·공유지와 공원 같은 곳에는 자고 나면 판자촌, 가마니촌이 생겼다. 도시행정은 이러한 문제를 해결하고 뒷바라지하는 데 급급했다.

내가 부임한 1981년은 이러한 과도기가 지나고 차분하게 도시를 건설하고 재개발할 시점이었다. 나는 먼저 도시기본계획제도를 도입했다. 도시계획은 일반적으로 5년 단위로 되어 있지만 도시의 성격상 백년을 내다보고 개발해야 하기 때문에 20년 장기 기본계획을 수립할 필요가 있다. 이러한 기본계획에 따라 도시를 정비하도록 했다.

도시기본계획을 수립하려면 많은 예산이 소요되었다. 건설부에 그런 예산이 없는 것을 알고 있는 내무부는 지방교부세를 재원으로 한 예산을 각 도시에 배정했다. 거기까지는 좋았다. 문제는 자기들이 승인권까지 갖겠다는 것이었다.

내무부에서도 개발국을 신설하여 도시·도로 같은 개발업무를 관장하다 보니 건설부 업무와 중첩되는 부분이 많았다. 건설부에서 도시계획위원회의 의결을 거쳐 도시계획을 결정하거나 변경한 사항을 내무부에서 지방자치단체로부터 다시 보고를 받아 승인하는 방식이었다. 1961년 정부기구 개편 때 내무부 토목국 자체가 건설부의 전신인 국토건설청으로 이관되었던 것을 다시 부활시키려는 의도였던 것 같았다.

나는 내무부 개발국장을 여러 차례 만나 법과 원칙대로 하자고 끈질기게 설득했다. 그래서 결국 우리의 주관 아래 그 업무를 추진하게 되었다.

각 시·도에서는 녹지지역을 주거지역 또는 공업지역으로 용도 변경하거나 도로망 등을 넓히거나 또는 재개발사업을 시행할 때 승인권한을 자기들에게 위임해 달라는 요청이 많았다. 시·도마다 도시계획 수행능력의 차이가 커서 서울시 같은 능력을 갖춘 데에는 많은 권한을 위임하고 그렇지 못한 데는 지도를 강화했다.

도시계획시설 마흔여섯 가지 중에 가장 골치 아픈 것이 도시공원이었다. 과도기에 많은 공원이 해제되어 공공기관, 대학이 들어서고 주택지로 바뀌어 도시에는 공원이 크게 부족했다. 선진국에 비해서 터무니없이 적었다. 나는 각 시·도로 하여금 공원 해제 안건은 아예 올리지 못하도록 했다. 그리고 신시가지나 신도시를 건설할 때는 도시공원을 가능한 한 많이 확보하도록 했다.

그런데 서울 서초동에 법원과 검찰청 단지를 조성할 때였다. 검찰청 단지가 좁아서 서초공원 일부를 해제해 달라는 서울시 요청이 있었다. 법무부의 강력한 요청에 못 이겨 낸 것이었다. 가뜩이나 도시공원이 부족한 상황에서 승인할 수 없는 일이라고 생각했다. 처음에는 법무부 담당자가 찾아와 부탁하더니 그 후 검찰청 간부가 찾아와 꼭 해제해 달라고 사정하였다. 그는 검찰청 체면상 법원과 비슷한 규모로 청사를 지어야 하는데 공원을 해제하지 않고는 달리 방법이 없다고 주장했다.

나는 그들의 사정은 알고 있지만 도시공원을 늘여 나가야 할 실정이라서 해제하기는 곤란하다고 잘라 말했다. 그는 검찰청 단지가 계획대로 조성되지 않을 경우 국가적으로도 문제가 될 뿐만 아니라 검찰의 위신과 사기에 큰 영향을 미치게 되므로 특별히 배려해 달라고 간청하는 것이었다. 나는 공원 해제는 일절 하지 않는 것이 확고한 방침이며 예외적으로 해 줄 경우 앞으로 걷잡을 수 없는 혼란이 오기 때문에 곤란하다고 다시 말했다.

그들은 실무적으로는 해결이 안 되겠다고 생각했는지 장·차관에게 부탁하여 압력을 넣었다. 나는 장·차관에게도 나의 소신을 주장했다. 내 결심이 옳다고 확신하고 있던 나는 권력기관에 맞서 몇 달을 버티었다. "털어서 먼지 안 나는 사람 있나" 하고 반협박조의 소리가 간접적으로 들려오기도 했다. 주위에서는 "무슨 배경을 믿고 고집을 부리는지 모르겠다", "외국에 오래 있어서 국내 실정을 몰라 그러는 것 같다"는 등 나에게 힘을 실어 주기는커녕 오히려 어리석은 처사로 생각하는 사람이 많았다.

법무부장관과 검찰 간부들의 끈질긴 부탁으로 난처한 입장에 놓인 장·차관이 여러 차례 간곡히 얘기하는 데는 국장으로서 더 이상 고집할 수 없었다. 권력의 압력 앞에서 내 소신은 그렇게 무너져 버리고 말았다.

권력 앞에 무너진 것이 또 있다. 광화문에서 광화문 네거리까지의 도로 폭은 100m다. 그런데 거기서부터 서울시청까지는 50m다. 나는 외국처럼 넓은 도로광장을 만들기 위해 그 구간도 100m로 복원하는 방안을 추진했다. 그런데 동아일보, 조선일보 등 막강한 신문사와 여러 기관이 도시계획선에 걸려 있었다. 내가 도시국장을 그만둔 후 어느 사이 없었던 일로 되돌아가고 말았다. 막강한 언론이란 새로운 권력 앞에서 소신이 무너지고 만 것이다.

지금도 어쩌다 광화문 네거리에서 시청 앞을 걸어갈 때면 무너진 소신 또는 진실의 표본을 보는 것만 같아 쓸쓸할 때가 있다.

3부 나의 공무원 생활

그린벨트 관리의 어려움

'그린벨트'라고 부르는 개발제한구역제도는 1946년 영국 런던에서 처음 시행되었다. 일본은 1950년대 중반에 이 제도를 도입했으나 해당 지역 주민의 항의와 이들을 감싸는 정치인들의 압력으로 흐지부지되고 말았다.

우리나라는 1971년 7월에 처음 이 제도를 도입했다. 도시의 평면적인 확산을 방지하고 도시 주변의 쾌적한 자연환경을 보전하면서 동시에 국방에 대비하기 위한 것이었다. 수도권을 비롯하여 전국 주요 도시와 공업단지 주변 14개 지역이 지정되었다.

건설부가 박정희 대통령의 지시에 따라 비밀리에 작업을 했다. 현지 조사를 하지 않고 지도상에서 구역을 정하다 보니 마을이나 집 한가운데로 경계선이 지나가기도 했다. 또한 관계 부서 간에 협조가 잘 되지 않아 육성 발전시켜야 할 지방 소도시를 포함시키는 등 여러 가지 불합리한 점이 발견되었다. 태완선 건설부장관은 과천 근처에 있는 자신의 토지가 개발제한구역에 포함되는 것도 모르고 결재를 하기도 했다.

　전국적으로 도시 근린공원이 부족한 데다 대도시나 공업단지 주변에서 난개발과 투기가 일어나고 있는 상황에서 이 제도의 도입은 매우 성공적인 것으로 평가되고 있다. 만일 이러한 조치가 없었다면 서울과 성남, 수원, 안양, 인천, 의정부, 하남 같은 주변도시가 연결되어 하나의 거대한 도시가 됨으로써 교통난, 상하수도난, 공해 등에 시달리는 것은 물론, 도시 주변의 쾌적한 자연환경조차 사라져 우리는 살벌한 환경 속에 갇히고 말았을 것이다.

　박 대통령은 개발제한구역에 대해 확고한 신념을 갖고 통치적 차원에서 철저히 관리하도록 했다. 그는 개발제한구역 내에서 군사시설과 도로, 초등학교 같은 불가피한 공공시설을 제외하고는 개발행위를 일절 허용하지 않았다. 개발을 허용하거나 완화할 때는 사전에 대통령의 재가를 받은 후 국무회의 의결을 거치도록 했으며, 그 후 다시 대통령의 재가를 받게 하는 등 이중, 삼중의 규제장치를 마련했다.

　뿐만 아니라 개발제한구역 내에서 주택이나 건물의 신축 및 증축, 토지형질 변경 같은 불법행위가 있는지 철저히 감시하기 위하여 항공사진을 주기적으로 촬영하고, 정기적으로 현지조사를 실시하도록 했다. 관리를 소홀히 한 사람에 대해서는 엄벌에 처해 이와 관련된 수천 명의 공무원과 군인이 징계를 받았다.

　후임 대통령의 재임 중에도 이러한 제도는 그대로 이어졌다.

도시국장인 나는 각 부처에서 수시로 요구하는 행위제한 완화 요구에 대해 면밀히 검토한 후 합리적이고 필요하다고 인정되는 경우에 한해 대통령의 재가를 받았다.

J대통령은 개발제한구역관리에 대한 뚜렷한 철학이 없는 것 같았다. 그는 김포지역의 여단장으로 있을 때 군 막사를 지었는데, 난데없이 개발제한구역관리규정을 위반했다 하여 어려움을 겪은 적이 있다는 것이었다. 영내에 막사를 못 짓게 하는 것은 잘못된 제도처럼 말하는 것을 여러 차례 들었다.

하루는 문교부로부터 개발제한구역 내에 대학 건물을 증축할 수 있도록 해 달라는 요청이 있었다. 그즈음 시설기준에 미달되는 대학들이 많았다. 이러한 대학들이 주변에 사유지가 있으면 이를 사서 건물을 짓는 것이 당연한 일이지만, 개발제한구역으로 둘러싸여 있어 건물을 지을 여지가 전혀 없는 경우가 있었다. 국민대학, 부산대학 같은 몇 개 대학이 여기에 해당되었다. 나는 예외적으로 이러한 대학들이 인접한 개발제한구역이나 공원에 건물을 증축할 수 있도록 허용하는 방안을 마련해 대통령 재가를 받았다.

서울 근교 개발제한구역 안에 있는 마을 몇 곳에 가본 적이 있다. 주민들은 전 재산인 집과 토지 가격이 폭락한 데다가 거래도 되지 않아 실의에 빠져 있었다. 게다가 낙후된 환경에서 살면서 이발이나 목욕을 하거나 일용품을 사기 위해서는 서울이나 주변 도시로 가야 하는 불편함을 겪고 있었다.

개발제한구역 경계선 너머 인근지역에는 아파트가 들어서고 새로운 도시가 건설되는 등 개발 붐이 불고 있어 낙후된 마을과는 대조를 이루고 있었다. 안타까운 생각이 들지 않을 수 없었다. 정부예산으로 보상을 해야 하겠지만 그럴 가능성은 전혀 없으니 답답한 심정이었다.

나는 개발제한구역 관리 실무책임자로서 불법행위 단속에 중점을 두어야 할 입장에 있었지만, 그들의 사정이 딱해 개선방안을 강구하지 않을 수 없었다.

20호 이상인 마을을 개발제한구역에서 제외시킴으로써 그들이 겪고 있는 불이익과 불편한 점을 얼마간이라도 덜어주는 방안을 생각해 보았다. 그러나 현지답사를 하였을 때 집들이 띄엄띄엄 있는 곳이 많아 20호 이상 마을 기준을 만들기가 어렵고, 자칫 잘못하면 평지풍파만 일으키고 말 것 같아 접고 말았다.

그 대안으로 개발제한구역 안에 있는 기존 건물의 용도 변경을 허용하는 방안을 마련했다. 주택을 이발소나 목욕탕 또는 편의점으로 변경할 수 있도록 하는 것이었다. 장관에게 보고한 후 대통령 재가를 받았다.

그 방안을 기자들에게 설명했더니 각 신문마다 1면 톱으로 다루었다. 거의가 부정적인 논조였다. 10년 동안 잘 보존해 온 개발제한구역 관리제도를 망가뜨리려는 것이라며 신랄하게 비난했다. 대부분의 국민도 개발제한구역 관리제도를 변경해서는 안 되는 것으로 인식하고 있었다. 언론계에서는 개발지한구역제도를 지키는 수호자로서의 역할을 해야 한다는 나름의 사명감을 지니고 있는 것 같았다.

옹호해 주는 사람 없이 사방으로부터 집중포화를 맞게 된 나는 당황하지 않을 수 없었다. 당장 사표를 써야 할 지경에 이르렀다.

도시 관계 전문가와 기자들을 초청하여 토론회를 열고 그 취지를 설명했다. 개발제한구역의 지정 목적은 인구집중 유발시설을 금지함으로써 쾌적한 자연환경을 보전하는 데 있으며, 개선안은 인구집중을 유발하는 새로운 건물을 허용하는 것이 아니라 기존 건물의 용도만 변경하는 것이므로 지정 목적에 전혀 어긋나는 것이 아니라는 점을 강조했다.

그러나 그들은 용도변경을 허용하면 생활환경이 좋아짐으로써 더 많은 사람이 유입될 것이라고 주장했다.

나는 주거시설이 이발소나 목욕탕 또는 편의점으로 용도 변경되면 주택이 감소됨으로써 인구는 오히려 줄게 될 것이라고 말했다.

그들은 규제를 완화하기 시작하면 모처럼 어렵게 확립된 제도가 점차 무너지기 시작하여 결국 유야무야하게 될 거라고 우려하는 것이었다.

나는 앞으로도 위법행위는 철저히 단속하여 그러한 일이 발생하지 않을 거라고 힘주어 말했다. 이에 덧붙여 개발제한구역 내에 있는 100만 명의 주민들 입장도 생각해야 한다고 강조했다. 그들이 살고 있는 집과 땅값이 십분의 일 이하로 떨어지고 거래조차 안 되고 있다. 지난 10년 간 국민의 생활환경은 눈에 띄게 좋아졌는데, 그들은 기본적인 편익시설조차 없이 불편하게 살고 있다는 점을 부각시키고 최소한 이 정도는 완화해 주는 것이 사회정의상 옳은 일이 아닌가 생각한다고 말했다.

  천신만고 끝에 그들을 설득할 수 있어 다행이었다. 더 이상 논란이 잦아들어 가슴을 쓸어내렸다. 많은 국민이 개발제한구역의 혜택을 누리면서 소수의 고통에 대해서는 무관심한 것이 공평한 일이 아니라고 생각되어 용기를 낸 일이었다. 어려운 고비를 넘긴 셈이었다. 한때 마음고생이 컸지만 지금 생각해도 잘했구나 하는 보람을 느끼곤 한다.

도시개발은 국가의 백년대계

1930년대부터 신시가지는 대부분 토지구획정리사업으로 건설되었다. 일본이 독일로부터 이 제도를 도입한 후 우리나라에서도 시행하게 되었다. 해방 후에도 그랬으며, 1960년대 산업화와 더불어 도시화가 급격히 진행되는 과정에서도 환지방식인 이 방법으로 신도시 및 신시가지를 건설했다. 울산, 창원, 여천 같은 공업단지 배후도시는 물론 서울 여의도와 강남도 그랬다.

구획정리사업은 토지의 교환 및 분합으로 공공시설과 대지를 정비하여 토지를 효율적으로 개발 이용하는 데 많은 기여를 했다. 하지만 토지 소유자의 동의를 얻는 데 많은 시일이 걸렸다. 그리고 감보율이 높아져 구역 내 뿐만 아니라 주변지역의 지가가 크게 상승하는 부작용이 있었다.

1980년대 이후에는 '택지개발촉진법'에 의하여 사업자가 토지를 모두 매수하여 공영 개발하는 방법으로 신시가지 및 신도시를 건설하고 있다.

  1981년 내가 건설부 도시국장으로 있을 때 우리나라에서는 처음으로 과천과 반월 신도시가 한창 건설 중에 있었다. 과천은 정부 제2종합청사가 들어설 20만 평 부지를 포함하여 66만 평에 인구 46,000명이 살 수 있는 아담한 도시로 건설하는 계획이었다. 어느 도시보다 단위 면적당 인구밀도가 적어 쾌적하고 각종 공공 및 편익시설은 물론 우리나라에서는 처음으로 자전거도로까지 건설하였다.

  그런데 지나치게 이상적으로 계획되어 수용인구가 너무 적다는 문제점이 제기되어 인구를 두 배로 늘렸다. 주변이 그린벨트로 둘러싸여 있고, 서울에서 남태령만 넘으면 갈 수 있는 가까운 거리에 있어 인기가 좋았다. 주택공사가 건설을 담당하여 큰 어려움 없이 마무리되었으며, 업무지구는 투기가 일어날 정도로 인기가 높았다.

  한편 산업기지개발공사가 건설하는 반월 신도시는 어려움이 많았다. 200만 평의 공업지역을 포함하여 1,750만 평의 땅에 인구 20만 명을 수용할 계획이었으나, 그 후 30만 명으로 변경되었다.

  건설부에서는 15만 톤의 상수도 시설을 비롯하여 하수처리장과 하수시설, 서울에서 신도시까지 가는 도로 및 도시 내 간선도로를 우선적으로 건설했다. 공장부지와 주거용지 가격을 낮게 책정했는데도 서울에 있는 공장의 이전과 주민의 입주가 부진했다. 과천과는 달리 서울에서 멀리 떨어져 있기 때문이었다. 주민들은 전기,

전화, 병원, 약국, 상점 같은 편익시설이 갖추어져 있지 않을 뿐만 아니라 땅값이 크게 오르지 않을 것으로 생각하고 입주를 꺼렸다. 한편 편익시설 업체들은 "고객도 없는데 먼저 들어가면 손해를 보지 않겠느냐" 하면서 주저했다. '계란이 먼저냐 닭이 먼저냐'는 식이었다.

박 대통령 재임 때 시작한 사업이었는데, 전 대통령도 의외로 관심이 많았다. 나는 공사 추진이 부진하여 마음고생이 컸다. 매월 관계부처 담당관 회의를 소집하여 전기, 전화, 병원 같은 시설을 먼저 건설하도록 독려했다.

산업기지개발공사는 자체 자금이 없어 산업은행에서 건설자금을 빌려 건설한 후 부지 판매 대금을 받아 갚는 방식으로 운영하고 있어 어려움이 많았다.

한편 토지개발공사가 공영개발로 시행한 서울 고덕지구와 개포동 신시가지 개발사업은 토지를 한꺼번에 매수할 수 있어 건설진도가 빨랐다. 공시지가를 기준으로 하여 토지를 싸게 샀기 때문에 여유자금이 많아 널따란 서울 숲과 여러 개의 공원 등 편익시설을 건설할 수 있었다.

그 뒤 1988년 국토개발연구원장으로 있을 때였다. 200만 호 주택건설의 일환으로 서울 주변에 다섯 개의 신도시를 건설하기로 했다. 그중에 분당, 일산, 평촌 신도시 기본계획을 우리 연구원에서 수립했다. 선진국에 못지않은 쾌적하고 멋있는 도시를 건설하겠다는 신념으로 열정을 쏟았다.

도시기본계획안이 마련되었을 때 나는 세미나를 여러 차례 열어 도시계획을 비롯한 관련 전문가들의 의견을 수렴했다. 그리고 시행사인 토지개발공사를 비롯하여 아파트를 건설하게 될 건설업체 대표와 기술자에게 도시기본계획안을 상세히 설명한 후 그들의 의견을 들었다.

공청회도 몇 차례 열었다. 많은 국민이 관심을 갖고 참석했는데, 토지를 싼값에 수용당한 사람들의 반대 데모가 거셌다. 언론에서는 비교적 긍정적으로 평가했지만 서울과 연결되는 교통수단이 미비되고, 신도시가 베드타운에 지나지 않게 될 것이라는 비판이 많았다. 핵심을 찌른 지적이었다.

우리는 서울과 분당을 연결하는 고속도로 및 고속화도로와 전철을 건설하면 교통수요를 충족할 수 있다고 보았다. 다만 자립도시로 만드는 일이 어려운 과제였다. 수도권정비계획법 규정에 따라 새로운 공장을 설치할 수 없어 3차산업 위주로 건설할 수밖에 없었다.

이를 보완하기 위해 서울에서 기업체가 이전할 경우 종업원도 함께 옮겨 갈 수 있도록 아파트를 특별 분양하는 방안도 검토했다. 직주근접職住近接 방식으로 건설하면 교통량도 줄이고 이상적인 도시개발이 될 수 있기 때문이었다. 하지만 특혜시비가 일어나 이 방안도 접어야 했다. 대학 유치를 검토했으나 여러 가지 조건이 맞지 않아 그만두었다.

과연 신도시가 쾌적한 도시로 건설될지 많은 국민이 의구심을 갖고 있었다. 나는 여러 차례 매스컴 인터뷰에서 선진국 어느 나라에도 뒤지지 않는 쾌적하고 살기 좋은 도시가 될 것이라고 자신있게 말했다. 말하자면 신도시 세일즈맨이 된 것이었다.

그런데 신도시를 건설하는 과정에서 여러 가지 문제가 생겼다. 그동안 우리 건설업체는 연간 22만 호 안팎의 주택을 건설했는데, 갑자기 한 해에 두 배가 넘는 주택을 건설하게 되자 기술 인력과 건설기자재가 부족하게 되었다. 분당 시범단지에서 아파트를 건설할 때 중국에서 수입한 시멘트와 바다모래를 썼으며, 철근을 비롯한 기자재 가격과 노임이 크게 올랐다.

언론에서 비난이 빗발쳤다. 정부에서는 기자재 공급을 늘이는 긴급 대책을 세워 그 다음 공사부터는 국산자재와 강모래를 사용하도록 했다.

토지개발공사가 토지를 싼값에 사들여 건설업체에게 평당 100만 원 정도로 대지를 분양함으로써 비교적 낮은 가격에 아파트를 공급했다. 그리고 건설자금도 여유가 생겨 토지공사로 하여금 교차로 도로를 가급적 지하화하도록 했고, 분당시내 경전철 건설도 검토했으나 여러 가지 문제가 있어 그만두었다.

그런데 서울과 분당 사이의 전철 건설이 지연되었을 때였다. 우연히 TV를 보고 있는데, 내가 나와서 분당 신도시가 쾌적하고 멋진 도시가 될 거라고 언급하는 장면이 재방송되었다. 정부에서 큰소리만 쳤지 제대로 되는 게 없다고 비난하는 것이었다. 분당과 일산 신도시가 실패작이라고 비난하는 사람도 많았다. 처음 건설한 시범지구에서 일부 시행착오가 있었지만 분당과 일산 신도시는 세계 어느 신도시에 못지않은 살기 좋고 멋진 도시로 건설되었다고 나는 확신하고 있다.

그런데 1993년 후반, '정부는 대규모 신도시 건설이 문제가 많으므로 앞으로 신도시는 건설하지 않겠다' 는 받침을 세웠다. 그리고 국토면적의 26%나 되는 준농림지역에 건설업체 등이 신도시나 신시가지를 건설할 수 있도록 길을 열어 주었다. 종래 도시용지로 활용 가능한 면적이 전 국토면적의 4% 정도로 너무 적어 점차로 늘여가기로 했는데 한꺼번에 풀어 버린 것이다.

그리하여 전국적으로 신도시나 신시가지가 난개발되는 부작용을 가져왔다. 예를 들면 용인의 수지를 비롯한 분당 주변 지역이 무질서하게 개발되었다. 도로, 상하수도, 학교 같은 인프라가 갖추어지지 않은 상태에서 업체들이 필지단위로 고층아파트를 건설하여 난개발됨으로써 입주자의 불편이 매우 컸다.

그 후 지자체에서 공공시설을 건설하는 등 자정과정을 거치면서 얼마간 나아지긴 했지만 계획도시인 분당과는 비교가 되지 않는다. 분당의 인프라 및 생활 편익시설을 무임승차식으로 이용하는 불완전한 도시가 되고 만 것이다.

분당 신도시가 건설되었을 때 많은 기업과 돈 있는 사람들이 그 주변 지역 땅값이 크게 오를 것으로 보고 땅을 사들였는데, 이들이 분당 시범지구를 건설할 때 있었던 여러 가지 문제점을 들어 관계요로에 로비를 하지 않았나 짐작된다. 해서 대통령으로 하여금 "앞으로 신도시를 건설하지 말라"는 엉뚱한 지시와 준농림지를 풀게 한 것이 아닌가 생각한다.

국토와 도시개발은 백년대계를 내다보고 추진해야 한다. 정치적 판단이나 로비에 의해 추진될 경우 엄청난 피해와 부작용을 초래할 수 있다는 교훈을 보여 준 좋은 예라 할 수 있다.

요즘도 대도시 주변에 신도시와 신시가지가 건설되고 있다. 앞으로 인구가 크게 증가하지 않는 상황에서 분당과 일산 같은 큰 규모의 신도시를 건설하는 경우는 많지 않을 것이다. 하지만 중소규모의 신도시는 계속 건설해야 한다.

지방자치단체나 토지주택공사 같은 공공기관이 사업 주체가 되어 건설하면서 민간 개발업체의 창의성도 살리는 방식으로 추진하는 것이 바람직하다고 생각한다. 주변 지역과의 교통체계를 구축하고 쾌적한 생활 편익시설과 가급적 자족 기능을 지닌 선진도시로 건설해야 할 것이다.

선진국에서는 런던 주변의 다섯 개 신도시, 일본의 뉴다마시처럼 10여 년에 걸쳐 기초조사와 타당성 조사를 실시하고, 기본계획과 실시계획을 작성한 후 신도시를 건설하고 있다. 우리는 3, 4년 만에 건설하다 보니 시행착오와 부작용이 많았다. 이제 우리도 신도시를 건설할 때는 국가백년대계를 내다보고 충분한 사전조사와 치밀한 계획을 수립한 다음 건설해야 할 것이다.

3부 나의 공무원 생활

내가 본 일본 건설성

　　　1980년대 초 건설부 도시국장이었던 나는 새로운 정보와 제도를 알아보기 위해 기회 있을 때마다 일본 건설성을 방문했다.

　건설성에는 장관 밑에 정무차관, 사무차관 그리고 기감이 있고 그 아래 우리나라 건설부와 비슷하게 장관관방, 계획국, 도시국, 하천국, 도로국, 주택국이 있었다. 다만 건설업을 관리하는 관리국 업무와 해외건설국 업무를 계획국이 담당하고 있는 것이 달랐다. 조직이 대국 대과로 되어 있어 국마다 과가 우리보다 두 배나 많은 여덟 개 내지 열 개씩 있었다. 산하 기관으로 여덟 개의 지방건설국과 국립지리원, 토목연구소, 건축연구소, 건설대학교가 있는 것은 우리와 비슷했다.

　전체 직원 수는 26,000여 명으로 우리나라 건설부의 열 배 이상이었으며, 예산도 약 13조 엔이나 되어 몇십 배 많았다.

장관과 정무차관은 국회의원이 겸직하고, 인사와 일상업무는 사실상 사무차관 책임 아래 처리하고 있었다. 관방장은 우리나라 기획관리실장과 총무과장이 담당하고 있는 인사, 문서, 정책, 회계 업무를 관장하고, 각 국장은 소관업무에 대해 막강한 권한을 갖고 소신껏 일을 처리하고 있었으며, 많은 업무가 과장과 과장보에게 위임되어 있었다.

우리나라도 위임전결규정에 따라 많은 권한이 국·과장에게 위임되어 있지만 실제 중요하다고 생각되는 사항은 사전에 장관의 지침을 받아 처리하는 것이 관례였다. 그 지침에 따라 처리결과가 180도 달라지는 경우가 많아 일본과는 대조를 이루었다.

각국마다 회의실이 따로 있고, 국장은 관련기관의 각계각층의 인사를 만나 의견을 들은 후 종합적으로 판단하여 정책과 업무방침을 결정했다. 국장이 우리나라 장관보다 더 고차원적으로 업무를 수행하고 있었으며, 국회에서 의원들의 질의에 주로 답변하는 것도 국장이었다.

우리나라에서는 국회의원들이 실무에 밝은 국장을 상대로 질의하지 않고 장관에게만 질의하고 있다. 따라서 정책질의 때마다 직원들이 대거 국회에 몰려가서 진을 치고 앉아 응답 자료를 작성하느라 본연의 업무가 마비될 지경인 것과 비교되었다.

건설성에서는 관련 기관과 업무를 원활하게 추진해 나가기 위해 200여 명의 직원을 관계부처, 산하 기관, 지자체, 연구기관에 파견하여 2년간 근무시켰다. 각종 건설공사를 시행할 때 환경영향평가 때문에 환경성과 마찰이 생기는 경우가 많은데, 건설성 직원을 파견하여 미리 협조하도록 했다.

또한 건설경제연구소에는 실무경험이 많은 건설성 직원을 파견하여 이론에 밝은 학자와 현지 경험이 풍부한 관련업체 직원과 함께 공동으로 작업을 하게 함으로써 현실적으로 적용이 가능한 정책대안보고서를 효율적으로 작성하는 것 같았다. 우리나라에 비해 적은 인력과 예산으로 알찬 보고서를 훨씬 많이 내고 있었으며, 각 지방자치단체에도 도시전문가를 파견하여 중앙과 지방 간의 협조가 원활하게 이루어지고 있었다.

건축연구소에서는 자주 일어나는 지진에 대비하여 실제로 6층 건물을 지어 지진 때처럼 건물을 진동시키는 시뮬레이션을 하여 내진설계를 하는 것을 보았다.

그들은 기록 남기기를 좋아했다. 국장들과 면담할 때마다 기록하는 사람이 배석하여 대화 내용을 기록했다. 1964년 도쿄올림픽 때 각종 경기장 건설과 도로, 모노레일 같은 지원 건설사업에 대해 문의했더니, 컴퓨터에 저장된 상세한 기록을 건네주었다.

인사이동 때도 인수인계가 철저히 이루어지는데, 중요한 사항에 대해서는 전임자가 사건경위, 문제점, 대책마련 등에 대해 후임자에게 상세히 설명해 준다고 했다. 이러한 인수인계 절차 없이 중요한 자료를 보자기에 싸서 집에 가져가는 우리와는 대조적이었다.

'인사가 만사' 라는 말이 있듯이 그들은 인사관리를 중요시했다. 관방장은 전 직원의 출신학교, 학교성적, 시험성적, 근무평정 등을 면밀히 검토하여 인사에 반영했다. 전통적으로 관료주의가 강한 그들은 간혹 교토대학이나 기타 대학 출신도 있지만 대부분 도쿄대학 출신이 국·과장 자리를 차지하고 있었다. 건설성에 들어올 때 "이 사람은 국장, 저 사람은 과장까지 승진할 수 있을 것"으로 미리 결정될 정도라고 했다.

그들은 건설성 직원이 퇴직하면 일차적으로 산하 기관인 도로공단, 주택공단, 택지개발공단, 수자원개발공단 같은 10여 개 특수법인의 임직원으로 보내고, 거기에서 임기를 마치면 산하 협회 임직원으로 보냈다. 부정행위를 하지 않는 한평생 직장이 보장되는 것이다. 산하 협회에서는 건설성을 통해 관련법령을 개정하고 주요 업무에 대해 승인을 받아야 하는데, 건설성에서는 건설성 출신 임직원만 상대해 주기 때문에 건설성 출신 직원을 경쟁적으로 영입하게 된다고 했다.

건설성 국·과장 출신의 중의원, 참의원이 여러 명 있었으며, 요코하마 시장 등 지자체장도 꽤 있었다. 그들이 의원이나 현 지사 또는 시장에 출마하게 되면 건설성 직원들은 산하 단체, 협회, 건설업체 등을 동원하여 직·간접으로 도와준다고 했다. 일본 특유의 단결과 상부상조의 관행을 엿볼 수 있었다.

대장성의 경우는 이러한 현상이 더욱 심해서, 역대 수상들이 앞장서 관료주의 타파를 시도하고 있지만 오랜 전통을 깨기에는 역부족인 것 같았다.

관료왕국이라고 일컬어지는 일본 중앙관청에서는 행정직이 월등히 많고, 대부분 법과 출신이었다. 그런데 건설성에서는 관료 최고위직인 사무차관을 행정직과 기술직이 교대로 맡는다고 했다. 차관급인 기감이 따로 있고 본부국장의 절반과 모든 지방건설국장이 기술직으로 충원되어 있어 기술자가 우위를 차지하는 유일한 부처였다.

우리나라 건설부 초창기에는 기술직이 요직을 많이 차지하고 있었으나 점차 행정직에게 밀려나 많은 국·과장 자리와 심지어 지방 건설국장 자리도 행정직이 맡는 경우가 많았다.

나는 1980년대 초부터 10여 년에 걸쳐 수시로 일본 건설성과 국토청을 방문하여 차관, 국장들과 업무협의를 했다. 수도권 정비, 토지, 주택정책에 대해 정보를 교환하고, 토지와 주택가격이 크게 오를 때마다 그들과 대처방안도 협의했다. 우리가 토지공개념제도를 도입했을 때는 국토청 토지국장을 비롯하여 전직 사무차관 여섯 명으로 구성된 조사단이 나를 찾아와 협의했으며, 일본도 국토개발연구원 같은 기관을 설치해야 한다는 주장이 오가곤 했다.

내가 국토청, 건설성 간부 아홉 명을 저녁식사에 초대한 적이 있는데, 국장들이 한꺼번에 그렇게 많이 모인 적이 없다고 했다. 그 후에 그들은 건설성 장관 이름으로 나를 초청하여 홋카이도와 일본 각지를 돌아보게 했다.

또한 건설성 도시국장 및 차관과 협의하여 매년 양국의 도시국장이 번갈아 가며 일본과 한국에서 회의를 열기로 합의하여 30년이 지난 지금까지 계속되고 있다. 여러 가지 상세한 정보교환과 제도개선 등에 대한 의견교환이 활발하게 이루어져 우리나라 도시행정 발전에 많은 기여를 하고 있다.

그들의 철저한 기록 보존, 합리적인 인사관리, 선진국 제도를 끊임없이 조사·연구하여 제도를 개선해 나가는 태도, 권한 위임에 의한 행정처리의 능률화, 빈틈없는 업무처리 등 배워야 할 것이 한두 가지가 아니라는 것을 느꼈다.

그들의 단점도 있었다. 도에 넘치는 관료주의는 본받아서는 안 된다고 생각했다. 그들을 만나면서 느낀 것은 차관·국장들의 사고방식과 행동이 너무나 판에 박은 듯 경직되어 있다는 점이었다. 미래지향적이고 저돌적이고 융통성 있는 스타일은 아니었다.

얼마 전 후쿠시마에서 일어난 대지진으로 많은 사상자가 발생하고, 원자력 발전소가 파괴되어 방사선이 방출되었을 때였다. 국민에게 정확한 상황과 정보를 알리지 않고 우왕좌왕하며, 이재민에게 식량도 제대로 공급하지 못한 것은 일본 관료주의 때문에 생긴 폐단의 좋은 예라 할 수 있다.

그들에 비해 전문성, 업무처리, 책임감, 기록 보존 같은 면에서는 뒤떨어져 있지만 글로벌 시대에 걸맞는 역동적인 면에서는 우리나라 공무원들이 더욱 능률적이라는 희망적인 생각을 하게 된다.

3부 나의 공무원 생활

공무원의 꽃

사무관이나 과장 시절에도 나름대로 보람을 느낄 때가 있었으나 국장을 보좌하는 것이 주된 업무였다. 그러나 국장이 되고 나서 달라지는 것이 많았다. 먼저 강한 책임감을 느끼게 되었다. 맡은 업무에 대해 '어떻게 하면 좋은 정책을 수립하고 제도를 개선해 나갈 것인가' 이런 생각이 머리에서 떠나지 않았다. 내가 결정한 일이 국민에게 도움을 줄 것인지, 아니면 오히려 피해를 주거나 불편하게 하는 것은 아닌지, 늘 신경을 써야 했다.

활동범위도 넓어졌다. 여러 관계 부처는 물론 청와대 비서실, 국회, 언론기관 사람들과 협의하고 협조해야 하는 경우가 많아졌다. 부내에 있는 출입기자실에도 수시로 드나들어야 했다.

또한 장·차관, 기획관리실장, 동료 국장들과 좋은 인간관계를 갖도록 노력해야 했다. 국내의 직원들 동향에도 관심을 가져 그들의 사기를 높이고, 화기애애한 분위기를 만드는 데도 힘써야 했다.

사회적으로 대우받는 것도 달라졌다. 각종 모임에 나가면 상석에 앉게 되고 환대하는 사람들이 많아졌다. 주말에는 토지공사, 주택공사 등 산하 기업체에서 골프 초대를 받아 즐거운 시간을 보내기도 했다. 거의 해마다 일본 건설성을 방문했고, 싱가포르를 방문했을 때는 양국 간 도시개발협력을 강화하기로 합의한 것이 현지 신문에 크게 보도된 적도 있다. KBS 아침마당에 수시로 나가 그린벨트와 신도시 개발에 대해 설명하기도 했다.

1982년 부내 제3인자인 기획관리실장으로 승진하자 더욱 바빠졌다. 장관은 청와대 보고사항을 비롯하여 주요 정책과 인사 및 현안 문제에 대해 차관과 나를 수시로 불러 협의하여 결정했다.

대통령에게 업무 보고할 사항도 주관하여 작성했다. 박정희 대통령은 연초마다 각 부처를 초도순시하며 보고를 받았는데, 전두환 대통령은 청와대에서 보고하도록 했다. 박 대통령은 과묵한 편이라 별로 질문을 하지 않았고, 보고가 끝난 후 지시사항을 시달했다. 논리정연하고 핵심을 찌르는 내용이 많아 긴장했으며, 추진 상황을 정기적으로 보고하도록 했다. 그런데 전두환 대통령은 지시사항이 양적으로 많을 뿐만 아니라 내용이 모호하고 앞뒤가 맞지 않아 당황할 때가 있었다.

한두 달에 한 번 정도 장관이 청와대에 가서 주요 현안을 보고하거나 재가를 받을 때는 장관을 수행하여 경제수석과 함께 배석했다. 전 대통령은 업무 내용을 잘 파악하지 못하고 재가하는 경우가 있는 듯했다. 월남 전쟁 때 연대장으로 있으면서 부사단장이던 K장관과 끈끈한 정이 든 것 같았다. 김 수석과 나를 집무실 밖으로 내보낸 후 전쟁터에서 있었던 일을 회상하며 경험담을 나누기도 하고, 크게 웃는 소리가 들리곤 했다. 의전 비서관이 다음 스케줄이 있다며 들어가 보고하면 대통령은 웬만한 일은 취소하라 하고 얘기를 계속했다. 대통령이 얼마나 외로우면 그랬을까.

국회 회기나 국정감사 때는 내 책임 아래 의원들이 요구하는 자료를 작성하고, 질의응답 자료를 만들었다. 업무 현황 브리핑도 맡아서 했다. 나는 국회의원들의 의견을 듣기 위해 업무현황을 상세히 보고했다. 현지 실정을 감안한 정책 대안을 제시하기를 기대했는데, 결과에 실망했다. 지역구 관리와 이권 그리고 트집잡는 데만 열을 올리는 것 같았다.

건설위원회는 각종 건설 업무를 다루고 있어 국회의원들 간에 인기가 좋았다. 지역구를 관리하는 데 유리하기 때문이었다. 예산 심의 때는 많은 지역구 사업을 요구하여 여야 의원 간의 형평성을 감안하여 조정하느라 애를 먹었다.

나는 부내 인사에도 참여했다. 국장과 과장, 사무관 승진과 보직 인사가 있을 때는 모두 신경을 곤두세웠다. 한번은 국장 승진, 보직 인사가 있어 장관 결재까지 났는데, 좀 더 적절한 인사를 위해 장관에게 보고한 후 토지국장으로 승진 내정된 사람을 충남지방건설국장과 맞바꾸기도 했다.

건설위원회 소속 의원으로부터 인사청탁을 받는 경우가 더러 있었다. 원활한 대국회활동을 위해 크게 무리가 가지 않는 범위에서 그들의 청탁을 들어주어야 했다.

  공무원들은 승진시켜 준 사람을 평생 잊지 못한다. 나도 그랬다. 인사를 할 때 특별히 승진시켜 평생 나의 사람으로 만들고 싶은 생각이 굴뚝 같은 때도 있었지만 근무평정과 서열을 중시하여 공정하게 인사를 하도록 했다.

  나는 이따금 전국 건설 관계 공무원 교육이나 중앙교육원 및 지방행정연수원에 가서 강의를 했다. 지방행정연수원에는 시장·군수반이 있는데, 그들은 도시계획을 비롯한 건설 관계에 대해서 궁금한 사항이 많았다. 도시국장을 역임한 경험으로 그린벨트나 토지구획정리사업 등에 대해 질문하면 자세히 설명해 줄 수 있어 좋았다. 어렸을 때는 말을 더듬기도 했던 내가 강의할 때는 더듬지 않았다. 오히려 달변이 되는 것 같았다. 건설부에도 저런 사람이 있는가 하며 탄복했다는 이야기도 더러 들었다. 청와대나 국회에서도 브리핑을 성공적으로 잘 했다.

  본부국장으로 2년, 기획관리실장으로 3년을 보낸 그때가 가장 즐거웠던 것 같다. 활동비가 모자라 어려움이 있었지만 지금 생각해 보아도 공무원 생활의 전성기였지 싶다. 역시 공무원 생활의 꽃은 국장·실장 시절이라는 말이 맞는 것 같다.

3부 나의 공무원 생활

제너럴 위스키

역대 건설부장관 스물다섯 명 중에는 군 출신이 여덟 명이나 되었다. 아마도 국방부를 제외하고는 가장 많지 않나 생각한다. 게다가 모두 개성이 강해서 재미있는 일화가 많이 남아 있다.

초대 박임항 장관은 육군 중장 출신으로 키는 작지만 위엄이 몸에 배인데다 성격이 소탈하고 호탕했다. 결재받으러 가면 서류를 보지 않고 보고자의 설명을 들은 후 마음에 들지 않으면 서류를 내던지기도 했다. 결재할 때는 "좋소" 하고 큼직한 도장을 들고 서류 위아래 아무 데나 기분 내키는 대로 찍었다. 결재란에 찍히는 일이 드물었다.

고재일 장관은 국장 외에 과장들로부터 직접 업무현황을 보고받았다. 청와대 비서관을 지내서 그런지 박 대통령을 닮아 몇 마디 질문만 할 뿐 과묵한 편이었다. 그래서 더욱 긴장하게 되었다. 그는 나름대로 평가기준을 만들어 평가결과를 자기만 아는 독특한 기호로 표시한 후 전보나 승진인사에 반영했다. 외부 인사 청탁을 일절 받아들이지 않고 공정한 인사를 하여 인기가 좋았다.

　1982년 초 육군 중장 출신인 김종호 장관이 취임했다. 일반적으로 장관이 바뀌면 직원들 특히 간부들은 신경을 곤두세우기 마련이다. 장관의 출신 배경, 성격, 인맥 등을 알아보는 데 혈안이 된다. 그런데 그는 스스로 자기 성격과 속마음을 시원스럽게 털어놓았다. 우물쭈물하는 것을 싫어하며 매사를 그 자리에서 판단하여 결정한다는 것이었다. 군대식이었다. 일을 신중히 조사·검토하여 처리하는 행정가 출신과는 정반대였다. 졸속으로 처리하여 문제를 일으키는 경우도 있었지만 속마음을 내비치지 않고 부하를 애타게 하는 것보다는 훨씬 좋았다. 그는 민원이나 건의사항도 긍정적인 시각에서 신속히 처리해 평판이 좋은 편이었다.

　기획관리실장인 나는 그동안 미루어 오던 숙원사업을 추진할 수 있는 좋은 기회라고 생각했다.

　먼저 장관이 총무처와 경제기획원장관에게 전화를 걸어 직제개정에 대한 협의가 이루어짐으로써 국립연구소장1급 대신 본부에 기술관리실장 자리를 신설하였다. 이와 더불어 건설기술연구원 설립을 추진했다. 국내외 건설기술 분야 박사학위 소지자를 초빙해 건설기술을 연구·발전시킴으로써 건설공사의 질을 높이고 건설업의 국제경쟁력을 강화하기 위해서였다. 1970년대에 우리 업체가 중동에 진출했을 때 기술수준이 높았더라면 더 많은 공사를 따서 외화 수입도 크게 늘일 수 있었는데 그러지 못한 아쉬움이 컸었다. 오래전부터 국립건설연구소가 있었지만 공무원이 실험을 주로 하고 있어 기술개발에는 한계가 있었다.

　정부 출연에 앞서 먼저 건설업체가 동참하는 뜻에서 출연금을 내어 설립하는 방안을 대통령에게 보고하여 재가를 받았다. 현대건설의 정주영 회장을 비롯하여 대림산업의 이재준 회장, 삼부토건의 조정구 회장, 삼환기업의 최종환 회장 등 건설업계 원로들을 음식점으로 초대했다. 내가 건설기술연구원 설립의 필요성과 기구 및 업무 내용을 설명하고 김 장관이 보충설명을 했다. 정주영 회장이 먼저 의견을 말했다.

　"꼭 필요한 사업이지만 정부에서 하기보다는 건설업체에 맡겨서 하는 것이 더 좋은 방법이라고 생각합니다."

　내가 말했다.

　"물론 업체에 소규모 연구부서가 있고 외국에서 발주하는 공사의 설계서와 공사시방서에 따라 시공하는 과정에서 새로운 기술을 습득하는 경우가 있습니다. 그러나 그것은 어디까지나 단편적인 것에 불과합니다. 선진기술을 종합적으로 도입하고 발전시키기 위해서는 건설기술 각 분야의 전문인력을 확보하여 체계적으로 연구·개발시켜야 할 것입니다."

　다른 회장들도 여러 가지 의견을 얘기했지만 김 장관의 단호하고 간곡한 부탁으로 모두 동의를 하여 건설기술연구원을 설립하게 되었다.

　주택공사가 과천 신도시를 건설했을 때, 부동산 투기로 업무지구 땅값이 크게 올라 800억 원 정도의 돈이 남았다. 장관에게 건의하여 그 돈의 일부로 과천 입구에서 대공원에 이르는 길이 5.6km, 폭 50m의 우회도로를 건설하고, 과천 제2정부종합청사 운동장을 정비하였다.

건설부 퇴직자 모임인 '건설진흥회'가 있다. 대부분의 경제부처 퇴직자 모임은 기금이 많아 친목활동이 활발한데, 건설진흥회는 그러지 못했다. 기금이 거의 없어 사무실 직원 월급도 회장 개인 돈으로 주고 있었다. 내가 주원 회장을 만나 활성화 방안을 의논했더니 무엇보다도 기금을 마련해 달라는 것이었다.

그때만 해도 해외 건설 붐이 끝자락에 있어 건설업체 회장들이 장관을 수시로 만나러 왔다. 나는 김 장관에게 이러한 사정을 말씀드리고 총대를 매줄 것을 건의했다. 그가 물었다.

"내가 어떻게 도와주면 되는 거요?"

"장관님은 건설업체 회장들이 오면 면담을 마친 후 저를 불러 주시면 됩니다. 제가 그들에게 건설진흥회 현황을 설명하고 협조를 부탁하겠습니다."

"어떻게 협조를 부탁한단 말이요?"

"현대건설을 비롯하여 15개 큰 업체에게 5천만 원씩 도와 달라고 할 생각입니다."

그리고 작성된 업체 명단을 보여 주었다. 보통 장관 같으면 오해와 말썽이 생길까 봐 입도 뻥긋 못할 어림없는 일이었다. 그는 한참 생각하더니 쾌히 승낙을 했다.

"좋소. 그렇게 해 봅시다."

그 후 큰 업체 회장들이 장관을 만나러 올 때마다 나는 장관실에 가서 그들에게 협조를 부탁했다.

"다른 부처의 퇴직자 모임은 수억 원 또는 수십억 원의 기금이 마련되어 있어 친목활동이 활발한데, 건설진흥회는 기금이 전혀 없는 상황입니다. 국내와 해외 건설업이 호황을 누리고 있는데 이래서야 되겠습니까. 어려움이 있겠지만 십시일반으로 5천만 원만 도와주시면 감사하겠습니다."

"알겠습니다. 우리를 직접 간접으로 도와주고 계시는데 그렇게 하겠습니다."

장관 앞에서 그들은 차마 거절하지 못하고 마지못해 승낙하는 것이었다.

나는 그들이 돌아간 후 건설진흥회 부회장으로 하여금 돈을 받아오도록 했다. 그리하여 약 6억 원의 기금을 마련하게 되었다.

1983년 10월 9일 아웅산 사건이 일어났을 때였다. 전두환 대통령이 미얀마를 공식 방문하였을 때 이북 공작원이 설치한 폭탄이 터져 서석준 부총리를 비롯하여 각료와 수행원 17명이 순직하고 기타 수행원이 부상당하는 테러사건이 있었다. 김 장관도 수행원 명단에 포함되어 있었으나 중동 각국을 방문할 계획이 있어 참석하지 않음으로써 위기를 모면할 수 있었다.

그는 두주불사, 술에 대해 일가견이 있었다. 간부들을 수시로 식사에 초대했는데 그때마다 '로얄 살루트' 몇 병을 가져와 각자 자기 앞에 있는 술잔에 따르게 했다. 잔을 적당히 채우는 것이 아니라 넘치기 전까지 가득 따라야 했다. 술의 표면이 볼록 올라와 매미 눈알처럼 되어야 했다. 그러니까 술도 고봉으로 따라야 했다는 이야기다. 그는 간부가 되었으면 술도 잘 마시고 골프도 잘 쳐야 한다고 강조했다. 이렇게 말하는 장관은 처음이었다.

그는 늘 '로얄 살루트'만 마셨다. 당시 해외 건설 관계로 외국, 특히 중동지역에 여러 나라 장관들이 자주 방문했다. 그는 업무협의가 끝난 후 단골 한식집으로 안내해 자기 나름의 독특한 방식으로 접대했다. 먼저 누가 술을 많이 마시는지 내기를 거는 것이었다. 돈을 거는 것이 아니라 이기는 사람이 형님이고 지는 사람이 동생이 되는 것이었다. 그들은 친형제 이상으로 따뜻하게 대하는 그와 즐거운 담소를 나누며 양쪽에 앉은 어여쁜 아가씨들이 따라주는 술을 흥겹게 마셨다.

하지만 술이 고래라는 그를 이겨내지 못하고 모두 나가떨어져 꼼짝없이 그의 동생이 되고 말았다. 간혹 술을 잘 마시지 못하는 사람이 있으면 그는 나이대로 형님 동생을 삼았다.

그의 소탈한 접대방식이 그들에게 깊은 인상을 주었는지, 그 후 다시 한국을 방문할 때는 '형님'부터 먼저 찾았다.

그가 '로얄 살루트'를 좋아하는 것을 알게 된 건설업체들은 경쟁적으로 그 술을 선물했다. 사실 그때만 해도 그 술이 별로 알려지지 않았었다. 같은 영국 회사에서 나오는 '시바스리갈'은 박대통령이 좋아하던 술이라고 널리 알려졌지만 고급스런 자기에 담긴 그 술은 생소한 것이었다.

영국 회사에서는 한국에서 그 술에 대한 주문이 갑자기 크게 늘자 직원을 한국에 보내어 그 원인을 조사했다. 장본인이 김종호 장관임을 안 그들은 감사장을 보내기도 했다.

그는 B소주 오너와 개인적으로 친했다. B소주를 선전한답시고 건설부 산하 각 기관과 공사현장에 술을 보냈다. 그것도 한 트럭씩이나 보냈다.

그는 국내외 손님을 접대할 때마다 나를 불렀다. 그때만 해도 내 술 실력이 그에 비할 바는 못 되었지만 양주 한 병 정도는 마실 수 있어 '술상무'로서 적격자로 여겼던 것 같다.

그런데 술을 이기는 장수가 없다는 말이 맞는 것 같다. 그는 군대시절부터 워낙 술이 세어 수많은 주당들을 제치고 '제너럴 위스키'라는 별명이 붙었지만 그 타이틀을 유지하기 위해 무리수를 두는 것 같았다. 술을 많이 마신 다음 날은 늘 컨디션이 좋지 않았다.

그는 남몰래 술에 좋다는 온갖 음식과 약을 먹고, 굼벵이까지 삶아 먹었다. 하지만 당뇨병 합병증에 걸려 발가락을 잘라내기까지 했다. 결국 60여 세에 생을 마감했다.

술로 얽힌 정은 남달리 끈끈한 것 같았다. 그와 함께 술을 즐긴 100여 명의 술꾼들이 국토개발과 지역발전에 많은 기여를 한 그의 업적을 기리기 위해 그의 고향인 광양 도시공원에 기념비를 세우기도 했다. 나는 요즘도 가끔 외국에 가면 그 술을 마신다. 나에게 잘 해 준 그의 호탕한 모습이 떠오르곤 한다.

3부 나의 공무원 생활

벙커샷이 굿샷이 될 줄이야

건설부 기획관리실장으로 3년 가까이 지내니 여러 가지 문제들이 생겼다. 그 자리는 '노마크 찬스'라 불릴 정도로 바로 차관으로 올라가는 것이 관례였다. 그런데 L차관이 3년이 되도록 꼼짝을 않고 있었다. 내심 장관으로 승진하거나 도지사로 옮겨 가기를 희망했는데 잘 되지 않았다.

군사독재시대라 불리던 그때, 대통령의 육사 2년 후배인 그를 제치고 내가 승진하는 것은 상상도 할 수 없는 일이었다. 그런데도 그는 내가 자기 자리로 올라갈까 봐 신경을 곤두세우는 것 같았다. 부하직원을 시켜 중상모략까지 하는 것이었다. 밑에서는 10여 명의 국장들이 인사 숨통을 터달라고 은근히 압력을 가하는 분위기라 나는 샌드위치가 된 셈이었다.

정치적 배경이 없는 나는 그럴수록 몸조심하며 더욱 열심히 일했으나, 그것만으로 자리를 지키기에는 역부족이었다. 1급 공무원은 법적으로 신분이 보장되지 않았다.

그때 공교롭게도 청와대에서 "기회가 나는 대로 건설현장을 둘러보라"는 지시가 있었다. 마침 이리지방 건설국장이 자기 관내에 꼭 와 달라는 간청이 있어 주말을 이용해 가기로 했다. 기술실장과 세 명의 국장이 동행했다. 그런데 키가 큰 H국장이 밴보다는 각자 승용차로 가자고 주장하여 다섯 대의 차량이 움직이자 주변의 시선을 끌게 되었다.

우리 일행은 전라북도 정읍에 도착해 저녁식사를 한 후 내장산 관광호텔에서 묵었다. 다음 날 도로공사 현장 한두 곳을 둘러본 후 팔봉골프장에서 골프를 친 후 돌아왔다. 그런데 이리지방 건설국장이 모든 경비를 어느 건설업체에다 부담시킨 것을 나중에 알게 되었다.

중앙정보부 전북지부에서 이런 낌새를 알아차고 조사를 했다. 나에게 돈을 주었다고 자백만 하면 업체에게는 아무런 피해가 가지 않도록 하겠다고 업체 사장을 회유했다는 것이다. 그러나 그는 "주지도 않은 돈을 주었다고 허위로 말할 수 없지 않으냐" 하면서 계속 부인하자 그 업체를 세무조사까지 시켰다고 한다.

건설업체로부터 골프와 식사 향응을 받은 내용을 중앙정보부 본부를 거쳐 청와대 사정비서관에게 보고했다. 그곳에서는 나에 대한 별다른 비위 사실을 찾아내지 못하자, 지난 1년간 골프 친 것을 철저히 조사했다. 토지공사, 주택공사, 산업기지개발공사 임원들과 함께 일곱 번 골프 친 것을 문제 삼아 대통령에게 보고

했다.

"건설부 허재영 기획관리실장은 산하 기업체에 압력을 넣어 공금으로 일곱 번씩이나 골프를 쳤다"는 보고서를 나중에 본 나는 기가 막혔다.

그즈음 신시가지와 신도시를 건설할 때 토지공사와 주택공사는 서로 좋은 위치에 있는 토지를 확보하기 위해 경쟁이 심했다. 장관의 지시에 따라 이를 조정하고 서로 협조하도록 하기 위해 나는 매월 네 개의 공사 부사장들과 모임을 가졌다. 그들은 친목을 도모하기 위해 돌아가면서 스폰서가 되어 골프 모임을 갖기로 합의한 후 나도 초청했다.

산하 공사에서는 판공비와 업무추진비가 있어 임원들이 자기들끼리 또는 관계기관 인사를 초청하여 주말에 골프를 쳤다. 그런데 내가 압력을 넣어 공금으로 골프를 쳤다는 잘못된 보고서를 대통령에게 올린 데 대해 놀라지 않을 수 없었다.

이러한 사실을 알게 된 일부 청와대 비서관들은 "우리 모두 초청받아 남의 돈으로 골프를 치고 있는데, 이런 것을 문제 삼으면 우리도 곤란하지 않겠느냐"고 말한 사람도 있었다고 했다.

두 번씩이나 보고를 받은 대통령은 "건설부장관에게 통보하여 적의조치하라"는 지시를 내렸다. 이 지시를 받은 장관은 고민에 빠졌다. 자기 돈으로 골프 치는 공무원이 거의 없는데, 이것을 문제 삼아 다섯 명의 간부를 인사 조치하려 하니 충격이 너무 클 뿐만 아니라 형평에 어긋나는 일이기 때문이었다.

나는 잠 못 이루는 나날을 보냈다. 차관 승진을 코앞에 두고 좌절하여야 하니 억울하기 그지없었다. 아이들은 아직 중·고등학교에 다니는데, 앞으로 어떻게 살아가야 할지 막막했다.

전직 김종호 장관 같은 분이었다면 이런 경우 직접 대통령을 만나 해명하고 선처를 부탁했겠지만, 눈치만 보는 장관에게는 기대하기 어려운 일이었다. 나는 어디 가서 호소할 데도 없었다. 깊은 함정에 빠져 꼼짝달싹할 수 없게 되었다.

청와대에서 나를 타깃으로 하고 있음을 감지한 나는 사직할 수밖에 없다고 판단했다. 결국 장관에게 사표를 제출하면서 "이번 사건은 전적으로 내가 책임질 문제이므로 다른 실·국장은 문책하지 말고 나의 사퇴로 마무리지어 주기 바란다" 하여 그렇게 일단락되었다.

23년간의 공무원 생활을 골프 한방으로 날려 보낸 나는 한동안 허탈감에 빠졌다. 대부분의 공직자들이 초청받아 골프를 치는데, 차관 승진을 앞둔 나만을 문제 삼아 그만두게 된 것이 가슴 아프고 억울했다.

하지만 인생을 살아가며 생각해 보니 그게 아니었다. 내 잘못이 많은 것이었다. 먼저 밴 한 대로 조용히 다녀와야 했다. 승용차 다섯 대가 시골에서 한꺼번에 움직이다 보니 정보기관이 무슨 행사인지 신경을 곤두세우는 것은 당연한 일이었다. 게다가 젊어서 그랬는지 생각이 짧아 부부동반으로 간 것도 잘못이었다. 더욱이 남의 돈으로 관광호텔에서 자고 골프 친 것은 변명할 여지가 없는 지각없는 행동이었다.

그 후 국토개발연구원 고문으로 옮겨가 그곳에서 쓴 논문으로 행정학 박사학위를 받았다. 그리고 박사학위가 있었기에 국토개발연구원장이 되었고 건설부장관, 서경대학 총장이 되는 계기가 된 셈이었다. 만일 그때 차관으로 승진했더라면 그 자리에서 끝났을 것이다.

오늘날 생각해 보면 그때 골프 볼이 깊숙한 벙커에 빠져 헤어나오지 못할 것으로 알았는데, 거기에서 친 볼이 바로 홀에 들어가 오히려 멋진 굿샷이 된 것 같다. 인생은 새옹지마라는 말은 이럴 때 쓰라는 말인 것 같다.

얼마 되지 않은 교수 생활

일복 많은 국토개발연구원장 시절

토지공개념 확대도입의 어려움

개발 잠재력이 큰 중국 동북 3성

내가 준 팁이 소 한 마리 값이라니

혼란기의 러시아

지성이면 감천

4부
일복 많은
국토개발연구원장 시절

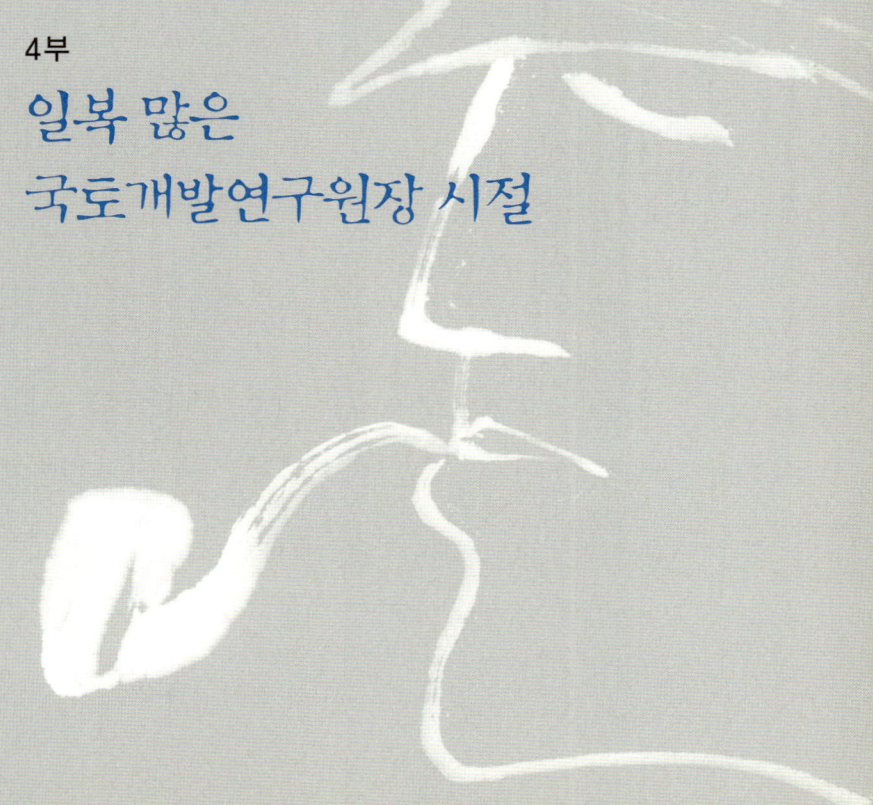

4부 일복 많은 국토개발연구원장 시절

얼마 되지 않은 교수 생활

　23년간의 공무원 생활을 마감하고 1985년 3월, 국토개발연구원 상임고문이 되었다. 제3의 인생행로를 걷게 된 것이었다. 공무원을 천직으로 알고 열심히 일했다. 모두들 유망주라고 했는데 장·차관에 오르지도 못하고 중도하차하게 되어 아쉬움이 컸다.

　한동안 허탈감과 실의에 빠져 헤어나지 못하고 심한 스트레스로 몸만 상했다. 주변에서 억울한 일로 마음고생 하다가 큰 병에 걸려 불행한 일을 당한 사람을 여럿 보았다. 그런 일을 당할 수는 없었다. 살다보면 기복이 있기 마련, 아직 아이들도 어리고 겨우 50대 초반의 나이에 거기에서 좌절할 수 없는 일이었다.

　기업체에 들어가는 것도 생각해 보았으나 적성에 맞지 않았고, 잘 해낼 자신도 없었다. 때마침 중앙대학교 대학원에서 3년간 박사과정을 끝내고 논문을 제출하도록 되어 있었다. 국토개발연구원에는 논문을 쓰는 데 필요한 관련 자료가 많아 다행이었다. 논문 제목을 '국토계획의 효율적 집행방안'으로 정하고 온 정력을 쏟았다. 실무경험이 큰 도움이 되어 9개월 만에 논문을 써냈다. 그리고 다음해 2월 행정학 박사학위를 받았다.

공무원으로 있을 때 미국에 가서 박사학위를 받으려고 노력했지만, 스칼러십을 받지 못해 꿈을 접어야 했다. 뒤늦게 국내에서나마 학위를 받을 수 있어 다행이었다. 흔히 사람들이 말하듯 박사란 칭호는 무덤까지 가져갈 수 있고, 듣는 사람도 좋고 남이 부르기에도 편리해서 좋은 것 같았다.

내가 건설부 기획관리실장으로 있을 때 형이 '사람 일이란 알 수 없다'며 박사과정을 밟도록 강력히 권했다. 20여 년간 서울에서 중·고등학교장을 지내서 그런지 공무원 못지않게 교수를 높이 평가했다. 사회적 지위가 높고 65세까지 신분이 보장되며 많은 보수와 퇴직 후 연금을 받을 수 있으니 좋은 직업이라고 했다.

교수가 될 수 있는 자격을 갖게 된 나는 대학에 몸담기로 마음먹었다. 그러나 국내외에서 박사학위를 받은 사람은 계속 늘어나는데 교수 자리는 한정되어 있어 교수 되기가 로또 당첨만큼이나 어려웠다. 더욱이 많은 대학에서 외국 명문대 출신 박사를 선호하고 있어, 국내 대학에서 박사학위를 받은 데다가 쉰 살이 넘은 나는 불리한 입장에 있었다. 행정 경험이 많아 이론과 실제를 아우를 수 있다는 점을 강조했으나 그다지 설득력이 없었다.

숭실대학교에서 행정학과 교수 초빙공고가 있어 서류를 냈다.

신청자는 세 명이었다. 교수 세 명이 서류를 심사한 후 학생들에게 강의를 하도록 했다. 나는 준비를 많이 해서 열심히 강의했지만 다른 사람이 낙점되었다.

나중에 알고 보니 교수임용권은 사실상 학과에서 가지고 있으며, 교수들끼리 돌아가며 결정권을 갖기로 했다는 것이다. 적격자를 가장 잘 알 수 있는 학과 교수들이 자주적으로 선발한다는 장점이 있으나, 자기 후배나 잘 아는 사람을 초빙하기 위해 교수 사이에 알력이 심한 경우가 많다고 했다. 심지어 자신의 교수직을 보전하기 위해 우수한 사람을 떨어뜨리는 경우도 있다는 것이었다. 대학을 지성과 정의가 살아 있는 상아탑으로 생각했는데 실망이 컸다.

대학마다 교수 채용 결정권을 가진 부서가 달랐다. 사립대학에서는 대개 재단에서 인사권과 예산권을 가지고 있다. 재단이사장이 교수 임용을 결정하는 학교가 있는가 하면, 학과 교수들의 추천과 인사위원회를 거쳐 총장의 2배수 추천을 받아 결정하는 학교도 있었다. 재단이사장이 창립자가 아닌 대학에서는 총장 또는 학장이 실질적인 임용권을 갖는 경우도 있으나, 학과에서 결정권을 갖고 있는 대학이 의외로 많았다.

그 후 숭실대학교 총장이 행정학과 교수들과 상의하여 나를 특별대우교수로 임명했다. 숭실대학 외에 중앙대학, 국제대학, 서울시립대학에 출강하여 도시행정, 지방행정, 재무행정, 국제행정, 기획론 등을 1년 남짓 강의했다.

그런 가운데 1987년 4월, 민정당 임방현 정책위의장의 추천으로 국책자문위원이 되었다. 전직 장·차관, 도지사, 군장성으로 구성되었는데, 건설부 출신으로 적임자가 없어 내가 위촉되었다. 때마침 대통령 선거가 있어 무역협회, 상공회의소, 은행, 건설부 산하 공사와 전국 각지에 있는 주요 기관에 다니면서 시국 강연을 했다. 노태우 대통령 후보는 국책자문위원들의 노고를 치하하며 "우리 모두 노력하여 새 정권을 창출하고 다함께 참여하기를 바란다"라고 말했다.

그러나 대통령에 당선된 후 사정은 달라졌다. 열심히 뛰어 장·차관 자리를 은근히 기대했던 나는 제외되어 실망할 수밖에 없었다. 하기야 떡 주어야 할 사람은 많은데 자리는 한정되어 있으니 이해가 가기도 했다.

형이 알고 지내던 L고등학교 교장의 소개로 국제대학 이사장을 만났다. 적임자라 생각했는지 얼마 후 있을 교수 초빙공고 때 서류를 내보라고 했다. 그래서 1988년 2월 행정학과 교수로 발령을 받았다. 서울에 있는 대학의 교수가 된 것이 다행이었다.

도시행정, 지방행정, 기획론 등 세 과목의 강의를 맡았다. 그 전에 다른 대학에서 강의한 경험이 있어 별다른 어려움은 없었다. 이사장은 내가 초임인데도 행정학 과장으로 임명했다. 나는 우리 학과뿐만 아니라 대학의 발전과 제도 개선 방안을 마련하는 등 의욕적으로 일했다. 한편으로 건설진흥회 부회장을 맡기도 하고, 토지개발공사 이사로 있으면서 대외활동도 했다.

젊은 학생들과 함께 호흡하며 가르치는 것이 좋았다. 학년 초 MT 가서 2, 3일간 학생들과 밤늦게까지 토론을 하기도 했다. 학사관리도 철저히 했다. 수업 전에 반드시 출석을 체크하고, 강의를 일찍 끝내지 않았으며, 휴강도 하지 않았다. 시험관리를 빈틈없이 했고, 성적평가는 학교에서는 A에서 F까지 일정비율로 점수를 내는 상대평가를 하도록 했으나 불합리한 점이 있어 절대평가를 절충하여 채점했다.

스승의 날에 학생대표가 학교 근처 음식점으로 초대했다. 다른 교수와 함께 갔더니 각 학년 대표 20여 명이 기다리고 있었다. 카네이션 꽃바구니를 안겨 주고 선물까지 주었다. 호주머니가 얄팍한 학생들로부터 분에 넘치는 대접을 받는 것 같았다. 식사 후 그들이 '스승의 은혜'를 합창할 때 가슴이 찡하고 교수로서의 보람을 새삼스레 느꼈다.

4학년 학생들과 수학여행을 갔을 때였다. 20여 명의 학생과 함께 기차를 타고 여수에 갔다. 졸업을 앞둔 그들의 가장 큰 관심사는 진로와 취직이었다. 사전에 약속이나 한 듯 학생들이 내 옆자리와 앞자리에 번갈아 가며 앉아 얘기를 나누었다. 교수로서, 인생의 선배로서 기탄없는 대화를 나누는 가운데 사제간의 정이 두터워지는 것 같았다.

여수역에서 숙소까지 꽤 멀어서 교통편 마련이 문제였다. 마침 전에 건설부에서 함께 근무했던 친구의 지인이 여수에서 사업을 하고 있어 차편을 부탁했더니 버스가 한 대 기다리고 있었다. 숙소로 가는 도중 버스가 뜻밖에도 어느 큰 음식점에 들렀다. 20여 명의 좌석이 마련되어 있었고 푸짐하게 차린 생선회가 나오는 것이었다. 어찌된 영문인지 몰라 나는 물론 학생들도 어리둥절했다. 안내하던 업체 직원이 말했다.

"사장님께서 특별히 잘 모시라고 했습니다. 불편하거나 필요한 것이 있으면 언제든지 말씀해 주시기 바랍니다."

건설부 직원의 끗발이 그렇게까지 센 줄은 미처 몰랐다. 우리는 싱싱한 회를 실컷 먹었다. 학생들은 "역시 우리 교수님의 영향력이 대단하다"고 감탄하는 것 같았다.

다음 날 오동도를 구경한 후 배편으로 여수를 떠나 한산섬, 해금강을 둘러보고 충무로 갔다. 거기서 1박한 후 서울로 돌아온 2박3일의 짧은 여정이었지만 달콤한 추억을 남긴 즐거운 여행이었다.

교수 생활은 무엇보다도 긴 방학이 있고, 남의 간섭을 받지 않고 자유롭게 행동할 수 있어 좋았다. 하지만 학문을 깊이 연구하여 발전시키기에는 나이로 보아 한계가 있는 것 같았다. 평범한 교수로 여생을 편안하게 보내기에는 안성맞춤이었지만, 오랜 공무원 생활이 몸에 밴 탓인지 성취감을 크게 느낄 수 없어 아쉬움이 컸다. 정열을 불태우며 의욕적으로 살아가기에는 어쩐지 미흡하다는 생각을 떨칠 수 없었다. 그러던 중 한 학기 수업이 끝난 후 국토개발연구원장으로 가게 되었다.

4부 일복 많은 국토개발연구원장 시절

일복 많은 국토개발연구원장 시절

　　1988년 7월, 대학에서 한 학기 수업이 끝날 무렵 국토개발연구원장 자리가 공석이 되었다. J부원장과 내가 그 자리를 두고 경합을 벌였는데, 상임고문으로 1년 반 동안 근무한 적이 있고 국토계획에 관한 박사학위가 있는 내가 적임자로 생각했는지 최동섭 건설부장관이 나의 손을 들어 주었다. 국무총리의 청탁을 물리치고 발령받는 데 걸림돌이 되는 것까지 제거해 주어 참으로 고마웠다.

　정부에서 일할 때 주로 국토, 토지, 도시, 사회간접자본에 대한 정책과 기획 업무를 담당하였기 때문에 그 자리가 나의 적성에 맞는 것 같았다. 더욱이 오랜 실무경험을 바탕으로 실천 가능한 정책 대안을 작성할 수 있을 것 같은 생각이 들기도 했다.

　원장은 차관급으로 인식되고 있었지만, 비교적 자유롭게 소신껏 일할 수 있어 좋았다. 청와대나 관계부처와 업무 협조 문제로 항상 신경을 써야 하고, 국회의원들과 언론에 시달리는 장·차관보다 나은 것 같았다.

원장으로 부임하자마자 국가적으로 중요한 어려운 과제들이 연달아 쏟아져 나왔다. 몇 년 간 세계적으로 계속된 경제 호황 끝에 일어난 부동산 투기의 불길을 먼저 잠재워야 했다. 경제장관으로 구성된 부동산정책위원회에서 손을 써 보았으나 전혀 먹혀들지 않게 되자, 결국 그 과제가 나에게 떨어졌다. 정부, 학계, 전문가로 구성된 연구위원회를 구성하여 9개월 만에 '토지공개념 확대도입방안'을 만들어 투기를 진정시킬 수 있었을 뿐만 아니라, 그 후에도 지가가 20여 년간 계속 안정세를 유지할 수 있게 되었다.

이어서 해마다 20여 만 호씩 건설하던 주택을 두 배로 늘려 주택난을 완화하고, 치솟는 주택가격을 진정시키기 위한 200만 호 주택건설계획과 저소득층의 주거 안정을 위한 영구임대주택 건설계획을 마련했다. 그 일환으로 서울 주변에 분당, 일산, 평촌 등 선진국 수준의 쾌적한 신도시를 건설하기 위한 기본계획도 작성했다.

또한 국토를 효율적이고 균형 있게 개발하기 위한 제3차 국토종합개발계획을 비롯하여 인구와 산업의 과밀한 집중을 방지하기 위한 수도권정비시행계획, 서해안과 제주도의 종합개발계획을 수립했다. 그리고 전국의 해안을 체계적으로 개발·보전하기 위한 기본계획을 작성하고, 3,800만 평에 이르는 군장산업단지와 대불공업단지개발계획을 수립했다.

　전국을 하루 생활권으로 만들기 위해 남북으로 일곱 개, 동서로 아홉 개의 고속도로를 건설하는 기본계획을 세웠다. 이에 따라 서해안 고속도로와 서울 순환 고속도로 건설계획을 수립했으며, 5호선에서 9호선에 이르는 서울시 지하철 기본계획과 부산 도시 기본계획을 작성하기도 했다.

　그전에는 이러한 계획들을 공무원들이 수립하거나 용역업체에 의뢰하여 작성하였다. 그런데 미국과 유럽에서 공부한 전문성을 지닌 우리 연구원들이 이런 작업을 맡게 됨으로써 보다 나은 작품을 만들 수 있었다. 모든 프로젝트마다 관련 학자, 공무원, 시민단체 대표들을 참석시킨 가운데 정책토론회와 공청회를 열어 각계각층의 의견을 반영하도록 했다.

　기회가 있을 때마다 일본에서도 우수하다는 노무라와 니라연구소를 방문했다. 그들은 연구 프로젝트를 수행하면서 정책 수립 경험이 많은 관계부처 공무원, 교수, 학자, 현장 경험이 많은 사람들을 함께 참여시켜 실천 가능한 정책보고서를 만들고 있었다. 연구원 1인당 생산성이 우리보다 다섯 배나 높았다. 한 개의 프로젝트를 연구원 한 사람이 보조원 한두 명을 데리고 연구하는 우리와는 비교가 되지 않았다.

　나는 연구원 운영방식을 개선하기 위해 모든 프로젝트의 연구심의회를 세 번씩 열도록 하고, 우리 연구원의 관련 전문가, 관계 공무원, 교수, 관련 있는 사람들을 가능한 한 많이 참석시켜 그들의 의견을 반영하도록 했다.

　연구원을 미래지향적이며 효율적으로 운영하기 위해 중·장기 발전방안을 작성하였다. 국토정보실을 신설하여 국토지리정보업무를 활성화시키고, 사회간접자본에 대한 연구기능을 강화했다.

　글로벌 시대를 맞이하여 대만의 토지개혁연구소, 일본의 쓰쿠바대학 이외에 일본의 건설경제연구소, 러시아의 상트페테르부르크 재경대학, 프랑스 정부의 기획조정실 DATAR 등과 자매결연을 맺어 정보교환, 인사교류, 공동연구 같은 대외협력을 강화했다. 그리고 관련 기관과의 업무 협조와 정보 교환을 위해 일본, 중국, 대만, 러시아, 영국, 프랑스를 방문했다.

　또한 동남아, 남미, 아프리카 여러 나라의 국토 및 도시 전문가들에 대한 교육·훈련을 해마다 실시했다. 동남아, 호주 등 24개국이 회원국인 동남아지역기획주택기구 EAROPH 총회를 한국에서 개최하여 2년간 회장을 맡기도 했다.

　한편, 연구원의 오랜 숙원사업인 청사를 마련했다. 기금이 거의 없는 상황이었지만 평촌에 대지 1,500평에 연건평 6,000평에 이르는 10층 건물을 지었다. 네 번씩이나 옮겨 다니면서 자체 건물이 없어 설움이 많았는데, 널찍하고 좋은 환경에서 일하게 되어 모두들 좋아했다.

　연구원의 사기를 높이기 위해 주택조합을 통해 내 집 마련을 하도록 도와주고, 도봉산 등산모임도 가졌다. 그리고 언론연수원과 용평에서 2, 3일씩 연수하며 자유롭게 토론도 하고, 연예인을 초청하여 즐거운 시간을 보내기도 했다.

30여 명의 박사를 비롯한 200여 명의 연구원이 작성한 보고서를 심의하는 연심회에 열심히 참석했다. 실무경험을 바탕으로 정책대안의 기본 방향을 잡아 주고, 그들과 토론하는 과정에서 이론에 대해 많은 공부를 할 수 있었다. 그런 덕에 개각 때마다 건설부장관 후보로 내 이름이 하마평에 오르내리기도 했다.

내가 4년 반 연구원장으로 있는 동안 어느 때보다도 우수한 인재가 많았고, 그들의 헌신적인 노력으로 국가적으로 중요한 정책대안과 개발계획을 수립하게 되어 큰 보람을 느꼈다.

정부 출연 연구원 가운데 연구활동이 가장 활발하다는 평가를 받아 우리 연구원의 위상이 크게 높아졌다. 다만, 고생을 한 연구원들에게 승진과 복지향상 등 충분한 보상을 하지 못한 것이 아쉬움으로 남았다. 지금 생각해 보아도 나의 공직 생활 가운데 가장 보람 있고 행복했던 때가 아니었나 싶다.

4부 일복 많은 국토개발연구원장 시절

토지공개념 확대도입의 어려움

1. 걷잡을 수 없이 불어닥친 부동산 투기

1960년대 이후 우리나라는 산업화와 도시화가 빠르게 이루어졌다. 전국 각지에 도로, 공업단지, 관광지, 신도시가 건설되었고, 많은 인구가 농촌에서 대도시로 이동하였다. 이에 따라 택지, 상업용지, 공업용지 같은 각종 토지수요가 크게 증가하게 되었다.

정부에서는 국토종합개발계획, 토지이용계획을 수립하고 도시계획을 정비하는 등 여러 대책을 마련하였다. 하지만 실제로 쓸 수 있는 국토면적이 워낙 좁은 탓으로 크게 증가하는 토지수요를 감당할 수 없어 부동산값이 계속 오를 수밖에 없었다.

자본주의 사회에서는 누구나 부자가 되기를 바란다. 저축한 목돈으로 집을 마련하고 기업을 운영하기도 하지만, 큰돈 모으기가 그렇게 쉽지 않다. 그리하여 여윳돈이 생기면 재테크를 하거나 부동산에 투자하게 된다.

그 당시 부동산 투자가 큰돈을 버는 데 가장 좋은 수단이었다.

경제발전을 위해서는 돈이 은행 예금이나 증권시장으로 흘러들어가도록 해야 한다. 그리고 경제적·사회적 폐해를 가져오는 부동산 투기는 가급적 막아야 한다. 따라서 부동산 투기가 발생할 때마다 그때그때 임기응변으로 대처할 것이 아니라 정부 각 부처가 협조하여 종합적인 토지정책과 투기억제대책을 미리 마련했어야 했다.

예를 들면 우리처럼 토지자원이 적은 네덜란드는 연도별·지역별 토지수급계획을 수립하여 각종 토지를 원활히 공급함으로써 지가 상승과 투기를 미연에 방지하고 있다.

우리는 그러지 못했다. 정부 예산이 부족한 탓도 있었지만 오랫동안 전국 각지의 신도시나 신시가지를 건설할 때 토지구획정리 방법으로 시행했다. 감보율減步率이 50% 이상이 됨으로써 100평 땅을 가진 사람에게 50평만 돌려주어 그 지역과 주변 지역의 땅값이 2~3배 이상 오를 수밖에 없었다.

1970년대에 서울 강남도 같은 방법으로 개발했다. 이러한 상황에서 국민의 부동산 투자를 탓할 수 없는 일이었다. 자산가치를 보전하거나 증식하기 위해 안전하고 수익이 높은 데 투자하는 것은 당연한 일이다.

아파트도 마찬가지였다. 돈 있는 사람이나 투기자들은 이와 같은 방법으로 재빠르게 0순위 분양권과 재개발 딱지를 사들였다. 강남의 목 좋은 아파트를 여러 채 사기도 했다. 경기가 불황일 때를 호기로 삼아 더욱 그랬다. 정확한 정보와 여유자금을 가진 데다가 머리 회전이 빠른 그들은 큰 부자가 된 경우가 많았다.

내가 살고 있는 아파트는 경기가 좋지 않을 때 분양했는데, 사라는 편지를 여러 차례 받고도 돈이 마련되지 않아 분양받지 못했었다. 5년 후 은행으로부터 융자금을 받아 두 배 반 이상이나 되는 대금을 치르고 샀다.

어느 운동권 출신 기자가 "지금 살고 있는 아파트 가격은 당신이 20년간 모은 봉급을 한 푼도 쓰지 않고 저축한 돈보다 세 배 이상이나 되는데 부동산 투기를 한 것 아닙니까?"라고 질문한 적이 있었다. 내가 부동산 투기를 한 것이 아니라 아파트값이 그만큼 오른 것이었다. 요새 젊은이들과 기성세대간에 자산소유의 격차와 갈등이 생긴 중요한 요인의 하나가 되었다.

여기에 수출이 크게 증가하거나 경제 호황기에 접어들어 돈이 많이 풀렸을 때에는 어김없이 부동산 투기가 발생했다. 1960년대 중반부터 시작하여 약 10년을 주기로 이러한 큰 홍역을 치러야 했다.

그때마다 정부에서는 자금출처조사, 양도소득세의 중과, 토지거래신고제 같은 투기억제대책을 마련하여 시행했으나 별다른 효과를 거두지 못했다. 정부 대책의 허점을 꿰뚫어 보고 있는 투기자들이 한발 앞서 복덕방과 짜고 물 만난 고기처럼 꼬리를 치고 다녔다.

 그들은 땅값이 크게 오를 것으로 예상되는 지역에 많은 땅을 사들였고, 복덕방은 그 지역의 땅값이 크게 오를 것이라고 널리 알려 뒤늦게 찾아오는 사람들에게 전매하는 방법으로 많은 매매 차익을 챙겼다. 정부는 그들이 몇 번 거쳐 간 후 뒷북만 치기 마련이었다. 뒤늦게 막차에 올라타 몇 차례 전매된 땅을 산 사람은 골탕을 먹기 일쑤였다.

 1988년 전국적으로 불어닥친 부동산 투기는 어느 때보다도 거셌다. 그 당시에도 수년 전부터 수출이 크게 늘어나 200억 달러 이상에 달하는 국제수지 흑자로 돈이 크게 넘친 것이 그만 화약고에 불을 당긴 격이 되었다. 세계경제가 호황을 누린 끝에 유럽과 일본, 대만 등 여러 나라에서 동시다발적으로 부동산 투기가 발생하였다.

 하룻밤 자고 나면 아파트와 땅값이 몇 백만 원, 몇 천만 원씩 천정부지로 올랐다. 높이 솟는 불길을 끌 소방장비도 소방관도 없었다. 그러다 보니 온 나라가 투기천국이 되고 만 것이었다. 땅값은 오르면 올랐지 내리는 법이 없다는 '토지신화'를 많은 국민이 확고하게 믿고 있었으며, 사실상 부동산 투기가 가장 안전하게 일확천금을 할 수 있는 수단이 되고 있었다.

 여기에 세금은 아무런 맥도 추지 못했다. 투기소득에 대해서 나중에 땅을 팔 때 양도소득세를 부과하거나 재산세를 내는 것뿐이었다. 양도소득세는 이중계약 등으로 그 칼날을 피해 갈 수 있을 뿐만 아니라 과세표준이 낮고 비과세 감면이 많아 제대로 기능을 발휘할 수 없었다.

　재산세는 실효 세율이 외국에 비해 크게 낮은 0.033%에 지나지 않아 아무런 부담이 되지 않았다. 10억 원짜리 땅을 사면 재산세가 33만 원 부과되는데, 한 해 동안 수천만 원, 수억 원씩 땅값이 오르는 상황에서 재산세 때문에 땅을 사지 않는 사람은 없었다.

　미국의 경우는 주마다 다르지만 일반적으로 재산세가 1~1.5% 수준이다. 10억 원짜리 집을 가지고 있으면 연간 재산세가 1,000~1,500만 원이 부과된다. 부동산값이 안정되어 있는 상황에서 이렇게 많은 세금을 내는 것이 큰 부담이 되기 때문에 필요 이상으로 큰 집이나 토지를 가지려 하지 않는다.

　부동산 투기가 일어나자 일용근로자를 비롯하여 영세업자, 근로자들이 가장 큰 타격을 받았다. 물가가 크게 뛰어 가뜩이나 쪼들리는 생활이 더욱 어려워졌으며 월세, 전셋값이 덩달아 올라 살던 집에서 쫓겨나는 사람이 많았다.

　일할 의욕을 잃어버린 근로자들은 사업장에서 임금인상을 위해 노사분규를 일으켰다. 그리고 절망적인 상태에서 헤어나지 못해 자살하는 사람이 늘어나는 등 경제적·사회적으로 크게 불안한 상황이 되었다.

2. 투기억제 종합대책안 마련

정부에서는 부총리가 주재하는 부동산정책위원회를 여러 차례 열어 투기억제 방안을 논의했으나 뾰족한 대책이 나오지 않았다. 종래와 같은 임기응변적인 투기대책으로는 날로 심화되는 부동산 투기를 막기엔 역부족이라는 결론을 내리고 근본적인 대책을 마련하기 위해 토지공개념연구위원회土地公槪念硏究委員會를 설치할 것을 의결하였다.

라응배 부총리가 국토개발연구원장인 나를 불렀다.

"잘 알다시피 어느 때보다 기승을 부리고 있는 부동산 투기가 크게 걱정됩니다. 원장께서 주관하여 투기억제 방안을 마련해 주기 바랍니다."

나는 한동안 망설였다. 부동산 문제와 관련된 기관은 건설부, 경제기획원, 재무부, 내무부, 농수산부, 산림청 등 여러 부처와 한국경제개발연구원, 농촌경제연구원 같은 정부 출연 연구원이 있었다. 내가 건설부 기획관리실장으로 있을 때 부동산 실무대책위원회 위원으로 일한 적이 있고 우리 연구원이 토지, 주택문제를 다루고 있었기 때문에 나를 부른 것 같았다.

전국적으로 번지는 부동산 투기를 무슨 재간으로 진정시킬 수 있을 것인지 선뜻 묘안이 떠오르지 않았다. 엄청 어려운 일을 맡았다가 좋은 대책이 나오지 않을 경우 큰 낭패를 볼 것이 틀림없었다. 자신이 없었다.

그러나 한편 생각하면 경제·사회적으로 심각한 문제를 일으키고 있는 부동산 투기를 잠재우는 것은 국가적으로 매우 중요하고 보람 있는 일이었다. 그 당시 중요한 경제·사회 문제는 경제기획원과 한국개발연구원이 도맡다시피 주관하여 처리했었다.

그런데 그 일을 맡아 좋은 결과를 가져올 경우 우리 연구원의 위상을 크게 높일 수 있는 절호의 기회가 될 것 같았다. 누군가는 반드시 해야만 하는데, 비록 타오르는 부동산 불길에 큰 화상을 입는 한이 있더라도 한번 해 볼 만한 충분한 가치가 있는 일이라고 생각되었다.

부총리는 나의 마음속 갈등을 읽고 있는 것 같았다.

"여러분과 상의했는데 제일 적격자라고 하여 결정한 것입니다. 원장께서 요구하는 것은 무엇이든지 정부에서 다 지원하겠습니다. 전권을 부여할 터이니 각계각층의 중지를 모아 근본적인 투기억제 방안을 만들어 주기 바랍니다."

"알겠습니다."

"여러 가지 어려움이 많겠지만 워낙 시급한 일이므로 9개월 이내에 해 주면 좋겠습니다."

"그렇게 하도록 하겠습니다."

나는 연구원에 들어와 간부들과 앞으로의 추진방안을 논의했다. 모두들 반기면서도 과연 이 일을 해낼 수 있을지 걱정이 앞서는 것 같았다. 나는 "우리 연구원의 명예를 걸고 비장한 각오로 밀고 나갈 것이니 여러분도 최선을 다해 주기 바란다"고 힘주어 당부했다.

 나는 토지공개념연구위원회 위원장으로서 먼저 분과위원회를 구성했다. 토지소유의 제한, 토지거래의 규제, 개발이익의 환수, 기업의 토지 과다보유 억제 등 네 개 분과위원회를 두었다. 우리나라에서 내로라하는 토지전문가로 알려진 여섯 명의 교수를 위원으로 참여시키고, 그중 네 명을 분과위원장으로 위촉했다. 위원으로는 건설부, 경제기획원, 재무부, 내무부, 농수산부, 산림청의 과장급 공무원과 토지개발공사, 한국개발연구원, 농촌경제연구원, 우리 연구원 등 정부투자 및 출연기관 직원 등 모두 39명으로 구성했다.

 각 위원회에서는 수시로 관계 전문가를 초청하여 맡은 분야의 문제점과 대책방안에 대해 진지하게 토의했다. 그러나 정부와 국민의 기대와 관심이 집중된 상황에서 투기를 잠재울 획기적인 대책안이 쉽게 나오지 않았다. 초조한 나머지 잠을 설치는 나날이 계속되었다. 월세, 전셋집에서 쫓겨나는 서민들의 참담한 모습이 자꾸 떠올랐다.

 나는 우리 연구원 박사들을 각 위원회 간사로 위촉하고 이들과 매일같이 모임을 가졌다. 우리 연구원에서 그동안 조사 연구한 자료를 바탕으로 구체적인 투기억제 방안을 마련하여 각 위원회에서 토의하도록 했다.

 첫째, 토지소유의 제한에 대해서는 투기대상이 되고 있는 택지를 중점적으로 다루었다. 택지 가격이 크게 뛰고 있었지만 사람이 살고 있는 택지의 소유나 거래를 규제한다는 것은 문제가 많고 바람직한 일이 아니었다. 자본주의의 기본원리인 사유재산권 보호를 제한하는 것이기 때문이다.

따라서 토지가 국유화되어 있는 사회주의 국가를 제외하고는 세계적으로 택지소유 상한제를 실시하거나 거러를 제한하고 있는 나라는 없었다. 다만 인도 일부 주에서 택지스유 상한제가 실시되고 있었는데, 주에 따라 상한선이 500평어서 2,000평으로 되어 있었다.

하지만 택지를 새로이 개발할 여지가 없고 택지 가격이 크게 오르고 있는 데다가, 일부 계층이 택지를 과다하게 보유하고 있는 상황에서 택지소유 상한제의 실시가 불가피하다고 생각되었다.

나는 이를 이론적으로 뒷받침하기 위해 토지공개념 확대도입의 필요성을 강조하였다. 토지는 일반재화와는 다른 특수성을 지니고 있다. 그 면적이 제한되어 있고 마음대로 늘릴 수도 옮길 수도 없으며, 모자란다고 해서 외국에서 수입해 들여올 수도 없다.

한편 토지는 인간이 살아가기 위해 집이나 건물, 공장을 짓는데 없어서는 안 될 필수재화다. 일부 사람들이 돈이 있다고 하여 자기가 필요로 하는 토지 이상을 과다하게 보유하면서 국가나 다른 사람이 이용할 수 없도록 하는 것은 용납될 수 없는 일이다.

따라서 토지는 이러한 공공성, 사회성을 지닌 특수재화이므로 일반재화와는 달리 토지의 소유, 이용, 거래에 있어 공공의 이익과 국민의 복리를 위해 어느 정도의 제약을 가할 수밖에 없다는 것이다.

 농민이 인구의 절반 이상이며 대부분이 소작농인 상황에서 경자유전耕者有田의 이념 아래 농지소유를 3ha로 제한한 것과 마찬가지로, 도시인구가 전 인구의 8할 이상이며 많은 도시민이 택지를 소유하지 못하고 있는 상황에서 그들의 생존권을 보호하기 위해 택지소유 상한제가 필요하다는 것이다.

 이와 같은 토지공개념이 농지소유 상한제를 비롯하여 도시계획법, 토지수용법, 택지개발촉진법 등에 반영되어 이미 시행되고 있었지만 정부와 기업, 국민에게 널리 알려져 이해를 하고 있는 것은 아니었다. 토지공개념이란 용어 자체가 생소한 것이어서 사회주의 국가에서 시행하고 있는 토지국유화로 가는 것이 아닌가 의심하는 사람이 많았다.

 하지만 그 당시 투기를 억제하기 위해서는 특단의 조치가 필요했고 이를 이론적으로 뒷받침하기 위해서 토지공개념 확대도입을 주장할 수밖에 없었다.

 택지는 서울의 경우 땅 한 평도 소유하지 않은 가구가 3분의 2 이상에 이르고, 대부분의 토지를 돈 많은 사람이나 재벌, 회사들이 소유하고 있었다.

 전국 도시의 택지는 한 사람당 평균 14평에 지나지 않았다. 한 가구당 택지소유상한을 얼마로 정할 것인지 설문조사를 했는데, 100평으로 제한하자는 의견이 가장 많았다. 그러나 장래의 쾌적한 도시환경을 위해서 두 배로 하는 것이 좋겠다고 판단되어 그렇게 정했다. 서울을 비롯한 6대 도시에서는 200평, 그 밖의 도시에서는 300평으로 택지소유를 제한하고, 그 면적을 초과하는 택지에 대해서는 택지소유초과 부담금을 부과하도록 했다.

둘째, 토지거래의 규제에 있어 그동안 일부 투기 과열지구에서 신고제 및 허가제가 실시되고 있었으나 효과를 거두지 못하고 있었다. 농지는 가수요자의 거래를 엄격하게 규제하고 있어 큰 문제가 없었으나 택지와 더불어 준 보전임지 임야가 투기대상이 되어 값이 크게 오르고 있었다.

그 대책으로 임야를 매매할 때도 농지처럼 매수자가 얼마에 사서 어떠한 용도로 쓸 것인지 사용계획서를 작성하여 사전에 허가를 받도록 함으로써 실수요자만이 거래할 수 있도록 하였다.

셋째, 개발이익의 환수에 있어서는 택지, 재개발, 관광지, 온천, 골프장 등 각종 개발사업을 시행하게 되면 그 지역과 주변 지역의 땅값이 몇 배씩 올라 막대한 불로소득이 생기고 있었다. 하지만 이러한 개발이익에 대해 직접적으로 부과하는 세금이나 부담금이 없어 막대한 이익이 고스란히 사업자에게 돌아감으로써 투기의 온상이 되고 있었다.

예를 들어 서울 근교의 명품 골프코스인 P골프장을 조사해 보았다. 골프장을 건설하는 데 땅값과 건설비 모두 400억 원이 채 들지 않았는데, 회원을 모집하여 들어온 돈이 1,600억 원이나 되었다. 세 배 이상이나 되는 큰돈을 번 것이었다.

영국에서는 1948년에 개발부담금제도를 실시한 바 있었다.

그런데 정부가 개발이익을 전부 환수함에 따라 사업가들의 개발의욕이 떨어져 개발사업이 부진하게 되어 5년 만에 폐지하였다. 싱가포르에서도 개발부담금제도를 실시하고 있는데 정부에서 개발이익의 절반을 환수하고 있었다.

우리도 개발부담금제도를 도입하되 앞으로 추진할 개발사업이 많을 것으로 예상되므로 투기를 억제하면서 사업자의 개발의욕을 살릴 수 있도록 하였다. 13종의 주요 개발사업을 시행할 경우 발생한 개발이익의 절반을 정부가 환수하도록 하였다.

넷째, 기업의 토지 과다보유 억제다. 그 당시 많은 기업들은 기업경영에서 나오는 이익보다 부동산 가격 상승으로 생기는 자본이득이 훨씬 많았다. 따라서 기업들은 앞으로의 사업 확장과 교육훈련, 축구장 등 근로자 복지시설용이라는 명목으로 필요 이상의 토지를 확보하는 데 열을 올리고 있었다.

이에 대해 기업의 비업무용 토지 판정기준을 강화하고 토지자산의 재평가를 의무화했다. 이밖에 금융기관의 부동산 과다보유를 억제하기 위해 자기자본 대비 부동산 보유한도를 하향하도록 했다.

땅값이 은행 예금이자보다도 서너 배씩 오르는 상황에서 은행에 예금할 사람은 별로 없었다. 여윳돈이 있는 사람이나 기업가들은 경쟁을 벌이며 힘겹게 사업을 운영하여 돈을 벌기보다는 손쉽게 큰돈을 버는 부동산 투기를 선호하고 있었다.

나는 외국에 비해 터무니없이 낮은 재산세율을 올리기 위해 내무부와 협의를 했더니 극력 반대했다. 재산세를 한꺼번에 많이 올리면 전국적으로 조세 저항이 일어날 것이 뻔하며, 이로 말미암아 정권이 무너질 수 있다고 협박까지 하는 것이었다. 앞으로 재산세 같은 보유과세는 점차적으로 올리고 등록세, 취득세 같은 유통과세는 내리기로 했다.

투기억제 종합대책을 마련하기 위해서는 무엇보다도 토지소유의 현황과 문제점을 알아야 했다. 당시 내무부에서는 종합토지세 부과를 위해 전국 토지소유에 대해 1983년부터 연차적으로 전산화하여 컴퓨터에 입력한 자료를 가지고 있었다. 그 자료를 넘겨달라고 내무부에 요청했으나 거절당했다. 경제장관회의에 안건으로 상정하겠다고 으름장을 놓았더니 우리 직원을 보내어 직접 분석작업을 하라는 것이었다.

우리 연구원 전산실장이 2주 동안 밤샘하면서 자료 분석작업을 하여 귀중한 통계자료를 얻을 수 있었다. 주민등록번호제가 실시된 1975년 이후 거래된 토지에 대해서는 인적 합산이 가능했다. A라는 사람이 소유하고 있는 전국 각지에 흩어져 있는 토지를 한눈으로 알 수 있게 되었다.

그 자료에 의하면 토지소유자는 1,088만 명에 이르는 것으로 나타났으며, 한 사람이 1,000만 평 이상 가진 것을 비롯하여 수백만 평씩 가지고 있는 것이 밝혀졌다. 재벌, 학교재단, 대기업의 가족 등으로 보이는 많은 인사와 차명으로 된 듯한 사람들의 이름이 줄줄이 나왔다.

낌새를 알아챈 기자들이 벌떼처럼 찾아와 명단을 밝히라고 아우성쳤지만, 나는 그런 자료는 없다고 잡아뗐다. 이를 공표할 경우 국민들의 분노를 일으켜 투기대책 마련에 도움은 되겠지만 그전에 벌집을 쑤신 결과가 되어 이 문제로 옥신각신하다가 큰일을 망칠 수 있지 않을까 염려되어 공표를 보류했다.

우리는 약속 기한인 1989년 5월에 토지공개념 확대도입방안을 마련하였다. 토지에 관련된 업무를 담당하고 있는 각 부처의 엘리트 공무원과 토지에 관한 가장 권위 있는 교수 및 정부 출자·출연기관의 뛰어난 전문가들이 모여서 9개월 동안 심혈을 기울여 만든 보고서였다. 투기억제 방안은 물론 토지에 관한 종합적인 정책대안이 나온 것은 처음 있는 일이었다.

하지만 마지막 단계에서 큰 진통을 겪어야 했다. 최종적으로 분과위원장의 서명을 받는 자리였다. 한 사람이 이렇게 말했다.

"이 보고안이 잘못되었을 경우 우리는 역사의 죄인이 되기 때문에 나는 서명을 하지 않겠습니다."

그러자 다른 세 사람도 얼굴색이 달라지며 그 말에 동조해 버리는 것이었다.

"듣고 보니 그럴 것 같습니다."

그들은 앞장서 작업을 해 왔으며, 우리 연구원에서 남달리 신경을 써서 후대하여 앞으로 계속 우리의 든든한 후원자가 되리라 잔뜩 믿었던 것이다. 그런데 뜻밖에도 이렇게 나오니 크게 당황하지 않을 수 없었다. 믿었던 도끼에 발등을 찍힌 기분이었다.

화가 머리끝까지 치밀어 이렇게 쏘아붙였다.

"그게 말이 되는 얘기입니까. 국내에서 가장 권위 있는 학계, 행정부, 연구원의 전문가들이 모여 9개월 동안 온갖 노력을 다하여 만든 보고서가 아닙니까. 그렇게 자신이 없어서야 되겠습니까. 나는 훌륭한 보고서라고 확신합니다. 어떠한 일이 있어도 성공적으로 추진되도록 노력할 것입니다. 혹시 문제가 생기면 내가 모든 책임을 질 것이니 여러분은 안심하시기 바랍니다."

그렇게 해서 간신히 서명을 받았다.

우리 연구원에 고문 한 분이 있었다. 청와대 경제수석을 역임한 K대학 경제학과 교수였다. 나는 그에게 토지공개념 확대도입방안을 설명하고 지원을 요청했다. 그러나 그는 한 마디로 잘라 이렇게 말했다.

"나는 그 안에 대해 찬성할 수 없습니다."

우리 연구원 박사 가운데도 회의적으로 생각하는 사람이 있는 것 같았다. 출발부터 내부에서 심한 역풍을 만나 앞길이 순탄치 않을 것이라는 불길한 예감을 느꼈다.

3. 토지공개념 확대도입방안의 제도화

그동안 라웅배 부총리가 물러나고 조순 부총리가 취임했다. 나는 수시로 진행상황을 문의했던 청와대 경제수석을 먼저 만났다. 둘이서 함께 대통령에게 보고하자고 제의했다. 그 다음 날

경제수석으로부터 연락이 왔다. 대통령에게 보고했더니 자기보다는 부총리에게 보고하여 그의 책임 아래 종합대책안을 조속히 마련하라는 것이었다.

나는 바로 부총리를 만나 토지공개념 확대도입방안을 설명했다. 부총리는 경제수석으로부터 대통령의 지시를 전달받고 나를 기다리고 있었다. 경제학의 대가로 알려진 그가 경제원리를 내세우며 반대하지 않을까 걱정되었다. 그런데 뜻밖에도 부동산 투기로 노심초사하고 있어서 그런지 그는 내가 설명하는 항목마다 감탄하며 무릎을 치는 것이었다. 전혀 예상치 못한 대책이라고 생각하는 것 같았다. 그는 즉석에서 찬성했다.

"참으로 좋은 정책대안을 마련하여 대단히 감사합니다. 수고 많이 하셨습니다."

부총리는 나의 보고가 끝나자마자 서둘러 부동산정책위원회를 소집했다. 내가 토지공개념 확대도입방안에 대해 설명한 후 토의에 들어갔다. 장관 가운데 부동산에 관한 전문지식을 가진 사람이 별로 없어 여러 가지 질문은 있었지만 핵심적인 사항에 대해 정책대안을 제시하는 사람은 없었다. 다만 K보사부장관이 이의를 제기했다.

"토지공개념이 자본주의 경제원리에 어긋나는 것 아닙니까?"

대학에서 경제학을 가르친 경제학자로서 그렇게 생각할 수밖에 없는 일이었다.

나는 힘주어 설명했다.

"토지정책에 있어서는 경제원리를 그대로 적용할 수 없다고 생각합니다. 자본주의의 기본원리인 사유재산권의 보호가 토지에 대해서도 적용되는 것이 바람직한 일입니다. 하지만 일반재화와 달리 토지가 지닌 특성 때문에 많은 제약을 가할 수밖에 없는 겁니다. 토지는 택지, 산업용지, 도로 등 인간이 사회생활을 하는 데 있어 꼭 있어야 할 필수재로서 공공의 이익과 국민의 복리를 위해 정부는 토지의 소유, 사용, 거래를 불가피하게 제한할 수밖에 없다는 말입니다. 따라서 '자본주의 경제학의 아버지'라 부르는 '아담 스미스'나 '리카도' 같은 학자들이 토지는 일반재화와는 달리 정부가 특별히 관리해야 한다고 주장한 걸로 알고 있습니다."

그는 나의 설명에 달리 반론을 제기하지 못했다. 경제전문가도 아니며 차관급인 나에게 자존심이 상했다고 생각하는 것 같았다.

토의가 끝나자 부총리는 토지공개념 확대도입방안을 원안대로 의결하였다. 공표는 나보고 하라고 하여 나는 신문·방송 기자들을 모아놓고 설명한 후 KBS와 MBC 뉴스시간에 상세하게 설명했다. 각 신문들은 1면 톱기사로 대서특필하여 보도했다.

맨 먼저 정치인들로부터 거센 반박이 들어왔다. 당시 여당 대표는 TV를 보다가 리모컨을 내던지며 "저 발표하는 사람 빨갱이 아냐" 하면서 조사해 보라고 지시를 했다는 것이다. 사실 그 당시 여야 간에 당 중앙위원들이 많았는데, 이들 가운데 많은 사람이 토지투기로 돈의 여유가 생겨 그 돈으로 당 운영비를 내고 있었던 것이다. 국회의원들에 대한 찬조금도 이런 돈이 많았다.

  부동산 투기대책을 마련하는 것도 어려웠지만 이것을 어떻게 각계각층의 국민에게 이해시키느냐가 더욱 어려운 과제였다. '구슬이 서 말이라도 꿰어야 보배'가 될 수 있듯이 아무리 좋은 대책을 마련했어도 정책에 반영되고 제도화되지 못하면 무용지물이 되고 만다. 사실 토지공개념 확대도입방안을 마련하여 보고서를 제출함으로써 나의 임무가 끝나는 것이었지만 그렇게 할 수 없는 일이었다.

  언론의 중요성을 감안하여 나는 먼저 각 신문사의 경제부장을 만났다. 그들과의 대화 내용은 다음과 같았다.

  "토지공개념 확대도입이 사회주의 국가처럼 토지를 국유화하고자 하는 것이 아닙니까?"

  "그렇지 않습니다. 자기가 실제로 필요한 만큼 토지를 소유하고 이용하는 것은 아무런 문제가 없습니다. 다만 필요 이상의 많은 땅을 사서 이용하지 않고 값 오르기만 기다리는 것을 막기 위한 것입니다."

  "우리나라는 일본만큼 부동산 투기가 심한 것은 아니지 않습니까?"

  "우리나라 1인당 국토 면적이 일본보다 29%나 적습니다. 산림지와 농경지를 제외하고 실제 이용할 수 있는 땅이 일본은 전 국토 면적의 7%인 데 비해 우리나라는 4%에 지나지 않습니다. 그리하여 지난 13년간 일본의 지가는 2.1배 오른 데 비하여 우리나라는

8.4배나 올랐습니다. 일본은 토지가격 총액이 국민총생산의 5.6배이지만 우리나라는 10배로서 세계에서 가장 높은 실정입니다."

"지가 상승이 반드시 나쁘기만 한 것이 아니지 않습니까? 경기를 진작시키고 중산층이 크게 늘어나게 되며, 일본의 경우처럼 해외자산을 크게 증가시킬 수 있는 것 아닙니까?"

"일본의 전체 지가가 미국의 4배나 됩니다. 일본 국토면적이 미국의 약 25분의 1이기 때문에 단위당 지가는 100배나 비싼 편입니다. 국내 땅을 팔아 동남아 각국의 골프장을 사고, 미국 뉴욕 맨해튼의 고층 건물도 사들이고 있습니다. 그러나 이것은 언젠가 주저앉을 거품에 지나지 않습니다. 일본에서는 지가가 너무 비싸서 일류대학을 나와 좋은 직장에 취직하더라도 평생 번 돈으로 20평짜리 집을 마련할 수 없게 되어 있습니다. 이러면서 세계 제2의 경제대국이라 할 수 있겠습니까. 따라서 일본 정부에서도 부동산 투기를 막기 위해 온갖 노력을 다하고 있으며 우리와 긴밀히 정보를 교환하고 있습니다."

"합법적인 절차를 거쳐 지은 집에서 살고 있는데 난데없이 대지가 200평이 넘는다고 하여 부담금을 부과하고, 지가가 올랐다고 해서 현실적으로 소득이 늘어 돈 낼 여유가 생긴 것도 아닌데, 토지초과이득세를 부과하는 것은 국민의 재산권을 부당하게 침해하는 것 아닙니까?"

"우리나라 도시 내 택지가 1인당 14평에 지나지 않습니다. 서울의 경우 72%에 이르는 가구가 한 평의 대지도 소유하지 못하고 있는 실정입니다. 그래서 불가불 200평 이상의 대지에 대해 부담금을 부과하여 과다한 택지소유를 억제하도록 한 것입니다. 토지초과이득세는 미실현 소득에 대하여 부과하는 것으로 과세원칙에 어긋나는 등 문제가 있는 것이 사실입니다. 하지만 워낙 거센 부동산 투기의 열기를 잠재우기 위해서는 불가피한 것이라 생각합니다."

"종래 정부의 투기대책은 복부인과 투기자의 농간을 당해 내지 못했는데 이번에도 그러한 결과가 될 것 아닙니까?"

"그렇지 않습니다. 이번 대책은 임시방편이 아니고 구조적이고 획기적인 제도개선입니다. 이와 더불어 전국 토지와 건물에 대해 공시지가와 기준시가를 산정하여 공시할 예정입니다. 그렇게 되면 자기 멋대로 가격을 올리거나 이중계약서를 작성하지 못하게 될 것입니다."

"토지공개념 확대도입은 토지수요를 억제하는 데 주안점을 두었는데, 이보다는 토지공급을 늘이는 방안을 강구해야 하는 것 아닙니까?"

"옳은 말씀입니다. 산림지와 농경지를 제외한 가용토지가 4%에 불과한데 앞으로 일본의 7%는 물론 선진국의 10% 이상 수준까지 점차적으로 늘려 나가야 할 것입니다. 다만 토지수요가 많은 수도권과 부산권 등지에 개발할 수 있는 후보지가 많지 않아 큰 애로가 되고 있습니다."

"토지공개념 확대도입방안이 시행되면 어떠한 효과를 거둘 수 있다고 생각합니까?"

"부동산 투기를 근원적으로 막게 될 것입니다. 따라서 지가와 주택가격이 안정되어 서민의 내 집 마련이 쉬워지고 전셋값도 내려가게 될 것입니다. 사무실이나 상가의 임대료가 안정되어 상품과 서비스 가격이 오르지 않게 되고, 공업용지 가격의 안정으로 제조업체와 수출업체의 경쟁력이 높아질 수 있습니다. 그리고 토지를 많이 가지고 있는 사람이나 기업들이 지가 상승으로 생기는 불로소득이 눈덩이처럼 늘어남으로써 부익부 빈익빈으로 사회적 불안과 혼란을 가져오는 것을 미리 막을 수 있게 될 것입니다."

"토지소유자 가운데 상위 5%가 전국 사유지의 65.2%를 소유하고 있다는데, 이는 소득 격차보다 심한 것이 아니지 않습니까?"

"아닙니다. 소득 격차보다도 토지소유의 격차가 훨씬 커서 토지가격이 오를 경우 소득 격차는 더욱 크게 벌어지게 될 것입니다."

나는 그들의 질문에 정성을 다해 설명했지만 그들이 선뜻 이해하고 찬성하는 것 같지는 않았다.

나는 경제기획원 김인호 차관보와 함께 청와대에 가서 대통령 비서실장 이하 수석비서관과 전 직원이 모인 강당에서 토지공개념 확대도입방안의 내용이 무엇이며 왜 필요한지를 한 시간여에 걸쳐 설명했다. 설명이 끝난 후 몇몇 수석비서관이 혹시 사회주의로 가는 길이 아니냐고 우려를 표명하기도 했다.

나는 언론사와 중앙·지방 정부기관, 정부 산하 기관, 업체, 연구원 등을 부지런히 돌아다니면서 직원들을 모아놓고 토지공개념의 확대도입이 왜 필요한지 설명하는 전도사가 되었다. 녹음테이프를 만들어 전국 각 기관에 보내기도 했다.

부총리가 각 신문사의 편집국장을 동해안으로 초청하여 간담회를 개최할 때도 참석하여 토지공개념 확대도입방안을 설명하고 질의에 답변하며 설득하는 데 노력했다.

당시에는 시민단체가 별로 없었고 경실련이 창립된 지 얼마 되지 않아 큰 힘을 발휘하지 못했다. 외로운 투쟁을 해야 했다.

청와대 경제수석의 말에 의하면 대통령도 여러 경로를 통해 토지공개념 확대도입에 대해 의견을 듣고 있었는데, 반대하는 사람이 많은 것 같다는 것이었다. 사실 이러한 중대한 정책대안에 대해서는 대통령이 직접 보고를 받고 확신을 가진 후 추진하여도 성사가 될까 말까 한데 그렇지 못하여 아쉬움이 컸다.

다들 전체 경제·사회의 안정보다는 토지공개념 확대도입방안이 확정되었을 때 자신의 이해득실이 어떻게 될 것인지에 더욱 관심이 많은 것 같았다. 따라서 토지를 가지고 있는 사람이 많은 정치계를 비롯하여 경제계·언론계·학계 등 어느 곳으로부터도 좋은 반응과 지원을 받지 못하고 있었다. 일반 국민들은 그 내용을 잘 이해하지 못하고 있는 것 같았다. 다만 토지투기 문제를 책임진 경제기획원과 건설부가 적극 노력할 뿐이었다.

이러한 경우에는 국민의 여론을 등에 업고 밀어붙이는 것밖에 달리 방법이 없었다. 우리는 수시로 설문조사를 실시하고, 여러 차례 세미나와 공청회를 개최하여 각계각층의 국민을 이해시키는 데 노력했다. 특히 우리가 분석한 토지보유 통계자료를 크게 부각시키는 것에 역점을 두었다.

국민들은 토지공개념 확대도입에 대해 점차 관심을 갖게 되었으며 빠른 시일 내에 부동산 투기가 진정되기를 바라고 있었다. 이에 발맞추어 각 신문에서 긍정적인 논조의 기사가 실리기 시작하여 초조한 마음을 얼마간 달랠 수 있었다.

이때 국민의 관심과 지지가 크게 늘어나고 찬성하는 신문 논조가 나오도록 결정적인 역할을 한 것은 바로 토지소유에 관한 통계자료였다. "토지소유자의 5%가 전국 사유토지의 65.2%를 차지하고 있다"는 통계가 그와 같은 큰 위력을 발휘하게 될지는 미처 예상치 못했던 것이다.

사실 토지소유에 있어 이 정도의 불평등은 미국을 비롯한 외국에도 있을 수 있는 일이다. 하지만 가뜩이나 평등사상이 팽배해 있는 우리 국민은 이 통계자료에 큰 충격을 받은 것 같았다. 그동안 일부 계층이 많은 토지를 가지고 있을 것이라고 짐작은 하고 있었지만 막상 구체적인 통계자료가 나오자 너무하다는 불평이 곳곳에서 나오고 분통을 터뜨렸던 것이다.

그리하여 토지공개념 확대도입방안을 지지하는 국민이 87%에 이르렀다. 이를 반대하는 사람은 토지를 많이 가지고 있는 사람이거나 투기꾼으로 몰리게 될 정도로 상황이 역전되었다.

이러한 분위기에서 국회의원들은 내심으로는 반대하면서도 반대발언을 할 수 없었다. 반대하면 카메라의 집중공격을 받기 마련이었다. 우여곡절 끝에 토지공개념 확대도입 관련 법안이 국회에서 무난히 통과되었다.

우리가 토지공개념 확대도입방안을 정부에 제출하면서 크게 고심한 것이 토지초과이득세였다. 토지초과이득세는 토지가격이 오르게 되면 오른 만큼의 차액에 대해 과세하는 것으로 미실현 소득에 대해 부과하는 것이다. 이는 과세원칙에 어긋나는 것으로 전례가 거의 없는 극약처방이라서 망설였다. 그런데 정부에서는 급한 불을 끄기 위해서는 위헌 요소가 있더라도 과감하게 시행하는 것이 좋겠다고 판단하여 이를 포함시켰던 것이다.

그리하여 토지공개념 관련 법률 제정을 전후하여 부동산 투기는 크게 꺾이기 시작했다. 우리는 쾌재를 부르며 노력한 만큼 보람을 느낄 수 있어 뿌듯했다.

일본에서는 건설성 직원과 국토청의 토지국장, 각 대학의 교수, 여섯 명의 전직 사무차관 등으로 구성된 세제조사위원, 여야 4개 정당 정책위원회 의장단 등 토지정책을 다루는 인사들이 연달아 나를 찾아왔다.

예전에는 우리가 일본의 국토, 도시, 건설제도를 벤치마킹해 왔는데, 이제는 우리에게 부동산 투기를 어떻게 잠재웠는지 한 수 배우러 온 것이었다. 더군다나 내가 그들과 대담하는 장면이 일본 NHK, 동양 TV에 30회 이상 보도될 정도로 일본 정부와 국민의 관심이 컸다.

일본 정부는 토지특별보유세를 신설하고, 금융기관으로 하여금 토지매입자금 융자를 규제하고 회수하도록 하여 부동산 투기가 진정되었다. 그러나 거품이 빠지면서 대도시에서는 지가가 절반 내지 3분의 1 가격으로 폭락했다.

이에 따라 수많은 토지매입자들이 도산하게 되었고, 이들에게 자금을 융자해 준 은행들까지 덩달아 넘어져 금융공황을 일으키게 되었다. 이것이 일본 경제가 20년 넘게 불황에서 헤어나지 못하게 된 큰 원인의 하나가 되었다. 지가가 크게 오르는 것도 문제지만 갑자기 크게 내리는 것도 큰 문제인 것이다.

우리나라는 토지공개념 확대도입방안이 시행된 이후 지금까지 지가가 크게 오르지도 않고 내리지도 않아 이상적인 추세를 보이고 있다. 우리나라 국민소득이 계속 증가하는 한편 토지가격은 안정됨에 따라 전국 토지가격이 국민총생산의 10배에 달하던 것이 점차 내려가 4배 이하로 떨어져 외국 수준과 비슷하게 되었다.

이 수치는 매우 중요한 의의를 지닌 것이다. 예를 들어 대학을 나와 취직한 후 20년간 봉급 한 푼 쓰지 않고 저축하더라도 30평짜리 집 한 채 마련이 어려웠던 것이 8년으로 기간이 단축된 것이다. 뿐만 아니라 공업용지와 건물용지 가격의 안정으로 각종 생산품 가격과 사무실, 상가 임대료를 안정시키는 역할을 하게 된 것이다.

나는 토지공개념 확대도입방안을 도입하는 과정에서 개인적으로 많은 어려움에 부닥쳤다. 토지공개념 확대도입방안을 부동산 정책위원회에서 설명할 때 이를 반대하던 K보사부장관에게 정면으로 반박하였던 것이 화근이 되어 얼마 후 그가 청와대 경제수석으로 있으면서 국토개발연구원장 연임을 극력 반대하여 애를 먹은 적이 있다. 얼마 전 그가 토지공개념 확대방안을 도입하는 데 주도적으로 기여했다는 신문보도가 있었다. 그 후 그의 생각이 바뀌었는지는 모르겠다.

또한 정부에서 토지공개념 확대도입에 대한 공로포상이 있었는데, 우리 연구원이 기관으로서는 최우수 포상을 받았지만 개인 포상에 있어서는 정작 나를 제외시켰다. 그리고 여당에서는 나의 부동산과 관련된 비리가 있는지 여러 차례 뒷조사를 시키기도 했다.

토지공개념 확대도입방안이 시행되는 과정에서 택지소유초과부담금과 토지초과이득세가 헌법 불합치 판결을 받는 등 일부 조정이 있었다. 하지만 이러한 제도가 부동산 투기를 근본적으로 억제하고 토지가격을 오늘날까지 안정시키는 데 결정적인 기여를 한 것에 대해서는 지금도 자부심을 갖고 있다.

4부 일복 많은 국토개발연구원장 시절

개발 잠재력이 큰 중국 동북 3성

1990년 황해연안개발 세미나에 참석하기 위해 중국에 갔다. 중국 측에서 숙소를 베이징 민족호텔로 정해 주었다. 그곳에서 중국 각 지방 특산물로 만든 특이한 요리를 먹은 것이 지금도 기억에 남아 있다. 중국인들은 주로 안남미 밥을 먹는데, 연변 조선족이 생산한 우리나라와 비슷한 쌀밥을 먹게 해 줄 정도로 세심한 배려를 해 주었다.

전체 회의에는 장·차관을 비롯하여 많은 사람들이 참석했다. 서울과 하와이에서 열린 국제회의에 참석한 경험이 있어서인지 회의 준비가 비교적 잘 되어 있었다. 중국인들의 재치가 돋보였다. 미국 이스트웨스트센터의 조휘제 박사가 중국의 장·차관들을 잘 알고 있을 뿐만 아니라 중국어를 유창하게 해 큰 도움이 되었다.

우리 연구원 박사들이 각 분과위원회에 참석하고 있는 동안 나는 안내원을 따라 자금성과 이화원, 명나라 13능, 만리장성을 구경했다. 그리고 지리연구소를 거쳐 베이징대학을 방문했다. 큰 호수 주변에 있는 본부 사무실과 강의실, 도서관이 모두 기와지붕으로 된 전통적인 건물이어서 색다르게 보였다.

학생과 교수 모두 기숙사에서 생활하고 있었으며, 가족을 거느린 교수는 방 한두 개와 거실이 있는 10여 평의 아파트에서 살고 있었다. 나는 지리학을 전공한 원로교수 집을 방문했다. 여러 명의 교수들이 모여 있었다. 교수 부인은 맛있는 수박을 푸짐하게 대접했다. 모두 옛 친구를 만난 듯 반기며 수박을 가져다 내 입에 넣어 줄 정도로 친절하게 대해 주었다.

그들은 월급이 우리 돈으로 3, 4만 원 정도라고 하는데 운전기사보다 적은 월급으로도 긍지를 갖고 있는 것 같았다. 들어가기 어려운 베이징대학에 입학하거나 병원에 입원이라도 하면 친척과 친지, 마을 사람들이 십시일반으로 도와준다고 했다. 옛날 우리나라 시골처럼 인정이 넘치는 흐뭇한 모습을 볼 수 있었다.

사흘째 되는 날 조선족 안내원 두 명과 함께 시안西安으로 갔다. 병마용을 비롯하여 박물관과 화칭츠華淸池, 진시황릉을 두루 구경했다. 저녁에는 만두 전문점에 갔다. 무대에서는 중국 전통춤과 묘기가 한창이었다. 음식이 나오는데 한 접시에 작은 만두가 네 개 놓여 있었다. 고기, 생선, 민물고기, 야채, 버섯 등 서른다섯 가지의 만두요리가 나오는데 절반 정도 먹고 나니 배가 불렀다. 모든 만두를 다 맛보지 못해 아쉬웠다.

술을 곁들인 음식값은 우리 돈으로 고작 2,000원에 지나지 않았다. 지배인 애기로는 얼마전 일본에서 개최한 음식 콘테스트에서 우수상을 받았다고 했다. 내가 기업가라면 서울에 만두 분점을 열면 큰돈을 벌 수 있을 것 같았다.

베이징으로 돌아와 국가과학기술위원회 장관과 베이징덕 전문점에서 식사를 하면서 나는 여행 중 궁금했던 것을 몇 가지 물어보았다.

"만리장성을 쌓는 데 그 큰 돌을 어떻게 운반했는지 그것이 늘 궁금했습니다."

"주로 눈이 쌓이거나 얼음이 얼었을 때 운반하였다고 합니다."

"병마용 군인들의 얼굴 모습이 각각 다른데 그 옛날 그렇게 정교하게 만든 것이 신기했습니다."

"군인들은 실물 크기로 만든 것이며, 진나라뿐만 아니라 주변 각 나라 사람들도 포함되어 있는데 그 가운데에는 조선족도 있습니다."

"진시황릉을 발굴하면 좋은 관광자원이 될 텐데, 발굴하지 않는 이유가 있습니까?"

"엄청난 유물이 있을 것으로 추정하고 있습니다만 2,500년이나 되어 공기에 노출되자마자 산화될 가능성이 많다고 합니다. 그래서 이를 방지하는 기술이 개발될 때까지 발굴을 보류하고 있습니다."

우리나라 같으면 이랬을까? 오래 기다릴 줄 아는 중국인의 대륙 기질을 엿볼 수 있는 대목이었다.

그는 박정희 전 대통령에 대해 여러 가지 질문을 했다. 중국 정부에서는 사회주의 체제 아래 경제발전을 위한 여러 가지 방안을 검토하고 있으며, 박정희 개발 모델에 대해 많은 관심을 갖고 있는 것 같았다.

베이징에서 마무리 회의를 할 때 중국 정부에서는 다음번 연구과제로 구체적인 황해연안개발계획이나 중국에서 중앙아시아를 거쳐 유럽으로 가는 대륙 간선도로망 계획 또는 동북 3성 개발계획 세 가지 프로젝트 가운데 하나를 우리가 선택하여 수립해 달라고 하였다.

교통을 담당한 주임장관이 실크로드 재현을 위해 간선도로망 계획을 꼭 수립해 주었으면 고맙겠다며 매달렸다. 그랬지만 나는 고구려와 발해의 땅이었던 동북 3성 개발계획을 낙점했다. 그곳은 석탄, 원유, 철강석 같은 지하자원과 옥수수, 콩, 감자 등 농산물이 풍부할 뿐만 아니라 지리적으로 한반도와 인접해 있어 통일 후 동북아 경제권으로 함께 개발할 수 있을 것 같아서였다. 그리고 200만 명의 조선족이 살고 있는 곳이기도 해서였다.

우리가 동북 3성 개발계획안을 가지고 베이징에 갔을 때 차관과 담당국장은 우리와 함께 각 성을 방문하여 그곳 전문가들을 참석시킨 가운데 세미나를 개최했다. 베이징에서 뤼순旅順까지는 비행기로 가고 거기서 선양瀋陽까지는 ADB차관으로 건설한 고속도로를 이용했다. 고속도로에는 차량이 거의 보이지 않았고, 제대로 된 휴게소도 없었다.

우리는 선양에 있는 영빈관에 머물렀다. 화강암으로 된 큰 4층 건물에 정원이 끝이 보이지 않을 정도로 넓고 연못과 관상목으로 아름답게 꾸며져 있었다. 덩샤오핑 같은 VIP들이 머무는 곳이라 했다. 식당이 여러 개 있고 서비스하는 사람도 많았다. 내가 묵은 방은 큰 강당만큼 제법 넓어서 저녁에 잠이 잘 오지 않을 정도였다.

그곳 사람들은 남쪽 사람들에 비해 키가 크고 건장해 보였다. 식사는 여러 가지 색다른 중국음식이 나왔다. 한번은 민물장어로 보이는 고기를 맛있게 먹었는데 나중에 알고 보니 뱀 고기라고 하여 꺼림칙한 생각이 들기도 했다.

이따금 시내에 가서 그곳의 특이한 음식을 먹었는데, 과연 음식 하면 중국을 따라갈 나라가 없을 것 같았다. 그 후 양자강 상류 크루즈를 갔을 때 3박4일 동안 100여 가지의 음식을 먹었는데, 하나도 같은 요리가 나오지 않은 것을 보고 놀란 적이 있다.

우리는 시내 구경을 했다. 동북 3성에서 가장 큰 도시인 선양은 청나라의 고도로서 중심부에 고궁이 있다. 베이징에 있는 고궁에 비해 규모는 작지만 아늑하게 보였다. 누루하치능도 가 보았다. 청태종인 그가 우리나라를 침범했을 때 남한산성에서 오래 버티지 못한 인조임금이 항복한 굴욕적인 모습이 떠올랐다. 또한 소현세자를 비롯한 수많은 사람이 인질로 붙들려 가서 갖은 고난을 겪으며 죽어가던 곳이라는 것을 생각하니 씁쓸한 마음을 가눌 길 없었다.

우리는 선양을 떠나 지린성吉林省의 창춘長春에 가서 세미나를 가졌다. 그곳의 영빈관도 선양과 비슷했다. 창춘은 일제시대 만주국의 수도였다. 넓은 도로에 버드나무 가로수와 소나무 숲이 인상적이었다.

영화제작소와 지린대학을 방문한 후 위황궁僞皇宮에 들렀다. 영화 '마지막 황제'에 나오는 만주국의 괴뢰황제 '부의'가 살던 곳으로 규모가 의외로 작았다. 황제 방 옆에는 일본군 중장의 방이 있어 그의 일거일동을 감시했던 것이다.

마지막으로 간 헤이룽장성黑龍江省의 하얼빈은 북국의 정서가 물씬 풍겼다. 번화가에는 화려한 색채의 러시아 건축물이 곳곳에 있어 마치 러시아에 간 것 같은 분위기를 자아냈다.

안중근 의사가 이토 히로부미를 암살한 하얼빈 역에 갔다. 그런 사실을 기록한 팻말이나 저격 장소를 알리는 표지가 전혀 없어 아쉬움이 컸다.

그 후 중국에서 가장 큰 원유 생산지인 다칭大慶에 갔다. 하루 원유 생산량이 10만 배럴이었다. 여름인데도 오후 늦게는 추위가 느껴졌다. 툰드라가 많아 농사를 지을 수 없는 땅이 많고 농사기간도 4월부터 9월까지 6개월도 채 되지 않는다고 했다.

나는 동북 3성에 가면 우리 민족과 가까운 만주족이 많이 살고 있을 것으로 기대했다. 그러나 주민의 10% 정도에 지나지 않았다. 19세기 말 산둥성 일대에 심한 기근이 계속 되었을 때, 정부에서 수천만 명의 한족을 그곳으로 이주시켰기 때문이라고 한다.

황제를 비롯하여 만주족이 지배층을 이루었지만 실제 국가 운영을 맡았던 한족이 먼 앞을 내다보고 취한 행동이 아닌가 짐작되었다.

  동북 3성의 중심지인 선양은 서울에서 직선거리가 600km도 되지 않는다. 넓은 국토에 각종 자원이 풍부하여 발전 잠재력이 큰 곳이다. 현실적으로 고구려와 발해의 영토를 되찾을 수는 없는 일이지만 통일 후 우리 선조의 땅이었던 그 지역과 함께 동북아 경제권을 형성하여 공동으로 발전하는 것이 중국과 우리에게 바람직한 일이 아닌가 생각한다.

4부 일복 많은 국토개발연구원장 시절

내가 준 팁이 소 한 마리 값이라니

1992년 1월 어느 날 건설부로부터 국토개발연구원장실로 전화가 걸려왔다. 방한 중인 몽골 건설위원회 부위원장과 울란바토르 부시장에게 식사대접을 해 주면 좋겠다는 것이었다.

나는 코리아 하우스에서 그들 일행 세 명과 함께 저녁식사를 한 후 전통국악을 관람했다. 그들은 감격했는지 헤어지면서 나에게 꼭 몽골을 방문해 주기 바란다고 했다. 그저 인사치레로 그러려니 했는데, 얼마 후 건설위원장 명의의 초청장을 보내왔다.

7월 하순부터 중국 동북 3성에서 개최된 세미나에 참석한 후 나는 혼자 울란바토르에 가기로 했다. 한 달 전쯤 몽골 건설위원회에 방문하겠다고 알렸던 터였다. 떠나기 전날 베이징에서 텔렉스를 보내고 전화를 걸었으나 통화는 되지 않았다.

나는 몽골에 대해 사전지식이 없는 데다가 숙소와 일정이 확실치 않은 상황이어서 불안한 마음으로 비행기를 탔다. 비행기는 소형으로 대부분의 승객은 유럽인과 미국인 그리고 일본인이었다. 그들은 뿔이 멋진 큰 산양을 사냥하러 고비사막으로 간다고 했다. 세계 대부분의 나라에서 산양 수렵을 금지하고 있지만, 오직 몽골에서만 가능하다는 것이었다.

마침 호주 교포인 젊은 부부를 만났다. 한국 사람을 만나서 그런지 반갑게 인사하며 물었다.

"혼자 가시나요?"

"네, 그렇습니다."

"초행은 아니겠지요."

"처음입니다."

"숙소는요?"

"잘 모릅니다. 건설위원장 초청으로 가는데 어제 베이징에서 전화를 걸었지만 통화가 되지 않았습니다."

"중국과 몽골의 사이가 좋지 않아 텔렉스나 전화도 러시아를 거쳐야 하기 때문에 여간해서 통화하기가 힘들지요. 비행기도 마찬가지구요. 중국에서는 일주일에 한 번, 그것도 소형 비행기가 운항될 뿐입니다."

"몽골은 자주 가세요?"

"네, 사업 관계로 한 달에 한 번 정도 갑니다."

"호텔 사정은 어떻습니까?"

"시내에 한두 군데 있긴 한데 요즘은 관광시즌이라 방 얻기가 굉장히 어렵습니다. 러시아어만 통하고 영어가 안 통해 불편하기

짝이 없습니다. 무엇보다도 음식이 엉망이어서 고생은 각오해야 할 것입니다. 호텔이나 외국인 상점에서 통조림을 사 먹는 것이 좋습니다."

"치안상태는 괜찮습니까?"

"돈이 어디에 있는지 남에게 보여서는 안 됩니다. 어느 포켓에 있는지 알면 끝까지 따라와서 빼앗아 갑니다. 여러 호주머니에 분산시켜 다니는 것이 좋을 겁니다."

"혹시 공항에 마중 나온 사람이 없으면 숙소를 알선해 주면 고맙겠습니다마는."

"그렇게 하죠."

선뜻 응해 주었다.

괜히 큰 고생이나 하러 가는 것 같아 후회막급이었다. 두려운 마음으로 주변을 살펴보니 혼자 여행 온 사람은 나뿐인 것 같아 더욱 불안했다.

비행기는 1시간 40분 만에 울란바토르 공항에 도착했다. 비행기 문이 열렸으나 승무원들이 앉아서 잠시 기다려 달라고 했다. 그리고 한 사람이 비행기 안에 들어와 사람을 찾고 있었다. 서울에서 만났던 건설위원회 부위원장이었다. 마치 구세주를 만난 듯 반가웠다. 이제 살았구나 하는 안도의 숨을 쉴 수 있었다.

흥분되어 교포 부부와 작별인사를 나눌 겨를도 없이 그를 따라 귀빈실에 가서 입국수속을 한 후 숙소로 갔다. 시내에서 꽤 떨어진 국립공원 안에 있는 별장 같은 건물이었다. 주변에 숲이 우거지고 맑은 시냇물이 흐르는 아름다운 곳으로 20여 마리의 사슴이 노닐고 있었다.

다음 날 아침 시내로 가서 40대로 보이는 건설위원장을 만났다. 건설위원회의 기능은 우리나라 건설부와 비슷했다. 기구 규모가 작고 인원이 적어 1960년대 초 우리나라를 연상케 했다. 공동 관심사항에 대해 의견을 나누고 양국 간 협력 방안을 논의했다.

근처에 있는 국회의사당을 비롯하여 박물관과 옛 왕궁을 둘러보았다. 1924년 왕정이 무너지고 공산정부가 들어선 후 정치·경제·사회가 철저하게 소비에트화 된 것 같았다. 심지어 몽골 글자도 못 쓰게 하여 러시아 알파벳을 사용하고 있었다. 1988년 자유화 이후에야 국어 복원작업이 전개되었다. 종교도 철저하게 탄압받아 폐허화된 사원을 그제서야 복구하고 있었다.

지도급 인사가 대부분 러시아에서 교육을 받아서 그런지 자유화가 더디게 진행되고 교통·통신도 주로 러시아에 의존하고 있었다.

12~13세기에 아시아와 유럽으로 웅비하던 칭기즈칸의 후예가 초라하고 비참하기까지 했다. 같은 민족끼리 서로 원수처럼 싸운 끝에 넓은 땅과 민족이 셋으로 나뉘었다. 몽골 외에 바이칼호 주변지역이 러시아에 병합되었고, 내몽고는 중국의 1개 성이 되었다.

몽골 국민 200만 명 가운데 52만여 명이 수도 울란바토르에 살고 있는데 어렵게 사는 것 같았다. 울란바토르는 해발 500m나 되는 고원지대에 있으며, 8월에 가장 덥다고 하는데 우리에게는 좋은 기후였다.

부위원장의 안내로 80km 정도 떨어진 강가에 있는 리조트를 구경했다. 가는 도중 철도를 보았다. 베이징까지 가는 유일한 철도로 기차가 일주일에 두 번 다닌다고 했다. 끝이 안 보이는 넓은 평원에 풀이 20~30cm 높이로 자라 목초로 알맞은 것 같았다. 수백 개의 골프장을 큰 돈 들이지 않고 건설할 수 있지 않을까 하는 생각이 들었다.

국토 대부분이 사막과 평원으로 되어 있고 산림은 전국토의 9%인데, 나무가 북향으로만 자라고 있었다. 쌀과 밀 같은 곡물은 물론 채소도 생산되지 않고 원유를 포함한 지하자원도 빈약했다. 다만 소, 말과 양이 많은 것이 그나마 가장 큰 자산인 듯했다.

'게르'라고 부르는 천막집, 가구라고 할 것이 별로 없었다. 버터 비슷한 것을 내놓는데 그런대로 맛이 괜찮았다. 말젖도 예상 외로 맛있었으나, 많이 마시면 배탈이 난다고 했다.

말젖을 어떻게 짜는지 보여 주었다. 먼저 남편이 새끼에게 젖을 먹이고 있는 어미말에 다가가 새끼를 보지 못하도록 몸으로 가렸다. 그러자 부인이 새끼를 젖으로부터 떼어 놓은 후 마치 새끼 말이 젖을 빠는 것처럼 소리를 내어 가면서 손으로 젖을 짜는 것이었다. 만일 젖을 도둑맞고 있는 것을 말이 눈치채게 되면 사람을 물기 때문에 나보고 멀리 떨어져서 구경하라고 했다. 이렇게 짠 말젖을 이틀 후에 마신다고 했다.

우리 대사관에 갔다. 대사는 외국에 나가고 없었다. 설립 때부터 근무하고 있는 참사관을 만나 여러 가지 얘기를 나누었다. 그는 나에게 물었다.

"어떻게 오셨어요?"

"건설위원장 초청으로 왔습니다."

"지금 어디에 묵고 계십니까?"

"국립공원 안에 있는 영빈관에 머물고 있습니다."

"주변 환경이 아주 좋은 곳인데, 그곳 숙박비가 꽤 비쌀 텐데요?"

"네, 하루에 100달러가 넘어 나흘간 머물면 500달러쯤 될 것 같습니다. 부위원장 얘기로는 자기들이 초청했으므로 숙박비는 자기들이 부담하겠다고 여러 번 얘기하던데요?"

"아마도 그런 돈이 없을 겁니다. 그들 부서의 1년 예산이 그 정도밖에 안 될 텐데요."

"자원도 별로 없고 정말 못 사는 나라 같습니다."

"지난해 몽골 대통령이 방한하였을 때 우리 정부에서 많은 원조를 해 주었고, KAL에서 비행기 한 대도 거저 주었습니다. 지금 베이징에서 조종사와 승무원을 교육하고 있습니다. 몽골 비행기는 러시아제 일류신여객기 한 대가 있어 모스크바와 베이징을 왕래하고 있으나 엔진 고장이 잦아서 제대로 운항하지 못하고 있습니다."

"올 때 비행기에서 보니 대부분의 승객들이 산양 사냥꾼들인 것 같던데요."

"네, 유럽인과 미국인, 일본인들은 전세 비행기를 타고 단체로 고비사막에 가서 산양을 수렵하고 있습니다. 어느 뿔이 가장 멋있는지 매년 콘테스트가 열리고 있습니다."

"숙소에서 끼니마다 똑같은 고기만 나오고 야채가 없어 견디기가 힘듭니다."

"그렇습니다. 얼마 전 외무장관을 역임한 L씨가 관광하러 왔다가 비행기 고장으로 발이 묶여 일주일 동안 식사 때문에 큰 고생을 했습니다. 2, 3일 동안 식사를 거의 하지 못했습니다."

"여기서 취미생활은 어떻게 하나요?"

"취미생활을 할 수가 없어요. 한 달에 한 번 외교행낭을 가지러 베이징에 가는 것이 유일한 낙입니다."

우리가 베이징에 며칠간 머물러도 답답하게 느껴지는데, 참으로 고생이 많은 것 같았다.

때마침 정부기구 개편과 개각이 있었다. 건설위원회가 건설성으로 바뀌고 장관이 경질되었다. 차관이 된 부위원장이 장관을 대신해 송별연을 열어 주었다. 호텔 옥상 '게르' 같은 방에서 식사를 하는데 몽골 전통옷을 입은 악사 다섯 명이 전통악기를 연주하는 가운데 번갈아 가면서 노래를 부르고 춤을 추었다. 악기가 초라하고 젊은 여악사들은 옛날 우리나라 시골처녀를 연상케 했다. 나는 팀장에게 10달러, 다른 사람에게는 5달러씩 팁을 주었다.

그런데 예정된 한 시간이 넘었는데도 자리를 뜰 생각을 하지 않는 것이었다. 몽고 돈과 달러와의 공식 환율은 1 : 5이지만 암시장에서는 1 : 25 내지 30으로 거래되고 있었다. 나중에 알고 보니 그 돈은 공무원 몇 달 월급에 해당하는 것이었다.

내가 떠날 때 차관은 자기들이 체재비를 내겠다고 하는 것이었다. 칭기즈칸의 후예다운 오기인 것 같았다.

1978년 사우디대사관에서 근무할 때 공공사업·주택성 장관 일행을 안내하여 한국에 올 때의 일이 떠올랐다. 그들 일행이 스위스와 싱가포르를 거쳐 홍콩에 도착하였을 때였다. 나는 홍콩에 먼저 가서 일류 호텔에 방을 예약한 후 총영사와 함께 공항에 가서 그들을 영접했다.

호텔에서 하루저녁 머문 후 서울로 출발하는데, 호텔 숙박비가 걱정되었다. 우리가 초청한 것이기 때문에 내가 부담하겠다고 허세를 부렸더니 공공사업·주택성 장관이 자기가 내겠다며 선뜻 지불하는 것이었다. 어찌나 다행스럽던지. 그만한 돈도 카드도 없던 나는 위기를 모면했던 생각이 떠올랐다.

참사관 말처럼 그들의 사정이 어려운데 내가 만일 숙박비를 지불하지 않을 경우 어떻게 되었을 것인가. 아마도 차관은 난처한 입장에 처하게 되고, 자기가 살고 있는 집을 팔아도 그 돈을 갚지 못했을 것이다.

내가 숙박비에 자동차 휘발유값 등을 보태어 600달러를 주었더니 처음에는 극구 사양하더니 못이기는 척 받아 넣었다. 소 한 마리가 10달러 정도이니 60마리의 소값을 지불하고, 악사팀장에게 소 한 마리 값의 팁을 준 셈이었다.

4박5일 차관과 국장 두 사람이 사무실 일은 제쳐놓고 성의를 다해 안내해 주었다. 고마웠다. 몽골인들은 생김새가 우리와 비숫하고 같은 혈통이라서 그런지 남다른 친근감이 들었다. 그들이 어려운 여건에서 경제가 크게 발전하기를 바라는 마음 간절했다.

　돌아오는 비행기에서 끝없이 전개된 초원과 황무지와 사막을 내려다보면서, 고려가 몽골의 침략과 지배를 받았을 때 수많은 사람들이 그 먼 길을 어떻게 끌려갔으며, 얼마나 많은 고생을 했을까 생각하니 씁쓸한 마음 가눌 길 없었다.

4부 일복 많은 국토개발연구원장 시절

혼란기의 러시아

1991년 국토개발연구원장으로 있을 때였다. 국제화 시대를 맞이하여 외국의 관련 연구기관과 자매결연을 맺어 서로 정보를 교환하거나 공동으로 연구과제를 수행하면서 워크숍을 갖기도 했다.

일본의 건설경제연구소, 대만의 토지대학, 프랑스의 다탈 등과 자매결연을 맺었다. 또한 개발도상국의 지역계획, 토지, 주택 담당 공무원과 전문가를 교육시키기도 했다.

그해 10월 나는 상트페테르부르크 재경대학과 자매결연을 맺기 위해 러시아를 방문했다. 때마침 우리나라와 러시아 간에 국교정상화가 이루어져 KAL기를 타고 모스크바까지 갈 수 있었다. 중국과는 수교가 되어 있지 않아 일본 열도를 따라 동해 상공을 거쳐 블라디보스토크로 돌아가야 했다.

모스크바 공항에서 서너 시간을 기다린 후 상트페테르부르크

행 비행기를 탔다. 좌석과 내부시설이 낡고 역한 냄새까지 났다. 새벽 1시쯤 도착하여 재경대학 부총장의 안내로 아스트리아 호텔에 여장을 풀었다. 호텔은 20세기 초에 건설한 고색창연한 건물로 내부시설을 현대화한 것이었다. 내가 머문 스위트룸은 하루 방값이 400달러나 되어 미안한 생각이 들었다.

 1917년 공산혁명 전까지 러시아의 수도였던 상트페테르부르크는 인구 500만 명으로 모스크바 다음으로 컸다. 18세기 초에 표트르대제가 수도를 모스크바에서 이곳으로 옮기면서 서구식 도시계획에 의해 건설된 아름다운 도시다. 도로망과 운하가 잘 정비되어 있고 파리처럼 조각을 한 건물이 많으며, 건물 높이는 파리보다 약간 낮은 5~6층으로 통제되어 있었다.

 표트르대제는 강국인 스웨덴의 침략을 물리치고 북유럽의 패권을 쥐었다. 열두 살 때 네덜란드에서 조선기술을 배우고, 영국에서 해군 군사학을 익히는 등 어렸을 때부터 유럽에서 지낸 그는 서구식 문물을 도입하는 데 열성을 쏟았던 것이다.

 아르미타주 박물관은 겨울 궁전으로 사용하던 건물을 개조한 것으로 파리의 루브르 박물관, 런던의 대영박물관과 함께 세계 3대 박물관의 하나로 꼽힌다. 미켈란젤로를 비롯한 세계적으로 유명한 화가와 조각가의 작품이 수없이 많아 여러 날 보아야만 다 볼 수 있을 것 같았다. 그런데 전시된 작품이 전체 소장품의 7%에 불과하다고 했다.

 그밖에 유명한 화가의 그림을 전시한 러시아 박물관을 비롯하여 동식물, 해양 등 각 분야별로 수십 개의 박둘관이 있었다. 호텔 옆에는 규모가 큰 대성당이 있고, 길이가 사방 1km가 넘는 백화점도 있었다. 우리가 자매결연을 맺은 재경대학의 멋진 건물도 100년이 훨씬 넘었다고 했다.

세계적으로 유명한 키로프발레단의 본부가 그곳에 있어 모스크바의 볼쇼이와 더불어 쌍벽을 이루고 있었다. 나는 호두까기 인형, 백조의 호수 같은 발레와 아이다, 세빌리다의 이발사 오페라를 감명깊게 보았다.

70여 년에 걸친 공산주의 체제 하에서 그렇게 크고 아름다운 도시가 레닌그라드로 이름이 바뀌고 황폐화되었음을 여실히 볼 수 있었다.

재경대학에 가서 자매결연을 맺은 후 상공은행을 방문했다. 은행장과 중역들이 친절히 대해 주었다. 매주 물가가 2%씩 오르고 있는 상황에서 예금이자가 2%에 지나지 않는데드 예금하는 사람이 있느냐고 물었다. 그들은 정부에서 지원해 준 돈과 조합원들이 낸 기금만 잘 관리하면 되는 것으로 알고 있었다. 자본주의 경제가 무엇이고 은행의 기능이 무엇인지는 도무지 모르는 듯했다.

러시아에서 키로프라는 가장 큰 탱크 제조회사가 탱크 대신 트랙터를 생산하고 있었다. 한국 회사와 합작하거나 한국으로 수출하기를 바란다고 했다. 그들은 시장조사도 하지 않고 엄청나게 큰 트랙터를 생산하고 있어 적자운영을 면치 못하고 있었다. 탱크처럼 크면 클수록 좋다고 생각하는 것 같았다.

주민들의 생활을 알아보기 위해 몇 군데 아파트에 가 보았다. 근로자의 월급은 우리나라 돈 1만 원 정도로 중국의 3만 원 내외보다 크게 낮았다. 대부분 방 하나에서 살고 있고, 맞벌이를 하거나 외국인 회사에 근무하는 사람은 방 두 개에서 살고 있었다. 경치가 좋은 네바 강 주변의 아파트는 주로 당 간부들이 살고 있다고 했다. 아파트가 사유화되기 시작하여 조합주택도 늘고 있었다.

저녁에 대학총장 집에 갔다. 부인과 딸 세 식구가 자그마한 방이 두 개인 집에서 살고 있었다. 대학 다니는 딸이 치는 피아노 연주를 들으며 음식을 먹었는데 투박한 맛이었다.

나는 우리 연구원 김 박사와 함께 아침식사는 호텔에서 간단히 하였다. 점심과 저녁식사는 대학총장, 부총장, 담당교수, 통역과 함께 했다. 카스피 해에서 나오는 캐비어와 그 고기요리가 최고급이라고 하여 그들은 최상의 예우를 한답시고 끼니마다 비슷한 요리가 나와 곤혹스러웠다.

공산주의 체제 아래 오래 살아온 그들은 획일적인 사고방식을 가지고 명령에 복종하며 살아온 탓인지 창의성도 의욕도 거기다 융통성까지 없는 것 같았다.

러시아최고회의 위원을 겸하고 있는 시의회 의장을 만났다. 47세인 그는 머리회전이 빠르고 패기가 넘쳤다. 상트페테르부르크에 자유경제지역을 건설하는 데 한국에서 적극 도와주었으면 좋겠다고 하였다.

나는 돌아가는 길에 모스크바까지 비행기 대신 기차 편으로 가기를 원했다. 그들은 편하게 여행하라며 우리 둘에게 네 개의 좌석을 마련해 주었다. 마침 목요일에만 있는 직행열차를 타고 모스크바까지 650km를 다섯 시간 만에 갔다. 속력이 의외로 빨라 전자판의 속도계는 80~180km를 나타냈다.

객실은 깨끗한 편이 아니며 사람들로 가득 차 있었다. 맨 뒤 식당차에는 수십 명이 줄을 서 있었다. 김 박사가 식당차 아주머니에게 말보로 담배 두 갑을 주자 그녀는 줄 선 사람들을 제치고 우리 테이블을 마련해 주고 주문을 받았다. 우리는 미안해서 얼굴을 가리다시피 하고 음식을 먹었다. 그러나 누구 하나 항의하거나 언짢은 눈으로 보는 사람이 없었다. 공산주의 체제 하에서 그렇게 훈련을 받은 탓인 것 같았다.

중간 중간 도시가 몇 개 있을 뿐, 산은 볼 수 없었다. 집단농장인 듯한 넓은 농지는 폐허가 되다시피 했고, 농가 주변의 텃밭만 잘 가꾸어져 있었다.

소비에트연방이 해체되어 러시아를 비롯해 10여 개 공화국으로 나뉘어지는 과정에 있어 모스크바의 분위기는 한 마디로 혼란 그 자체였다. 크렘린 궁전에는 소비에트연방의 붉은색 기와 러시아 공화국의 삼색기가 나란히 게양되어 있어 고르바초프와 옐친이 공생하고 있는지 싸우고 있는지 불안한 생각이 들었다. 그런 가운데서도 크렘린 궁전은 절반 정도 일반에게 개방하고 있었다.

자유화, 개방화를 지지하는 사람 중 기성세대는 절반 정도이고 젊은 세대는 90%에 달한다고 했다. 그런데도 노벨평화상을 받은 고르바초프는 인기가 없는 반면 옐친의 인기는 높았다.

시내 곳곳에 있는 레닌동상은 철거되었으나 레닌묘를 참배하는 사람들이 긴 줄을 이루고 있었다.

경제가 엉망이었다. 지방에서는 각종 공산품과 농산물이 충분히 생산되고 있는데도 수송이 되지 않아 도시 물가가 매주 2%씩 뛰고 있었다. 원유 매장량이 세계에서 가장 많은데도 휘발유가 모자라 비행기와 자동차가 제대로 운행되지 못하고 있었다.

달러와 루블의 공식 환율이 1 : 6으로 되어 있으나 무역이나 관광부문에서는 1 : 36이며, 암시장에서는 1 : 60 넘게 거래되고 있었다. 백화점이나 대부분의 상점에는 물건이 없어 텅텅 비어 있고, 일부 상점이나 음식을 파는 가게 앞에는 수십 명씩 줄을 서 있었다. 굶주리는 사람도 많고 여고생까지 매춘행위를 하고 있다고 했다.

그런 혼란은 공산주의 경제가 자유주의 경제로 탈바꿈하는 데 따른 진통 때문인 것 같았다. 자본주의 경제를 잘 아는 전문가가 없어 몇 년 전 우리 연구원에 왔던 30세의 글라지유 박사가 경제차관이 되어 경제정책 수립의 주역을 맡고 있었다.

아마도 북한이 그러한 처지에 놓였다면 식량과 석유 같은 생필품이 모자라는 상황에서 정치·경제·사회적으로 더욱 큰 혼란이 생겨 수습이 곤란할 정도가 되지 않을까 생각하였다.

모스크바에는 세계에서 규모가 가장 큰 것들이 많았다. 우리가 머문 호텔은 객실이 수천 개라고 했다. 50층이 넘는 모스크바대학 건물도 세계에서 제일 높다고 했다. 사방 1km가 넘는 백화점, 크렘린 안에 있는 종도 세계에서 가장 크다고 했다. 세계에서 으뜸으로 큰 것이 많을수록 강대국이라고 생각하는 데서 비롯된 것 같았다.

그러한 가운데서 서커스와 볼쇼이극장에서 본 오페라 '휘가로의 결혼'은 무대장식과 연기 모두 매우 훌륭했다.

나는 여행 중 공산주의의 해독이 얼마나 큰가를 목격할 수 있었다. 인간의 자유, 창의성, 나아가 인권까지 말살시키고 결과적으로 경제마저 파탄을 면치 못하고 말았으니 말이다.

그런데 약 10년 후 다시 러시아에 갔을 때 정치적·경제적으로 안정된 모습을 볼 수 있었다. 석유를 중심으로 경제가 안정되고 크게 발전했으나 그들의 사고방식은 옛날과 그리 달라진 게 없는 것 같았다. 모스크바 공항에서 입국 수속을 하는 데 두 시간이 걸렸다. 자유민주주의사회가 되기 위해서는 많은 대가와 시간이 필요하다는 것을 실감했다.

4부 일복 많은 국토개발연구원장 시절

지성이면 감천

　　1988년 국토개발연구원장으로 있을 때, 연구원이 설립된 지 10년이 지났지만 자체 건물이 없어 어려움이 많았다. 네 번씩이나 이사를 다니는 것도 문제였지만, 해마다 임차료가 크게 오르는 것이 더 문제였다. 경제기획원에서 예산을 더 받아와도 임차료를 내고 나면 다른 연구활동비로 쓸 여유가 없었다.

　자체 청사를 갖는 것이 연구원의 가장 큰 숙원이었다. 간부들은 물론 직원들 모두 입을 모아 어떻게든 청사를 마련해 주기를 바라고 있었다. 그들은 나에게 청사를 마련해 준다면 아무런 일을 하지 않아도 어떠한 불평도 하지 않겠으며, 공로비도 세워 주겠다는 말까지 했다. 내가 경제기획원과 건설부에서 근무하였기 때문에 청사를 마련하는 데 가장 적합한 사람으로 생각하고 떼를 쓰는 것이었다.

　청사를 지으려면 적어도 200억 원의 예산이 소요되는데, 쓸 수 있는 예산은 2억 원도 채 되지 않았다. 아무리 궁리를 해 보아도 뾰족한 방안이 떠오르지 않았다. 경제기획원에서는 긴축예산을 편성하고 있어 정부 출연기관의 청사 건설은 입도 뻥긋할 수 없는 실정이었다.

그 무렵 부동산 투기를 억제하기 위해 정부는 200만 호 주택 건설을 공표하고 그 일환으로 수도권에 분당, 일산, 평촌, 산본, 중동의 5개 신도시 건설을 추진하게 되었다. 그 업무 대부분을 떠안게 된 우리 연구원은 눈코 뜰 새 없는 나날을 보내야 했다.

200만 호 주택 건설계획은 연도별·지역별로 구체적인 건설 방안을 비교적 순조롭게 마련하였다. 그러나 신도시 기본계획 수립은 어려움이 많았다. 인구 39만의 분당과 26만의 일산 신도시는 종전의 신도시와는 차원을 달리해서 일본 오사카의 센리 뉴타운이나 도쿄 부근의 뉴다마와 런던 교외에 건설한 신도시 수준 이상의 근대적인 도시를 목표로 했다. 서울에는 신도시를 건설할 만한 땅이 없는 상황에서 분당은 강남 사람들이, 일산은 강북 사람들이 각각 옮겨 살 수 있는 고품격 도시를 건설해야 했다.

그런데 이러한 도시 기본계획을 수립할 전문가가 부족했다. 우리 연구원에는 미국에서 이 분야를 전공한 안건혁 박사와 온영태 박사 두 사람뿐이었다. 이들이 주관하여 빠듯한 일정으로 분당과 일산 신도시 기본계획을 수립하는데 의외로 업무량이 많았다. 인구 22만의 산본은 주택공사가, 평촌은 토지개발공사가 각각 맡기로 했다.

토지개발공사 김수학 사장으로부터 다급한 전화가 걸려왔다.

"우리 공사에는 평촌 신도시 기본계획을 수립할 만한 전문가가 없습니다. 귀원에서 맡아 주면 고맙겠습니다."

개인적인 친분을 생각해서라도 그의 부탁을 웬만하면 들어주고 싶었지만 우리도 일정에 쫓기는 상황에서 승낙할 수가 없었다.

"우리 연구원에도 전문가가 두 사람밖에 없어 분당, 일산 두 도시 기본계획 수립에도 빠듯한 실정이라서 어떻게 할 방도가 없습니다."

"그래도 국토개발연구원 외에는 전문가가 없는데 무리를 해서라도 꼭 좀 해 주십시오. 어떠한 대가라도 다 치를 터이니 이것만은 들어주시기 바랍니다."

"아무래도 불가능한 일이지만 한번 검토는 해 보겠습니다."

사실 토지개발공사의 입장이 딱했다. 대통령은 물론 많은 국민이 관심을 갖고 있는 사업인데 차질이 생기면 큰일이었다.

나는 두 전문가를 불러 인력을 최대한 지원해 줄 터이니 밤샘을 해서라도 평촌 신도시 기본계획도 수립하라고 지시했다.

나는 토지개발공사 김 사장에게 전화를 걸었다.

"김 사장의 입장을 생각해서 긍정적으로 검토하고 있습니다."

"고맙습니다."

"그런데 나도 한 가지 부탁이 있는데 들어주시겠습니까?"

"무엇이든지 말씀만 하면 내가 할 수 있는 것은 다 하겠습니다."

"우리 연구원의 청사가 없는데 평촌에 그 부지를 마련했으면

합니다. 그런데 부지를 살 예산이 없어 5년 후에나 대금을 지불할 수 있을 것 같습니다."

"좋습니다. 귀원에서 기본계획을 수립할 때 좋은 자리에 부지를 정하고, 5년 후에 그 대금을 지불해도 좋습니다."

그리하여 평촌 신도시 기본계획을 수립하면서 안양시청 부지 맞은편에 3,000평의 부지를 확보하게 되었다. 청사를 짓는 데 절반은 이룬 셈이었다. 나는 경제기획원 예산실에 부지를 확보했으니 건축비를 지원해 달라고 요청했다. 마침 예산실장과 국장이 경제기획원에서 함께 근무하여 잘 아는 사람이었다.

하지만 건축비 예산은 우선순위가 낮아 난색을 보이는 것이었다. 그런데 우리 연구원이 토지공개념 확대도입방안을 비롯하여 200만 호 주택건설과 분당, 일산, 및 평촌 신도시 기본계획과 3차 국토종합개발계획 수립 같은 국가적으로 중요한 업무를 수행하고 있다는 점을 감안하여 그들은 특별히 건축비를 예산에 반영해 주었다. 예산은 처음 계상하는 것이 중요하다. 한번 책정되면 해마다 계속되기 마련이다.

그 후 예산실장이 바뀌어 우리 연구원과 공동작업을 하고 있는 청와대 균형개발단 C단장이 청사건설비를 증액시키도록 부탁해 주었다. 그런데 그 후 C단장 자신이 예산실장으로 가게 되어 예산확보가 순풍에 돛단배처럼 잘 풀리게 되었다.

1978년 연구원 발족 당시 외국에서 박사학위를 받은 우수한 인력을 유치하기 위해 정부에서는 그들에게 높은 보수와 아파트를 제공했다. 그런데 그 후 박사학위 소지자가 크게 늘어남에 따라 연구원에 서로 들어오기 위해 심한 경쟁을 하게 되었다. 일이 이렇다 보니 노조에서 형평에 어긋난다며 아파트를 매각할 것을 강력히 요구하게 되었다.

때맞추어 서초구청의 배려로 강남 잠원동에 우리 연구원 주택조합아파트를 건설하였다. 아파트 값이 크게 오르는 상황에서 연구원 아파트에 살다보면 내 집 마련이 불가능하게 되므로 조합아파트에 들어가 살도록 해 주고 그들이 살고 있던 24세대 아파트를 매각하여 20여억 원의 돈을 마련하였다.

그런데도 건축비가 크게 부족하여 우리가 확보한 부지 3,000평 가운데 절반을 팔 수밖에 없었다. 원가보다 두 배가 넘는 56억 원을 받아 부동산 투기를 한 셈이었다. 국회나 언론에서 부정적으로 보고 이를 문제 삼을 경우 투기 억제대책 수립에 앞장서고 있는 나로서는 꼼짝없이 궁지에 몰릴 수밖에 없었다. 사표를 쓸 각오로 일을 추진했다.

여러 차례 어려운 고비를 넘긴 끝에 드디어 연건평 6,000평에 이르는 10층짜리 청사를 마련하게 되었다. 우리 연구원 직원들 사기가 크게 올라간 것은 물론, 다들 멋진 청사를 마련하게 된 것을 부러워했다.

우리 연구원 200여 명뿐만 아니라 지방에 있는 국토·토지·주택 관련 연구원과 자매결연을 맺은 외국 연구기관의 직원이 함께 근무할 공간도 마련할 수 있었다. 그리고 1층은 은행, 증권회사에

임대를 주어 적지 않은 수입이 들어오도록 했다.

  나는 후임 연구원장으로부터 직원들의 고마운 뜻을 담은 감사패를 받았다.

  누가 보아도 실현 불가능한 것으로 보였던 숙원사업이 기적과 같이 이루어진 것은 200여 명 직원의 뜨거운 염원이 한데 뭉쳐 무서운 힘이 되었기 때문이라고 생각한다. '지성이면 감천'이라는 말은 이런 때 쓰라고 있는 것 같다.

김영삼 대통령 당선자와의 만남
제25대 건설부장관이 되다
건설부장관의 사임
서경대학교 총장이 되어
정치 입문 실패기
밥 한 그릇에 얽힌 젊은 날의 슬픈 에피소드
생과 사의 갈림길을 넘어
엘리베이터에서 만난 꼬마 선생님
경계 허물기
어느 밥통의 항변
나의 부모님

5부
제25대 건설부장관이 되다

5부 제25대 건설부장관이 되다

김영삼 대통령 당선자와의 만남

1992년 12월, 14대 대통령으로 김영삼 후보가 당선되었다. 대통령 당선인이 제일 신경을 쓰는 것은 인수위원회, 첫 내각, 비서실의 구성이었다. 공약 작성과 선거운동에 적극 참여한 공로자들을 비롯하여 친근 관계, 측근의 추천, 지역 안배, 출신학교 관계 등으로 많은 사람들이 입각 대상에 오르내리고 있었다.

대통령 당선인은 문민정부의 첫 내각에 참신하고 유능한 인재를 참여시키기 위해 많은 노력을 하는 것 같았다. 각종 자료를 바탕으로 하여 몇몇 부처에 대해서는 열 명에서 스무 명의 장관 후보자를 선정한 후 여러 차례 심사하여 좁혀 가고 있다고 알려졌다.

내가 건설부장관 후보 명단에 포함되어 있다는 것을 풍문으로 들었다. 2, 3차 심사에도 내 이름이 올라 있으니 열심히 뛰어 보라고 귀띔해 주는 사람도 있었다. 모처럼 좋은 기회가 온 것 같았으나 대통령 당선인은 물론 그의 측근 가운데 아는 사람이 없어 마음만 답답했다.

한 가닥 희망을 준 것은 5, 6공화국에서 장·차관을 지내지 않은 전문성을 지닌 사람을 우선한다는 선임기준이었다. 건설부에서 오랫동안 쌓은 실무경험과 4년 넘게 국토개발연구원장으로 있으면서 국토개발과 건설에 관한 이론을 터득한 나는 객관적으로 볼 때 누구 못지않게 전문성을 지녔다고 할 수 있었다. 더욱이 토지공개념 확대도입을 비롯해 많은 업적을 쌓은 터였다. 하지만 그동안 인사 관례를 보면 차관은 몰라도 장관은 실무경험이나 실력에 의해 임명되는 것이 아니었다.

그 무렵 내로라하는 수백 명의 장관 지망자들이 온갖 로비활동을 활발히 전개하고 있었다. 그래서 신문마다 많은 사람들이 거론되고 있었으며, 모두 여행은 물론 외출도 하지 못하고 당선인 측으로부터 연락이 오기를 초조하게 기다리고 있었다. 나는 혹시 당선인이 전문성을 중시하거나 지역 안배를 감안할 경우에는 장관으로 발탁될 수 있지 않을까 생각하였다.

공무원 생활을 하면서 내 인사문제로 누구에게 부탁한 적이 없었다. 하지만 나이 60이 되어 마지막 기회라는 생각이 미치자 가만히 앉아 있을 수만은 없었다. 먼저 대통령 선거에 많은 기여를 하여 국무총리 물망에 오르고 있는 여당의 황인성 정책위의장을 만나 인사를 드렸다.

대통령직 인수위원회 위원인 양창식 국회의원의 주장으로 그 위원회에서 나를 건설부장관 후보로 추천했다고 했다. 그가 개인적으로 아는 사이도 아니었는데 적극 밀어 주어 고마웠다.

　친구 소개로 대통령 당선인 선거후원회장을 역임한 모 건설회사 정 회장을 만났다. 그는 처음 만났는데도 좋게 보았는지 당선인 측근에게 알아본 후, 내가 건설부차관 후보로 되어 있는 것 같다고 했다. 내 나이로 보나 경력으로 보아 차관은 탐탁지 않다는 생각이 들었다. 나는 더 이상 만날 사람이나 알아볼 방도가 없어 마음을 비우고 기다릴 수밖에 없었다.

　20대 중반 때 유명한 백운학 관상가가 "장관은 물론 잘하면 국무총리까지 될 수 있소"라고 했고, 1983년에는 청산도사라는 관상가가 "건설부장관이 틀림없이 될 것이오"라고 꼭 집어서 말한 적도 있었다. 그 생각이 자꾸 떠올랐다. 관상가의 말을 믿을 것은 못 되지만, 그래도 그들의 말이 맞아떨어지기를 마음속으로 은근히 바랐다.

　1993년 2월 21일 일요일, 소망교회에서 예배를 본 후 늘 하던 대로 도봉산 등산을 다녀왔다. 그리고 집에서 혼자 책을 보고 있는데 한 통의 전화가 걸려왔다.

　"저는 대통령 당선인 보좌관인 김기수입니다. 당선인께서 내일 오후 여섯 시 반 하얏트 호텔에서 원장님 만나기를 원하고 계십니다."

　드디어 연락이 온 것이었다. 감격했다. 하지만 혹시 면담 결과가 어떻게 될지 몰라 집사람에게도 말하지 않았다. 만나서 무슨 얘기를 할지 생각하느라 잠을 설쳤다.

드디어 다음 날 오후 여섯 시 반, 약속 장소로 갔다. 내가 도착한 지 1분도 채 되지 않아 김영삼 당선인이 나타났다. 약속시간보다 10분 정도 먼저 간 것이 다행이었다. 그는 방으로 들어서자마자 "허 원장, 만나서 반갑습니다"라고 말한 후 작은 테이블과 의자 두 개가 놓여 있는 안쪽 방을 가리키며 들어가 잠시 기다리라고 했다. 어느 자리가 상석인지 알 수 없어 2, 3분간 그대로 서서 기다렸다. 화장실을 다녀온 그는 왜 들어가지 않았느냐면서 바깥쪽 자리에 앉자 나도 맞은편에 앉았다.

초면인데도 허 원장이라 부르며 마치 오래된 친구처럼 따뜻하게 대해 주었다. 조금도 어색하지 않은 분위기를 만들어 주어 마음이 편안했다. 얼굴이 동안인데다가 시종 미소를 띠며 말했다. 당면과제에 대해 자기가 어떻게 생각하고 있는지를 허심탄회하게 말해 주었다. 오랫동안 정치를 했는데도 솔직한 것 같았다. 나는 점차 긴장이 풀리고 짧은 시간이지만 친근감을 느꼈다.

그는 40년 이상 정치를 하면서 최다선 국회의원의 기록을 지녔으며 원내총무, 야당당수를 역임했다. 여당의 호랑이굴에 들어가 당권을 잡고, 정권까지 장악한 뚝심 있는 정치인이었다. 솔직하면서도 정치 9단으로서 노련한 면모를 엿볼 수 있었다.

그즈음 언론에서는 고려대 H명예교수를 가장 유력한 국무총리 후보로 거론하고 있었다. 그는 그 교수를 한 번도 만난 적이 없으며, 그럴 생각도 없다고 했다. 역대 대통령이 대해서 자기가 느끼고 있는 것을 말해 주었다. 또한 정치에 대한 자신의 소신을 허심탄회하게 이야기했다. 정경유착과 재벌기업에 대해 좋지 않은 생각을 갖고 있는 것 같았다.

나는 수도권 문제를 비롯한 국토의 균형발전, 토지, 도시, 주택, 도로, 수자원 등 건설 분야에 대해 그가 어떠한 생각을 갖고 있는지 이것저것 물어봤다.

하지만 그 분야에 대해서는 별로 알고 있는 것 같지 않았다. 다만, 건설업체의 공사 설계 변경과 원·하청 도급과정에서 일어나고 있는 부조리에 대해서는 잘 알고 있으며, 이를 뿌리 뽑아야 한다고 했다.

드디어 본론에 들어갔다. 그는 정색을 하고 말했다.

"국가 전체적인 입장에서 볼 때 건설 분야가 굉장히 중요한 위치를 차지하고 있는데, 허 원장이 건설 행정을 맡아 주시오."

나는 답변에 앞서 좁은 국토의 효율적인 이용 개발, 주택, 토지, 사회간접자본의 중요성을 강조해 설명했다. 그러자 그의 안색이 흐려지는 것 같았다. 그의 제안을 거부하는 것으로 오해하는 것 같아 나는 힘주어 말했다.

"여러 가지 면에서 부족하지만 이와 같이 중요한 건설 행정의 중책을 맡겨 주신다면 열과 성을 다해 일하겠습니다."

그는 금세 얼굴이 환해지며 즉석에서 허 원장이라 부르던 호칭이 바뀌었다.

"허 장관!"

그리고 악수를 청하는 것이었다. 나는 드디어 장관이 되었다는 생각에 가슴이 설레었다.
"우리 함께 신한국을 멋지게 창조해 봅시다."
그는 준비된 포도주로 연거푸 건배를 제의했다.
"나와 임기를 함께 하며 새로운 역사를 만들 것을 다짐합시다."
그러던 중 아홉 시 뉴스 시간이 되었다. 첫 화면에 이회창 대법관의 인터뷰 장면이 나왔다. 기자들이 감사원장으로 내정되었다는 통보를 언제 받았느냐고 묻자, 오늘 통보받았다고 했다. 그러자 김영삼 대통령 당선자는 "내가 며칠 전에 통보했는데 저 사람도 거짓말을 한다"며 웃었다. 이회창 대법관이 그대로 있으면 대법원장이 될 능력 있고 훌륭한 분인데, 감사원장으로 우리 정부에 참여하기로 동의하여 고맙게 생각한다고 했다.

아홉 시 반경 헤어지면서 그는 오늘 있었던 일은 조각 발표 때까지 아무에게도 말하지 말고 비밀로 해 달라고 당부했다. 깜짝 쇼 인사를 즐겨서 그런지, 아니면 정치적 사정으로 달라질지 몰라서 그런 것 같았다.

그전에는 개각 때마다 내 이름이 장관 후보자로 보도되었으나, 몇 년간 공수표로 끝나서 그랬는지 그때는 후보 대상으로 내 이름이 오르내리지 않아 오히려 다행이었다. 다만, 경향신문에서만 여러 차례 확인전화가 걸려왔으며, 다른 신문사에서는 통보를 받으면 즉시 알려 달라는 부탁만 있어서 잘 되었다 싶었다.

귀가 후, 약속대로 당선자를 만난 것을 아무에게도 말하지 않았다. 장관으로 임명되었을 때에 대비해 사물도 정리하고, 원장

이임사, 장관 취임사를 작성하고 앞으로 펴나갈 건설 행정 방향을 정하는 등 준비할 것이 많았다.

하지만 남들이 눈치채지 않도록 평소처럼 태연하게 처신하는 것이 쉽지 않았다. 국토개발연구원 직원들에게는 물론 가족들에게까지 비밀로 해야 하니 미안하고 답답한 생각이 들었다. 아무리 당선인이 약속했다 하더라도 조각 내용이 정치적 사정으로 바뀔지 몰라 불안하기도 했다.

오랫동안 바라던 장관이 된다는 흥분과 초조함이 뒤섞인 가운데 보낸 닷새는 결혼 날짜를 받아 놓은 신랑처럼 지루하게만 느껴졌다.

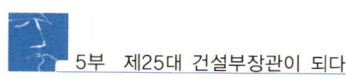
5부 제25대 건설부장관이 되다

제25대 건설부장관이 되다

  1993년 2월 25일, 국토개발연구원장 자격으로 국회의 사당에서 열린 제14대 김영삼 대통령 취임식에 참석했다.

  다음 날 아침, 조각 발표가 있었다. 혹시 그동안 변동이 있지 않았나 마음을 졸였는데, 예정대로 건설부장관으로 내 이름이 공표되는 순간 흥분을 감출 수 없었다. 닷새 동안 시치미를 떼고 비밀로 한 것이 미안해 집사람에게 맨 먼저 전화로 알렸다. 잠시 후 직원들이 와서 축하인사를 하고 TV, 라디오, 신문기자들이 몰려와 인터뷰를 가졌다.

  그날 오후 청와대에 가서 대통령으로부터 임명장을 받고 함께 기념사진을 찍었다. 국토개발연구원으로 돌아가 이임인사를 했는데, 원장으로는 처음으로 입각하게 되어 모두들 기뻐했다.

  곧이어 건설부로 가서 취임식을 가졌다. 취임사에서 "건설부가 매우 중요한 일을 많이 하고 있으면서 정부 내와 국민으로부터 제대로 평가받지 못하고 있으나, 이제 모두 중지를 모아 국민으로부터 제일 사랑받는 부처가 되도록 노력하자"라고 강조했다.

기획관리실장을 그만둔 지 8년 만에 건설부로 돌아왔으며, 1962년 건설부 6급 공무원으로 들어가 31년 만에 정상에 오른 것이었다.

부내 공무원 출신으로서는 처음으로 8대 기획관리실장이 된 데 이어, 25대 건설부장관이 된 것이었다. 군장성, 경제기획원, 재무부, 내무부, 국세청 출신들이 장관으로 왔었는데, 처음으로 건설부 출신이 장관이 되었다며 직원들이 모두 기뻐했다.

20여 년간 건설부에서 근무하면서 각 부서 업무를 소상히 파악하고 있었으며, 국토개발연구원에서 6년간 이론과 정책대안을 연구한 경험을 바탕으로 정책과 제도를 개선하여 건설부의 위상을 크게 높이겠다는 의욕으로 충만해 있었다.

대통령을 보좌하여 어떻게 하면 좁은 국토를 효율적으로 개발·보전하여 살기 좋은 환경으로 만들 것인가. 어떻게 하면 싸고 질 좋은 주택과 물을 원활하게 공급하고, 전국 도로망을 확충하여 국민생활을 향상시킬 것인가 하는 생각이 잠시도 머리에서 떠나지 않았다.

다음 날 국무총리와 각료들이 국립묘지를 참배하고 청와대 국무회의에 참석했다. 이어서 국회에 가서 국회의원 전원이 참석한 본회의장에서 한 사람씩 취임인사를 했다. 국회의원들은 인사할 때마다 "잘했어요" 하면서 흥미있게 지켜보았다.

각료들은 버스를 함께 타고 가면서 마치 즐거운 수학여행을 가는 듯한 들뜬 기분으로 환담을 나누었다. 그리고 다시 청와대로 가서 국수로 점심을 먹었다. 근검 절약을 솔선수범한다는 뜻이었다. 그 장면이 TV에 크게 보도되었다. 저녁에는 대통령이 전 각료와 대법관을 부부동반으로 초대하여 예술의전당에서 오페라를 관람하는 등 바쁜 하루를 보냈다.

3월 초, 각 국별로 업무 현황을 보고받았다. 그동안 건설 행정이 나아진 것이 별로 없었다. 전문성을 지니지 않은 장관들이 취임하여 1년 내외 재임하다가 바뀌는 과정에서 제도개선에 별로 신경을 쓰지 않은 탓인 것 같았다.

내가 핵심을 찌르는 질문을 해서 그런지 국·과장들은 긴장하여 국토개발연구원 연구보고서를 구해 공부하는 등 나름대로 잘해 보려고 노력했다. 행정고시 출신 등 장래가 기대되는 계장들을 훈련시키기 위해 업무 보고할 때 그들을 참석시키도록 했다.

2,500여 명의 직원 가운데 과장 이상 간부직원과 일부 계장들은 과거에 함께 근무했거나 업무 관계로 자주 접촉한 적이 있어 그들의 성격, 능력, 근무태도를 잘 알고 있었다. 그들도 내가 과장, 국장, 기획관리실장으로 있을 때 개인적 친소관계보다 실력과 업적을 중요하게 여긴다는 것을 알고 있었다. 따라서 공무원이 빠지기 쉬운 무사안일과는 달리 열심히 일하는 분위기로 바뀌는 것 같았다.

중요한 업무는 최종적으로 판단하여 결정해야 했다. 국·실장 때는 실무적으로 꼼꼼하게 따져서 안전 위주로 업무를 처리했으나, 개발제한구역 안에 SBS방송 송신탑 설치를 허용하는 등 국가적 차원과 국민의 입장에서 가급적 긍정적이고 융통성 있게 업무를 처리했다. 국무회의, 경제장관회의에 참석하고 주택공사, 토지개발공사 같은 10여 개의 산하 단체 간부들을 만나느라 바쁜 나날을 보내야 했다.

 장관이 되고 보니 먼저 형제들과 일가친척들이 가문의 영광이라며 축하해 주고 기뻐했다. 초등학교, 중고등학교, 대학, 대학원 동창들이 경사났다며 좋아했다. 각종 모임, 교회, 스포츠센터 등에 갈 때도 모두들 반가이 인사하고 친절히 대해 주었다.

 종합청사 내 국무위원 식당과 VIP 엘리베이터를 이용하고, 출퇴근 때 비서관과 총무과장이 영접, 배웅하는 등 전과 달라진 대우에 좀 어리둥절하기도 했다. 보통사람보다 영향력이 크므로 열심히 일 잘하라는 채찍인 것 같았다.

 한편 업무처리, 회의참석, 방문객 면담으로 늘 바쁘다 보니 차분히 정책을 구상하며 나만의 시간을 갖기가 어려웠다. 친한 사람이나 정치인으로부터 인사 등 청탁을 받았을 때 들어주기도, 거절하기도 어려운 난처한 입장에 놓일 때도 있었다. 체면 유지 때문에 친구들과 마음대로 놀러 가거나 회식하는 등 사생활에 많은 제약이 따르기도 했다. 하지만 오랜 꿈을 이루어 국무위원으로서 보람 있는 일을 한다는 사실에 자부심을 느끼기도 했다.

5부 제25대 건설부장관이 되다

건설부장관의 사임

　　인사가 만사란 말이 있듯이 장관의 곤한 가운데 가장 중요한 것의 하나가 인사다. 나 역시 그랬지만, 공무원이 제일 관심을 갖는 것은 전보나 승진이다. 승진시켜 준 사람은 평생 잊지 못하는 경우가 많다.
　　그런데 인사문제로 어려운 입장에 놓이게 되었다. 청와대의 인사 방침에 따라 차관과 정부투자기관장의 사표를 받은 후 후임자를 추천했다. 그 가운데 도로공사 사장, 수자원공사 사장, 건설기술연구원 원장은 내가 상신한 대로 건설부 출신이 발령났으나, 주택공사 사장과 토지개발공사 사장은 다른 사람이 임명되었다.
　　차관은 서열과 능력에 따라 부내의 차관보를 제1후보로, 토지수용위원회 상임위원을 제2후보로 추천했는데, 국토개발연구원의 L기획조정실장이 발령났다. 차관은 부내에서 발탁하는 것이 관례였다. 그래야만 업무가 원활히 추진될 수 있고, 뒤이어 줄줄이 승진하게 되어 직원들의 사기를 높일 수 있었다. 그런데 예상 밖으로 의외의 사람이 차관으로 발령난 것이었다.

직원들은 큰 충격을 받았다. 내가 국토개발연구원에서 함께 일하던 사람을 차관으로 데려온 것으로 오해하게 되었다. 건설부가 산하 기관인 국토개발연구원에 의해 점령되어 그 식민지가 되었다며 분개하는 사람도 있었다. 잔칫집이 초상집 같은 분위기로 뒤바뀌고 말았다. 난처한 입장에 놓이게 된 나는 해명을 할 수도 없어 벙어리 냉가슴 앓이를 할 수밖에 없었다.

L차관은 서울고등학교를 수석으로 졸업한 수재였다. 서울대학교 공대를 졸업한 후 미국에서 박사학위를 받아 국토개발연구원에서 교통전문가로 일했다. 대통령 선거 때 정책보좌관으로 발탁되었던 J씨와 비공식적으로 함께 일을 했고, 대통령 차남과도 잘 아는 사이로 알려진 실세였다. 당초에는 교통부차관으로 내정되었다고 했다.

한편, 건설부 출신으로 청와대에 파견된 비서관 두 명과 당에 나가 있던 전문위원을 1급공무원으로 발령해야 하는데 빈자리가 없어 난처했다. 차관보가 차관으로 승진했더라면 그나마 숨통이 트일 수 있었는데, 그러지 못해 난감했다. 청와대 경제수석은 L비서관을 차관보로 임명할 것을 여러 차례 요구했다. 그러나 유능한 차관보를 사임시키거나 다른 자리로 좌천시킨 후 그 자리에 서열이 낮은 L비서관을 임명할 수는 없다고 생각했다.

나는 경제수석에게 부내 서열이나 여러 가지 사정으로 보아

L비서관이 토지수용위원회 상임위원으로 가는 것이 순리라고 말했다. 하지만 경제수석은 여러 차례 부탁을 들어주지 않은 데 대해 불쾌하게 생각한 것 같았다. 아니, 그보다는 그 뒤에 있는 대통령 차남의 비위를 크게 거슬린 것 같았다. 그는 대통령 선거 때 여러 가지 전략을 세워 큰 공을 세움으로써 대통령의 신임이 두터워 '소통령'이라 불리기도 한 사람이었다.

힘이 막강한 그가 나를 우습게 생각했을 것이다. 내가 건설부 장관 후보에 올라 있을 때, 그의 측근이 여론조사를 한 것으로 보아 나의 장관 발탁에 적지 않은 영향을 미쳤을 것으로 짐작된다. 정치적으로 별다른 배경이 없는 데다가 대통령 선거 때 아무런 기여도 하지 않고 무임승차한 사람이 고분고분하게 그의 말을 듣지 않았으니 말이다.

게다가 공보관 출신인 L비서관은 앙심을 품고 내가 기획관리실장으로 있을 때 업체로부터 골프채를 받았으며, 부정축재하여 재산이 엄청나다고 중상모략을 하고 언론플레이를 한 것 같았다.

주변에서는 실권자인 '소통령'을 찾아가 인사를 하는 것이 좋을 것이라고 귀띔해 주는 사람도 있었다. 하지만 비록 정치적 배경이 없고 대통령 선거 때 공로를 세운 것도 없었지만, 30대의 그를 찾아가 사정하고 싶지는 않았다. 단 하루 장관을 하더라도 청탁이나 압력을 받지 않고 소신껏 인사를 해야겠다는 생각이었다.

새 정부가 들어서면서 기득권을 상실한 일부 계층과 정보계통에서 일하던 사람들이 정부를 흠집내기 위해 각료에 대한 과거

비리나 부도덕한 일들을 언론에 흘리는 것 같았다. 각 신문사의 운동권 출신 젊은 기자들은 때를 만난 듯 정보수집에 혈안이 되었다. 신문에 온갖 불미스런 일들이 보도되자, 청와대에서도 자체 조사를 했다.

김 대통령은 군부를 사실상 장악하고 있던 사조직인 하나회를 과감하게 척결한 데 이어 정계를 혁신하기 위해 칼을 뽑았다. 전두환, 노태우 전직 대통령을 비롯하여 구시대 실세에 대해 대대적인 정화작업을 벌였다. 부동산을 많이 보유하고 있는 K국회의장을 비롯한 P씨 등 거물급 정치인을 정계에서 물러나도록 했다.

그는 정계의 반발을 막기 위한 충격요법으로 자신이 임명한 각료 몇 사람을 희생양으로 삼기로 방침을 세운 것 같았다. 이러한 낌새를 눈치 챈 총무처장관이 먼저 사의를 표명했다. 법무부장관은 미국 국적을 가진 딸을 이화여대에 특별 입학시킨 것이 문제가 되어 사임했다. 보사부장관은 산부인과 병원을 경영하면서 소득신고를 적게 하였고, 아들의 주민등록을 옮겨 묘지터 등 과도한 부동산을 구입한 사실이 드러나 그만두었다. 서울시장은 그린벨트 안에 집을 지었다는 이유로 사임했다.

이어서 부동산이 많은 국방장관, 말썽을 일으킨 교통부장관, 용공오빠를 둔 무임소장관, 부동산 부자라며 내가 다음 타깃으로 거론되었다. 그러나 국방부장관은 장관급 장성 등 아홉 명을 제치고 차관에서 장관으로 승진시켰으며, 모처럼 하나회를 해체한 그를 사임시킬 경우 군 인사가 걷잡을 수 없이 혼란을 일으킬 수 있다는 이유로 제외시킨 것으로 알려졌다. 교통부장관은 대통령의 유일한 대학 후배라서 제외되었다고 한다.

나에 대해서는 청와대에서 치안국 특별수사대를 동원하여 부동산 소유상황을 조사했다. 국장 때부터 매년 재산신고를 했는데, 새로운 사실은 발견되지 않았다. 그러자 신문에서는 부동산이 70억 원 내지 140억 원에 이르는 것으로 크게 부풀려 보도했다.

그때 문제가 된 것이 강남구 대치동에 있는 108평의 땅이었다. 그 땅을 갖게 된 경위는 다음과 같다.

결혼 후 1967년 말부터 은평구 갈현동 신개발지역에서 살았다. 대지 50평에 건평 25평인 아담한 새 집이었다. 그런데 1973년 주택공사가 강남에서는 처음으로 반포에 아파트를 건설했다. 좋은 지역에 시범적으로 지었는데도 예상 밖으로 인기가 없어 분양이 잘 되지 않았다.

장관은 건설부 간부들로 하여금 한 채 이상 분양 신청을 하도록 했다. 나도 마지못해 45평형 한 채를 분양받아 계약금과 1차 중도금을 힘들게 마련해 냈다. 그 후 몇 개월이 지나지 않아 다행히 입주 희망자가 늘어나 프리미엄이 붙었다.

1974년 2월, 말레이시아대사관 건설관으로 발령이 났다. 오랫동안 해외 근무가 예상되었으며, 실제로 7년간 해외에서 근무했다. 재산가치를 보전하기 위해 재산을 모두 처분하여 토지를 사 두기로 했다. 친구의 소개로 약 1천만 원을 주고 가리봉동에 200평의 땅을 산 후 말레이시아로 떠났다.

1976년 8월, 사우디대사관 건설관으로 전보 발령이 나서 나는 바로 사우디로 떠났고, 집사람은 아이들을 데리고 집을 구할 때까지 서울에 와서 몇 달 동안 머물렀다.

그 무렵 집사람의 E여자대학 가정학과 동창 다섯 명이 대치동에 있는 땅을 공동으로 소유하고 있었는데, 서로 뜻이 맞지 않아 급히 팔게 되었다. 당시 가리봉동에 있던 200평의 땅값과 대치동에 있는 108평의 땅값이 엇비슷했다. 그들은 집사람에게 가리봉동 땅을 팔아서 자기들 땅을 꼭 사달라고 간청했다. 동창들 가운데서도 제일 친하게 지내는 그들의 딱한 사정을 모른 체할 수 없었다.

그때는 한국에서 사우디로 전화 걸기도 힘들었지만 집사람은 나와 상의도 하지 않고 그들의 간청에 못 이겨 가리봉동 땅을 1,200만 원에 팔고 1,300만 원으로 대치동 땅을 샀다.

그 후 배밭이었던 그 땅이 강남이 개발되면서 테헤란로 뒷길 상업지역에 포함되었다. 특히 1980년대 후반, 전국적으로 부동산 투기가 크게 일어났을 때 땅값이 많이 올라 1993년 그 땅의 공시지가가 21억 5,220만 원이 되었다.

부도덕한 방법으로 부동산을 취득한 것은 아니지만, 국무위원 가운데 재산이 제일 많다는 이유로 '소통령'이 나의 사임을 강력히 주장한 것으로 알려졌다. 그리고 그가 증권회사에 있을 때 사장으로 모시던 분이 나의 후임으로 발령받았다. 나에 대해 조선일보에서는 곳곳에 있는 부동산 등 재산증식이 문제되어 사임하였다고 했으며, 한국일보에서는 시국 수습을 위한 희생양이 되었다고 보도했다.

그리하여 재산공개 반대의 움직임을 보이던 국회의원들은 더 이상 거부하지 못하고 꼼짝없이 정부방침에 따르게 되었다.

그러한 과정에서 마음고생을 많이 했고, 허탈감에 빠졌다. 그동안 쌓았던 이론과 실무경험을 바탕으로 하여 국가발전과 국민생활 향상을 위해 모든 노력을 다하려고 했는데 몇 달도 안 되어 그 꿈이 좌절되고 말았다. 가슴이 아팠다. 나의 가족, 친척, 그리고 나에게 많은 기대를 걸었던 여러 사람들에게 실망을 안겨 준 것이 더욱 마음 아팠다.

서경대학교 총장이 되어

공직에서 물러난 후 앞으로의 할 일에 대해 여러 가지 구상을 했다. 기업체 고문, 정치, 대학교수 같은 것을 생각해 보았으나 어느 것도 선뜻 내키지 않았다.

어떤 방법으로든 사회에 봉사해야겠다는 생각으로 건설부에서 함께 근무하던 몇 사람과 함께 1993년 7월 '재단법인 국토정책연구원'을 설립하여 이사장이 되었다. 개원식에 300여 명의 하객이 와서 축하해 주었다.

국토, 도시, 주택, 건설, 환경에 대한 정책대안을 마련하고 정부, 연구원, 학계, 업체 관계자들이 모여 의견을 교환할 수 있게 하여 서로 긴밀하게 협조하도록 하기 위한 것이었다.

그러던 중 서경대학교 김성민 이사장으로부터 만나자는 연락이 왔다. 학교가 어려운 처지에 놓여 있으니 총장을 맡아 수습해 달라는 것이었다.

1. 격렬해진 학내 분규

　서경대학교는 1987년 학교재단에서 국제대학을 인수한 후 종합대학으로 승격되었다. 하지만 시설투자가 뒤따르지 않아 학습환경이 매우 나빴다. 강의실이 부족한데다 도서관, 학생회관도 없고, 칠판이 낡아 쓸 수 없는 것이 많았다. 그리고 강의실 유리창도 깨진 채 방치되어 있었고 화장실도 불결했다.
　일부 교수와 동창들은 재력이 약한 학교재단에 대학의 발전을 기대할 수 없다고 생각하고, 삼성그룹이 성균관대학을 인수하듯 자금이 풍부한 재단을 영입하기로 뜻을 모은 것 같았다. 그리고 총학생회 간부들을 선동하여 맹렬한 학내 투쟁을 벌이도록 했다.
　학생들은 학습환경 개선과 민주 총장 선출을 요구하며 이사장실과 총장실을 점거했다. 재단의 비리와 욕설을 담은 대자보를 곳곳에 붙이고 유인물을 뿌렸다. 일부 학생들은 삭발과 단식을 하기도 했다. 그들은 요구사항을 관철하기 위해 수백 명씩 무리를 지어 교육부, 청와대, 민주당사를 방문하여 관선이사 파견을 요구했다.
　학내 분규가 더욱 격렬해지자 교육부에서는 서경대학교에 대해 특별감사를 실시하여 교수임용 허위보고와 예산 유용사실을 적발했다. 그 책임을 물어 이사장 취임승인을 취소하고 총장, 총무처장은 파면, 교무처장은 해임하도록 했다. 재단과 대학 행정 책임자들이 모두 공석이 되어 관선이사를 파견할 단계에 놓이게 되었다.

이사장은 이러한 상황을 설명한 후 학교가 존폐 위기에 처해 있으니 도와 달라는 것이었다. 학생들이 민주 총장 선출을 요구하고 있는 상황에서 바로 총장으로 취임하면 저항이 거셀 것이므로 우선 총장 권한을 대행하는 교무처장으로 취임하여 학사 행정을 정상화시켜 달라고 했다.

그는 1988년 2월에 나를 행정학과 교수로 임용했고, 그 해 8월 국토개발연구원장으로 가서 4년 반 있는 동안 휴직으로 처리하는 등 각별한 편의를 봐준 바 있었다.

2. 이사장의 육영사업에 대한 강한 의지

그는 육영사업을 하게 된 경위를 설명했다. 연세대 1학년 때 6·25전쟁이 일어나 부산으로 피난을 갔다. 그 와중에도 낮에는 대학에 다니고 저녁에는 친구 한 사람과 함께 어린 학생들을 가르쳤다.

그런데 그 친구가 부두에서 일을 하던 중 크레인에서 떨어진 화물에 치어 크게 다쳤다. 병원으로 찾아간 그에게 자기가 못다 한 육영사업을 자기 몫까지 해 달라는 유언을 남기고 저금통장을 주었는데, 의외로 많은 돈이 들어 있었다. 그 친구와의 약속을 지키기 위해 평생 육영사업을 하기로 굳게 결심했던 것이다.

그는 서울에 돌아와 연탄 장사를 비롯하여 온갖 고생을 하던 중, 일선 지역에서 포탄 탄피를 수집하여 판 것이 큰돈이 되었다. 무교동에서 맥주홀을 운영하여 번 돈으로 정릉여상, 대일 등 고등학교 세 개를 인수하였으며, 명문인 대일외국어고등학교를 설립했다. 1987년에는 국제대학을 인수하고, 학교재단 이름을 자기 이름과 그 친구 이름 중 가운데 글자를 따서 성한학원이라고 했다.

그는 학생 입학 정원을 260명에서 1,060명으로 크게 늘렸으며, 건물을 짓고 학교를 의욕적으로 발전시키려고 노력하고 있는데 학내 분규가 발생했다는 것이다. 학습환경의 개선은 물론 모자란 강의실, 도서관, 학생회관도 건설할 계획이라고 했다.

김 이사장의 육영사업에 대한 강한 의지에 감동을 받은 나는 내가 어려웠을 때 도와준 분의 은혜를 갚고 싶었다. 그러나 학교 분규가 워낙 심한 상황에 놓여 있어 내가 과연 학내 분규를 해결할 수 있을지 자신이 서지 않아 그의 요청을 선뜻 받아들일 수 없었다.

3. 어려웠던 학내 분규 수습

며칠 동안 고민해 봤지만 뾰족한 방안이 떠오르지 않았다. 고생만 하다가 성과 없이 물러서면 망신만 당하고, 학교는 더 큰 혼란에 빠질 것이 뻔했다. 그러나 내가 몸담았던 대학을 정상화시켜 발전할 수 있는 발판을 마련하는 것도 보람된 일이라고 생각되어 이사장의 요청을 받아들였다.

교무처장이 되어 총장 권한 대행으로 대학 행정을 맡았다. 예상했던 것보다 사태는 훨씬 심각했고, 학생들의 저항도 거셌다. 일부 교수들과 학생들은 내가 학교재단과 친한 사람이라며 무조건 배격했다. 민주 총장 선출을 주장하는 상황에서 누가 가더라도 그러리라 짐작했지만, 불과 이틀 만에 학생들에 의해 학교에서 밀려나오고 말았다.

학교재단에서는 총장으로 임명하여 정공법으로 나가는 것이 떳떳하고 사태수습에 도움이 될 것이라는 판단 아래, 7월 9일 나를 총장으로 임명하고 교육부에 보고했다. 평창동 음식점에서 교수들을 모아놓고 취임식을 하는데, 학생들이 몰려와 난장판을 만들었다.

그들은 '비리 공무원 출신 총장 물러나라'는 대자보를 교내 곳곳에 붙여 놓고 맹렬히 반대했다. 학교 근처에 있는 몇몇 호텔로 옮겨 다니면서 교무회의, 학과장회의를 열어 사태 수습 방안을 협의했다.

오병문 교육부장관을 찾아갔다. 그는 하필이면 그 대학에 갔느냐고 크게 걱정을 하는 것이었다. 실무자들 보고에 의하면 사태가 수습될 가망성이 전혀 없다고 했다. 그와는 국무회의 때 옆자리에 앉아 남달리 친하게 지낸 사이였다. 내가 원한다면 다른 대학 총장 자리를 알아보겠다고 했다.

그러나 그 학교 교수 출신으로서 어떠한 난관이 있어도 학내 분규를 반드시 수습하겠다는 단호한 의지를 보였다. 그러자 그는 시간적 여유를 줄 터이니 풍부한 행정 경험을 살려 사태를 조속한 시일 내에 수습해 달라고 했다. 교육부에서는 매일같이 학생들이 청와대, 교육부, 민주당사로 항의 방문하고 있어 관선이사를 파견해 수습할 계획이었던 것 같았다.

사태를 수습하기 위해 먼저 분규가 발생하게 된 원인을 분석한 후 하나씩 풀어 나가기로 했다. 재단에 대해 불만을 품고 있는 교수들을 개별적으로 만났더니 그들은 서슴지 않고 말했다.

"이사장과 총무처장의 고루한 사고와 학교 운영방식을 근본적으로 바꾸어야 한다."

"가뜩이나 돈이 없는 재단으로는 앞으로 심화될 대학사회의 경쟁에서 살아남을 가능성이 없기 때문에 이번 기회에 재력 있고 유능한 재단으로 바꾸어야 한다."

"이공대 실험실습실 같은 기본시설조차 없는데 다가 재단 소속 고등학교 교사들을 대거 교수로 채용하여 어용화했다."

듣고 보니 그들의 주장이 일리가 있었다. 하지만 학내 분규로 악명 높은 대학을 누가 인수하겠느냐고 반문한 후, 이사장의 대학 발전에 대한 열의가 대단하니 우리 모두 중지를 모아 발전방안을 모색해 보자고 했다. 내가 책임지고 앞장설 테니 적극 도와 달라고 했다. 학내 분규를 오래 끌수록 우리 모두 피해만 입게 되니 교수들이 나서서 학생들을 설득해 줄 것을 간곡하게 당부했다.

학과장들에게 교수와 학생들의 건의사항을 받도록 한 후, 이를 바탕으로 발전방안을 마련했다. 학생회관, 중앙도서관, 실험실습실, 새로운 강의동을 건설하고, 학습환경을 개선하는 방안이 포함되었다. 또한 총장 밑에 인사위원회를 두어 공정한 절차에 따라 우수한 교수를 초빙하도록 했다.

모두들 학교 발전방안에는 찬성했지만 실권 없는 총장이 과연 실천에 옮길 수 있겠느냐며 회의적이었다. 나는 재단과 협의하여 인사위원회를 바로 설치하고, 각종 시설물에 대한 구체적인 건설계획을 마련하여 공표했다. 그리고 교수들에게 학생들을 만나 설득한 후, 그 결과를 매일 보고하도록 했다.

한편 분규 발생 진원지의 하나인 동창회를 찾아갔다. 때마침 간부들이 간담회를 열고 있는 자리에서 학교 발전방안을 설명했다. 어떠한 일이 있더라도 반드시 실천하겠다는 강한 의지를 보였다. 자기들끼리 논의한 후 기대 이상으로 좋은 반응이 나왔다. 총장을 믿고 지원하기로 합의했으니, 학내 분규를 조속히 수습하고 학교를 획기적으로 발전시켜 달라는 것이었다.

그러나 총학생회에서는 계속 수업과 시험을 거부하고, 여름방학에는 교문을 폐쇄했다. 또한 2학기 등록금을 학교에 납부하지 않고 학생회 계좌에 입금하기도 하고 단식, 삭발 농성과 대외적 항의 방문을 계속했다.

그들은 운동권 출신인 청와대 K교육문화수석과 비서관들, 해직 교수 출신인 교육부장관, 민주당 대표최고위원과 사무총장이 그들의 정신적 지주 또는 원호세력이라고 믿고 있는 것 같았다. 끝까지 투쟁할 경우 관선이사 파견이 가능할 것으로 생각하고 있는 것 같았다.

교직원들과 함께 여러 차례 교문 돌파를 시도했으나 혈기왕성한 학생들을 당해 낼 수 없었다. 특히 1학년생 20여 명으로 구성된 행동대원들은 학생 간부들의 명령에 따라 거칠게 행동했다.

이러한 가운데서도 학교 발전방안을 꾸준히 실천해 나갔다. 1994년 6월, 각 학과의 요청을 받아 교수 초빙공고를 냈다. 학과에서 서류심사를 하여 3배수로 교수 후보자를 추천하도록 한 후, 인사위원회에서 종합적으로 심사하여 후보자를 2배수로 좁혀서 재단에 제출했다. 종래 재단에서 비공개로 적당히 선발한 것과는 크게 달라진 것이었다. 7월에는 공약한 대로 학생회관과 강의동 기공식을 가졌다. 교수와 학생들은 내가 제시한 학교 발전방안에 대해 차츰 신뢰하는 것 같았다.

학교 발전방안이 실천에 옮겨지고 교육부의 대학 자율화 방침에 따라 관선이사 파견이 어렵게 되자, 총학생회 간부들이 점차 이탈하였고 일반 학생들도 동조하지 않게 되었다. 새로이 선출된 총학생회 간부들은 더 이상 투쟁을 계속하는 것이 무모하다고 생각하였다. 현 총장은 인정하되 1996년부터 민주 총장을 뽑고, 시설 확충과 학습환경 개선 등을 계획대로 추진한다는 협상조건을 내세웠다.

그 무렵 총장 직선제가 국립대학에서는 예외 없이 시행되고 있었고, 많은 사립대학에서도 실시되고 있었다. 하지만 교수들 간에 파벌이 생기는 등 여러 가지 문제가 많아 이를 거부했다. 또한

국문학과에서는 학생들이 원하는 사람을 교수로 임용해 달라고 했다. 두 명의 교수를 그런 방법으로 채용한 전례가 있었으나, 어떠한 경우에도 학생들이 교수초빙에 관여하는 것은 용납할 수 없다고 단호히 말했다.

총학생회에서 학교 측과 토론회를 열기를 요청했다. 계란 세례와 몸싸움을 각오하고 처장들과 함께 전교생이 참석한 대강당에서 토론회를 가졌다. 학교 발전방안을 상세히 설명하고, 대학사회의 무한경쟁시대를 대비해서 우리 모두 단결하여 노력할 것을 호소한 후 자유토론을 가졌다. 오랜 시간 구체적인 학교 발전방안에 대한 질의응답 끝에 대부분의 학생이 납득하는 분위기가 되었다.

그동안 여러 번 교육부에 불려가 대학정책실장, 국장들로부터 경고와 세 번에 걸친 계고장을 받았다. 그때마다 창피한 생각이 들어 그만두고 싶은 생각도 있었지만, 그럴수록 오기가 나서 꾸준히 밀고 나갔던 것이다.

12월 21일, 드디어 학생들이 총장실 점거를 풀어 1년 5개월 만에 학내 분규가 수습되어 학사 행정이 정상화되었다.

그 후 1년 정도 더 총장으로 있으면서 학교 발전에 전념했다. 그러나 예산과 인사에 대한 권한이 재단에 있는 상황에서 소신껏 일을 하기가 어려웠다. 마치 회사의 고용사장과 같다는 생각을 떨칠 수 없었다.

한편 생각해 보면 수백억 원을 출연한 재단이사장의 입장에서는 그런 권한을 갖는 것이 당연하다 싶었다. 재단에서는 총장 임기를 마친 후 연임을 제의했으나, 마음이 내키지 않아 고사했다. 차라리 정치를 할까 하는 생각이 없지 않았다.

2, 3년 후 학내 분규가 일어나고 있던 덕성여대 재단이사장이 나에게 총장을 맡아 달라고 제의했다. 나는 예산과 인사에 대한 권한을 주어야 한다는 조건을 제시했더니 받아들여지지 않았다.

그 후 서경대학교 창립기념식 등 중요한 행사에 초청받아 참석할 때는 몰라보게 발전한 학교 모습을 보고 흐뭇한 마음을 가눌 길 없다. 20년 가까운 세월이 지났는데도 재단이사장과 그때 함께 고생했던 교수들은 어려웠던 그 시절을 회상하며 잘 넘기게 되어 고맙다는 인사를 하기도 한다. 실무자의 반대를 무릅쓰고 나를 도와주었던 오병문 교육부장관의 모습이 지금도 가끔 떠오르곤 한다.

5부 제25대 건설부장관이 되다

정치 입문 실패기

　　대학총장은 장관과 같은 대우를 받으며 사회적으로 명예스러운 자리라 할 수 있다. 편안하게 노후를 보내기에는 안성맞춤이 아닐까도 싶었지만, 소신껏 일할 수 없어서 연임하고 싶지 않았다.

　대신 정치를 해 보고 싶었다. 행정 경력이 있는 사람이 많지 않은 야당에 들어가 전국구나 지역구 국회의원이 되면 국토정책연구원을 활용하여 합리적인 정책대안을 마련할 수도 있고, 연구원도 활성화시킬 수 있을 것 같았다.

　때마침 김대중 총재가 새정치국민회의를 만들어 각계각층의 인사를 영입하고 있었다. 1995년 8월, 하와이에서 열린 국제 세미나를 마치고 귀국하여 L씨의 소개로 김대중 총재를 만났다. 그는 소속 국회의원들이 모인 자리에서 나를 인사시킨 후, 지도위원으로 임명했다. 김상현, 이종찬, 김기태, 정대철, 권노갑 씨 같은

3선 이상의 중량급 국회의원과 사회단체 책임자로 구성된 지도위원회는 신당의 정책과 운용방안을 결정하는 최고의결기관이었다. 회의는 매주 한두 번씩 열렸다.

어느 날 정강정책과 강령을 심의하는데 예상 밖으로 잘 짜여져 있었다. 내가 몇 가지 질문을 했더니, 김대중 총재가 직접 답변에 나섰다. 논리정연했다. 21세기 초 중엽에 우리나라가 세계 11위에서 미국, 중국, 일본, 독일 다음으로 5대 경제강국이 될 것이라는 비전을 제시한 데 대해서 내 의견을 말했다. 여러 가지 이유를 들어 5대 경제강국은 실현 가능성이 적으므로 7대 강국으로 하자고 했다. 그러나 그는 여러 명의 경제학자가 연구해 낸 결과라며 당초 안을 고집했다.

우리나라 민주화에 크게 기여한 그는 교도소에서 5년간 있으면서 갖가지 책을 많이 읽어서 그런지 여러 분야에 걸쳐 박식했다. 남다른 뚝심과 리더십을 지니고, 기억력이 좋은데다가 웅변은 물론 말을 조리 있게 잘해 설득력이 뛰어난 분이었다. 회의 중 그의 발언에 대해 감히 이의를 제기하거나 토론을 하려는 사람이 없었다. 자존심과 권위가 몸에 배어 있는 듯했다.

정치인의 가장 큰 관심사는 국회의원 공천이었다. 당의 공천을 받아야만 당선될 가능성이 높기 때문이었다. 총재가 최종적으로 공천 여부를 결정하기 때문에 그의 권한이 막강했다. 국회의원들은 기본적으로 원내 활동을 활발히 하고, 지역구를 잘 관리해야만 좋은 평가를 받을 수 있다.

그러나 이보다 더 중요시되고 있는 것은 충성심 같았다. 총재 리더십의 핵심이 여기에 있지 않나 생각되었다. 정치 지망생들은 총재와 그의 측근 사람들에게 눈도장을 찍고, 호감을 사기 위해 비굴할 정도로 갖은 노력을 다하는 것처럼 보였다.

전국구 국회의원이 되려면 일반적으로 많은 돈을 당에 헌금해야 하는 것으로 알려졌다. 특히 야당은 정치자금이 부족하므로 그럴 수밖에 없지 싶었다. 지도위원 회비를 월 50만 원씩 냈지만, 당사 건물을 빌리고 사무직원 봉급을 주며 활동하는 데는 어림도 없었다. 총재 주머니에서 많은 돈이 나올 수밖에 없었다.

1995년 11월, 김대중 총재는 나를 경제담당특보로 임명했다. 지도위원에 특보까지 겸하고 보니 최고의 예우를 해 준 셈이었다. 총재는 매주 각 분야 특보회의를 주재하고 회의가 끝나면 식사를 대접했다.

하루는 내가 동교동 자택으로 초청받아 총재와 이희호 여사와 식사하면서 환담을 나누기도 했다. 전직 장관에다 현직 대학총장으로 있으면서 신당에 참여해 준 데 대해 고맙게 생각하며 각별히 신경을 쓰고 있다고 했다.

국회의원 선거를 앞두고 공천할 때였다. 당에서는 내게 동대문을구에 입후보하는 것이 좋겠다고 했다. 두 번 여론조사를 했는데 아무런 연고가 없는 지역인데도 그런대로 지지표가 많이 나와 해 볼 만하다고 했다. 그러나 나는 정치 초년생인데다가 돈도 연고도 없는 상황에서 자신이 없었다. 더욱이 3선에다 여당 요직과 무임소장관을 지냈으며 돈이 많기로 알려진 김영구 의원과 대결해야 했기 때문이었다.

김 총재는 동대문 갑구에 권노갑 씨를, 을구에 나를 공천하여 바람을 일으킬 전략을 세웠으나 그를 전국구로 돌리게 되어 무산되었다.

정치를 하려면 무엇보다도 돈이 있어야 했다. 국회의원에 당선되기 위해서는 일반적으로 수십억 원을 써야 하는 것으로 알려졌다. 어렵게 당선이 되어도 지역구 관리가 큰 문제였다. 지역구마다 다르겠지만 사무실 임차료, 관리비 외에 사무국장, 홍보부장, 여직원 봉급, 특히 지역 주민의 관혼상제 비용 등으로 월 3천만 원 이상이 소요된다고 알려졌다.

따라서 돈 많은 일부 사람을 제외한 대부분의 국회의원은 항상 돈에 쪼들려 깨끗한 돈, 검은 돈 가리지 않고 받게 된다고 했다. 청탁인이 부탁하는 일이 성사될 가능성이 없는데도 우선 급한 불을 끄기 위해 돈부터 받고 보는 것으로 알려졌다. 친구나 아는 사람, 회사, 관련 기관의 도움을 받기 위해 염치불구하고 부탁해야 한다는 것이었다.

이러한 상황에서 누구에게 부탁할 줄도 모르고, 거짓말도 못하며, 남에게 조금이라도 신세지면 마음이 편치 못한 나는 정치를 할 자격이 없다는 생각이 들었다. 때에 따라서는 중상모략도 하고, 투사처럼 싸우기도 해야 하는데, 고지식한 내가 하루아침에 천성을 바꿀 수는 없는 일이었다. 정치에 적성이 맞지 않는다는 것을 새삼 깨닫게 되자, 그동안의 헛수고가 후회되었다. 스트레스가 쌓이고, 심신이 괴로웠다.

게다가 새정치국민회의의 정강정책이 상당히 좌쪽으로 기울어져 있어 마음에 들지 않았다. 3단계 통일방안이나 햇빛정책이 실효성이 없어 보였다. 6·25전쟁 중에 겪었던 것처럼 적화통일을 위해 수단과 방법을 가리지 않고 있는 북한 정권이 우리 뜻대로 호락호락 응하지 않을 것으로 생각하였다.

서경대학 총장으로 있으면서 야당에 참여하여 정치활동하는 것이 학교 운영에 나쁜 영향을 미칠 것 같아 총장직을 사임할 뜻을 재단에 전했다. 이사장은 정치를 하지 말고 총장을 연임해 달라고 했다. 하지만 소신껏 일할 수 있는 곳이 아니라서 마음이 내키지 않았다.

재단에서는 총장을 사임한 후 교수 신분으로 1년간 하버드대학 초빙학자로 가 있도록 해 주었다. 김대중 총재에게 하버드대학에 가 있다가 1년 후에 돌아오겠다고 말했다. 그는 자기도 1년간 그 대학에서 머문 적이 있다며 다녀오라고 했다.

1996년 6월, 미국으로 출발하면서 지도위원 사퇴서를 당에 제출했다. 1년간 회의에 참석할 수 없으므로 당연히 사퇴서를 내야 하는 것으로 생각했다.

그러나 김 총재는 자기를 배반하고 당을 떠나는 것으로 오해했다. 자기로서는 나를 최대한 예우해 주었으며, 여러 가지 사정으로 전국구 국회의원 공천을 해 주지 못해 미안하다며 앞으로 계속 함께 일하자는 내용의 친서를 보냈지만 내가 정면으로 거절한 것으로 생각한 것 같았다. 그는 실무 부서로부터 나의 사퇴서를 전달받고 크게 언짢아하며 사퇴서를 수리하고 지도위원을 개편했다고 했다.

만일 내가 지도위원직을 그대로 지니고 있었더라면 김대중 총재가 대통령이 된 후 나를 중용했을지도 모르는 일이었다. 남들은 온갖 방법으로 줄을 대려고 안달인데, 나는 다 된 밥에 재를 뿌린 꼴이 되었다. 대통령의 든든한 신임 아래 나의 전문성을 살려 마음껏 일할 수 있는 기회일 수도 있었는데.

하지만 이념과 정책방향이 다른 사람들과 함께 일하며 마음고생을 하는 것보다 자유인으로 떳떳이 살아가는 것이 훨씬 좋지 않나 생각되었다.

5부 제25대 건설부장관이 되다

밥 한 그릇에 얽힌
젊은 날의 슬픈 에피소드

우리는 사회생활을 하면서 많은 사람을 만나게 된다. 같은 직장에 다니는 사람은 물론이고 동창, 거래처 사람, 학회, 친목회 같은 여러 모임에서 수많은 사람을 만난다.

세상사 독불장군은 없다. '인인성사因人成事'라, 사람을 잘 만나야 출세도 하고 사업도 크게 할 수 있는 것이다. 그래서 모두 사람 사귀는 일을 소홀히 하지 않는다.

그런데 이러한 이해관계를 떠나 흉금을 털어놓고 마음 편하게 만날 수 있는 사람은 그다지 많지 않다. 부모 형제나 가까운 친척 그리고 학교동창이나 직장에서 오랫동안 허물없이 지내던 사람들이 고작이다.

이런 사람들로부터 밥 한 끼 먹자는 전화를 받으면 그렇게 반갑고 기분 좋을 수 없다. 우선 밥 한 끼 먹자는 말 자체가 따뜻하고 정감이 넘친다. 격식이 없고 부담 없고 이해타산이 없다. 그저 만나 식사하면서 정담을 나누는 것이 목적이다.

　밥 한 끼 먹자는 말을 들으면 생각나는 일이 있다. 6·25전쟁 때 대구 피난시절이었다. 참으로 너 나 없이 배고프던 시절이었다. 한창 식욕이 왕성한 열여덟 고교생인 나의 소원은 실컷 한번 먹어 봤으면 하는 것이었다.

　하루는 이러한 나의 마음을 어떻게 눈치채신 것인지 이웃집 아저씨가 나를 부르더니 밥 한 끼 먹자고 말하는 것이었다. 그렇게 좋을 수가 없었다. 나는 그를 따라 설렁탕 집에 갔다. 밥 한 그릇이 순식간에 사라지고 말았다. 그러자 그분은 한 그릇을 더 시키셨고 두 번째 그릇도 내 통제를 벗어나 내 뱃속으로 빨려 들어가고 말았다.

　그것을 물끄러미 바라보시던 그분이 더 먹겠느냐고 물었다. 나는 고개를 저을 수 없었다. 그러자 세 번째 그릇이 나왔다. 나는 그제야 비로소 정신이 조금 드는 것 같았다. 그렇게 나는 앉은 자리에서 밥 세 그릇을 먹었다. 그때 느꼈던 포만감은 지금도 잊을 수 없다. 그리고 그 인자하신 아저씨의 모습도 잊을 수 없다.

　얼마 후 군에 입대하여 진해 해군사관학교에서 훈련받을 때의 일이다. 고된 훈련에 기합도 심하였다. 콘크리트 바닥에서 포복을 할 때는 팔꿈치와 무릎이 참새 대가리처럼 빨갛게 까졌다. 걸핏하면 곤봉으로 엉덩이를 얻어맞고, 한밤중 비상이 걸려 뒷산을 오르내릴 때는 현기증이 나서 몇 번이고 쓰러졌다. 주먹밥 하나 먹고 중무장한 후 40km를 행군하는 것도 힘들었지만 가장 고통스러운 것은 허기였다.

  늘 식사시간이 기다려졌다. 찌그러진 알루미늄 양재기에 담은 보리밥과 된장국, 단무지 한 조각, 진수성찬이 따로 없었다. 하지만 먹고 돌아서면 또 배가 고팠다. 혹시 남은 밥이 없나 해서 주변을 살펴보았지만 돌이라도 소화시킬 그 나이에 누가 밥을 남기겠는가.

  그런데 어느 날 밥을 먹는데 밥그릇 하나가 내 앞으로 걸어왔다. 주변을 살펴보니 아무도 눈치채지 않은 것 같았다. 나는 밥을 잽싸게 내 그릇에 쏟은 후 그릇은 내 그릇에 포개어 흔적을 감쪽같이 없앴다. 그때 옆 테이블에서 난리가 났다. 밥 한 그릇이 모자랐던 것이다. 당직 사령이 왔다.

  "혹시 밥 한 그릇 남은 것 있으면 손을 들어라."

  내 가슴이 북 치듯이 뛰었다. 밥은 이미 먹어 버린 후니 뱉을 수도 없고, 설사 손들어 자백한다 해도 창피를 당하는 것은 고사하고 무서운 기합을 받을 것이 더 걱정이었다. 단체기합까지 받게 되면 얼굴을 어떻게 들고 다닐 것인가.

  그렇다고 가만 있자니 양심이 가슴을 꾹꾹 찔러 견디기 힘들었다. 더는 그대로 있을 수 없었다. 자백하려고 마음먹고 숨을 한번 깊이 쉬었다. 그 순간 천만다행으로 당직 사령이 주방에서 밥 한 그릇을 가져오도록 하여 위기를 모면했다. 그 사건은 내 젊은 날의 슬픈 에피소드로 기억 속에 남아 있다.

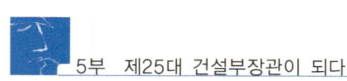
5부 제25대 건설부장관이 되다

생과 사의 갈림길을 넘어

건설부 기획예산담당관으로 있던 3년 동안 주말에도 일을 할 만큼 바빴다. 과로로 몸이 쇠약해지고 정서가 메말라 갔다. 등산 다니는 친구들이 그렇게 부러울 수가 없었다.

1971년 7월 국토행정과장으로 옮기면서 주말에는 쉴 수 있게 되었다. 등산을 좋아하는 친구들과 주말마다 산을 다녔다. 얼마 후에는 그들이 회원으로 있는 산악회를 따라 다녔다. 장인 회갑 잔치에도 얼굴만 잠깐 내민 후 등산을 다닐 정도로 나는 등산에 빠져들었다. 처음에는 북한산, 도봉산, 수락산, 관악산 같은 서울 근교에 있는 산에 올랐다. 백운대, 인수봉 같은 정기를 쏟아 내는 바위와 푸른 소나무가 어우러진 절경 속을 거닐 때는 신선이 된 듯했다. 건강도 많이 좋아졌다.

다행히 왜건이 있어 먼 곳까지도 갈 수 있었다. 설악산을 비롯하여 속리산, 계룡산, 덕유산, 금오산, 주흘산 등 전국의 명산을 두루 찾아다녔다. 주로 대여섯 명이 어울린 1박2일 코스였다. 버너로 밥을 짓고, 찌개를 끓이고, 뜨겁게 달군 돌에 고기를 구워 먹는 맛은 쇠판에 구워 먹는 것과는 비교가 되지 않았다. 등산하고 온천에서 몸을 푼 후 마시는 맥주 한잔 맛은 더없이 시원해 가슴이 뻥 뚫리는 것 같았다.

 1972년 3월 25일, 우리 일행은 경제기획원 등산팀에 합류하여 지리산 등산길에 올랐다. 경비를 아끼기 위해 중소기업은행 출퇴근 차를 이용했다. 김학렬 부총리 장례식 때문에 늦게 출발하여 남원에 도착하니 캄캄한 밤이었다. 시간에 쫓긴 나머지 국도로 가지 않고 지름길인 지방도로를 탔다. 좁고 구불구불한 비포장도로를 속력을 내어 달리다 보니 커브에서 차바퀴가 공중에 뜨는 것 같은 위험한 고비를 몇 번 넘겼다.

 밤티재 고개 위에 이르렀을 때 운전기사도 힘이 들었는지 숨을 고르기 위해 차를 세웠다. 그런데 잠시 후 버스가 기우뚱하며 넘어지는 것이었다. 전날 비가 온 탓으로 오른쪽 지반이 꺼진 것이었다. 처음에는 천천히 기울어지다가 점차 가속이 붙어 빠른 속도로 넘어졌다.

 나는 중간 왼쪽 창가에 앉아 있었다. 버스가 오른쪽으로 기울기 시작할 때 앞좌석 등받이를 세게 잡았다. 버스가 한 바퀴 뒤집히면서 머리가 좌석 안으로 곤두박질쳤다. 눈에서는 불이 번쩍했고, 선반에서 떨어진 짐보따리가 허리를 쳤다. 이제 죽는구나 싶었다. 순간 가족들의 모습이 떠올랐다. 그리고 정신을 놨다.

의식이 돌아왔을 때는 차 밖에 있었다. 버스가 두세 번 굴렀을 때 나도 모르는 사이 버스 밖으로 튕겨 나온 것이었다. 기적 같은 일이었다. 꿈인지 생시인지 몰라 일어서자마자 먼저 팔, 다리, 몸을 흔들어 보았다. 다친 곳은 없는 것 같았다. 깨진 유리창 사이로 빠져 나오면서 옷이 창틀에 걸려 가벼운 찰과상만 입었을 뿐이었다. 40명의 일행 중 내가 맨 먼저 버스에서 나온 것 같았다. 버스가 굴러가는 곳으로 급히 내려갔더니 큰 바위에 걸려 서는 모습이 보였다.

언덕을 따라 여기저기 다친 사람들이 누워 있고 물건들이 흩어져 있었다. 희미한 달빛 아래 신음소리가 들렸다. 모두들 자기 상처를 스스로 수습하고 있었다. 참혹했다. 나는 플래시를 들고 버스가 있는 곳으로 갔다. 납작하게 쭈그러진 사이로 십여 명이 겨우 기어 나왔다. 모두 상처 투성이였고, 기진맥진해 있었다. 버스에 불이 나지 않은 것이 그나마 다행이었다.

도로로 올라가 구조를 요청할 곳이 없나 주위를 살폈다. 주변에는 인가도 없었다. 도로 아래쪽 멀리 차 불빛이 보였다. 차가 올라오는 동안 부상자를 우선 병원으로 실어보내기 위해 덜 다친 몇 사람이 중상자를 도로로 옮겼다.

드디어 차가 왔다. 삼륜차였지만 구세주처럼 반가웠다. 좁은 공간에 십여 명의 부상자를 빽빽이 태웠다. 보호자도 있어야 하기에 나와 또 한 사람이 부상자 위로 겹쳐서 탔다. 차가 빠른 속도로 자갈길을 달리다 보니 요동이 심했다. 부상자들의 신음소리가 밤공기를 찔렀다. 모 사무관은 내출혈이 심했는지 고통을 이기지 못하고 차를 세워 달라고 소리쳤다. 그리고 얼마 후 숨을 거두었는지 잠잠해졌다.

30여 분 후 남원도립병원에 도착했다. 당직의사 한 사람밖에 없었다. 비상소집을 했으나 주말이라서 두 시간이 지난 자정이 넘어서야 치료를 받을 수 있었다. 의사들이 검진을 하고 치료하는 도중 10여 명의 지방 기자들이 몰려와 죽어 가거나 부상으로 고통을 받고 있는 사람들에게 "어디서 근무하고 있느냐?" "어떻게 사고가 났느냐?" 등 질문을 퍼부었다. 몰인정하고 얄밉게 보였다.

우리 일행 40명 중 세 명이 죽고, 20여 명이 발목이 부러지는 등 중경상을 입었다. 리더인 청와대 L경제수석은 이마를 다쳤지만 말썽이 생기지 않도록 하기 위해 택시를 타고 서울로 갔다.

다음 날 새벽 경제기획원 태완선 부총리를 비롯한 간부들이 현지에 도착하여 사고를 수습하고 우리를 위로했다.

그날 오후 우리가 기차를 타고 서울역에 도착하니 가족들이 모두 나와 있었다. 걱정을 끼쳐드려 부모님과 집사람에게 미안했다.

이튿날 출근을 하니 장관을 비롯한 직원들이 구사일생으로 살아왔다며 위로해 주었다. 각 신문에서는 삼면에 큰 기사로 다루었다. 상춘객이 봄나들이 가다가 사고가 났다며 사고현장에 화투짝이 널려 있었다고 하는 등 사실과 달리 보도하였다.

버스가 굴렀을 때 만일 내가 오른쪽으로 튕겨 나왔더라면 차에

깔려 꼼짝없이 죽었을 것이다. 생과 사는 아슬아슬한 간발의 차이였던 것이다. 만일 그때 내가 죽었더라면 집사람과 다섯 살, 세 살배기 딸과 유복자는 살아갈 길이 막연했을 것이다. 월급으로 제대로 생활을 꾸려가기도 힘들던 그 당시 주변에 도와줄 만한 사람도 없었다. 내가 살아난 것이 얼마나 큰 행운인지 새삼 감사하는 마음이 들었다.

그 후 살아가면서 생사에 대한 인식이 달라졌다. 젊었을 때는 비록 짧게 사는 한이 있더라도 크게 출세하기를 바랐다. 구질구질하게 오래 사는 것보다 짧지만 굵게 사는 것이 멋있어 보였다. 경제기획원 물가정책과장 자리를 두고 나와 경쟁했던 S씨가 그 후 40대에 부총리가 되었을 때 나는 겨우 국장 자리에 머물고 있었다. 한동안 낙오자가 되었다는 생각으로 의기가 소침했었.

그러나 나이 들면서 그런 생각이 바뀌었다. 앞만 보고 달려 높이 오르는 것보다는 자유롭게 인생을 즐기며 오래 사는 것이 더욱 행복하다는 것을 절실히 느끼게 되었다. K씨나 S씨처럼 젊은 나이에 승승장구하여 부총리에 올랐다가 40대에 작고한 것이 부럽기보다는 오히려 안타깝게 느껴졌다.

오복으로 든 장수하는 것, 부자가 되는 것, 건강한 것, 도덕을 좋아하는 것, 웰다잉이 모두 중요한 것이지만, 지금 그 가운데서 하나만 고르라면 '장수'를 택하겠다.

5부 제25대 건설부장관이 되다

엘리베이터에서 만난 꼬마 선생님

아파트 고층에서 살고 있는 나는 하루에도 몇 번씩 엘리베이터를 타야 한다. 그리고 매번 가벼운 긴장감을 느낀다. 엘리베이터 문이 열려 낯선 사람을 만났을 때 인사를 하느냐 마느냐, 한다면 어떻게 해야 할지 순간적으로 결정해야 하기 때문이다. 타이밍을 놓쳤을 때 오히려 어색해지고 만다.

이곳으로 이사 온 지도 5년이 지났다. 그런데 서로 인사를 나누는 사람은 기껏해야 손꼽을 정도에 지나지 않는다. 친목을 위해서 단지 내에 사는 사람들끼리 버스를 타고 에버랜드며 강화도며 남이섬 등지를 다녀왔지만, 나이가 들면서 안면 식별 능력과 기억력이 크게 떨어져 아는 사람인지 아닌지 분간하기가 어렵고, 애매한 경우가 많아졌다. 더욱이 요사이 나이든 사람도 스포츠 모자를 깊숙이 쓰고 다녀 얼굴을 알아보기가 더욱 어려운 것도 한몫한다.

엘리베이터 안에 있는 사람이 서너 명 이상인 경우에는 그들을 모두 순식간에 알아보기란 사실상 불가능하다. 이러한 경우 나는 가벼운 눈인사로 대신한다. 짧은 시간이지만 같은 아파트에 사는 처지에 모르는 척하는 것도 어쩐지 서먹서먹한 일이다. 한두 명인 때에는 "안녕하세요" 하고 가벼운 인사를 한다. 어린아이에게는 "몇 살이냐", 학생에게는 "몇 학년이냐" 하고 묻는다.
　어린아이나 학생들이 먼저 인사하는 경우는 열에 한두 명에 불과하다. 20대나 40대 사람들은 내가 인사를 하면 미안해하며 깍듯이 인사를 받는 경우가 많다. 60대 이상된 남자들은 내가 인사하면 대부분이 "안녕하세요"라고 친절하게 답례한다. 하지만 같은 또래의 여성들은 어색해서 우물쭈물하고 당황하는 경우가 많다.
　어느 날 40대로 보이는 멋쟁이 부인을 만났을 때였다. 한눈에 보아도 값비싼 옷과 장식품으로 치장한 우아한 모습의 귀부인이었다. 나는 그녀를 보자마자 순간적으로 "안녕하세요" 하고 인사를 하였다. 뜻밖에도 그녀는 나를 뚫어지라 쳐다보더니 언짢은 기색으로 묵묵부답이었다. 혹시 자기를 유혹하거나 장난으로 인사한 것으로 오해한 것이 아닐까? 여하튼 빨리 지나갔으면 하는 어색한 시간이 꽤 길게 느껴졌다. 나도 기분이 좋을 리 없었다. 그 후에도 이와 비슷하게 당혹감을 느낀 적이 여러 번 있었다.
　구태여 스스로 스트레스를 자초할 필요가 있겠는가 싶은 생각에 선별적으로 인사하기로 하였다. 내가 인사하였을 때 반가이 반응할 것으로 보이거나 나이 든 사람에게는 서슴지 않고 인사를 한다. 그러나 내가 인사를 할 때 '당신이 누군데 생판 모르는 사람에게 아는 체하느냐' 하는 식으로 거부반응을 보이거나 당황하여 어찌할 바를 모를 가능성이 있는 사람에게는 인사를 삼갔다.

어느 날 나는 엘리베이터에서 40대의 어머니와 네댓 살 되어 보이는 남자아이를 만났다. 그날따라 골똘히 생각에 잠겨 있는 바람에 그들에게 미처 인사할 기회를 놓치고 말았다. 그 꼬마가 나를 물끄러미 쳐다보다가 내가 내릴 때 "아저씨, 안녕히 가세요. 좋은 하루 되세요"라고 인사를 하는 것이었다.

나는 기분이 좋았다. 어린 꼬마가 먼저 따뜻한 인사를 하는 것만 해도 기특한 일인데, 나를 할아버지라 부르지 않고 '아저씨'라고 부르다니, 생각할수록 참으로 신통한 일이 아닐 수 없었다. 나의 손자뻘이 되는 나인데 말이다. 사실 나는 커피숍이나 음식점에서 주문을 할 때 아가씨가 '할아버지'라고 부르면 기분이 언짢아지고 입맛이 싹 가시고 만다. 한편 카페에서 아가씨가 농으로라도 '오빠'라고 부르면 기분이 그렇게 좋을 수가 없다.

그 꼬마를 만난 이후 옹졸한 마음을 비우고 적극적인 자세로 인사를 하게 되었다. 비록 내가 인사했을 때 반응이 없거나 어색한 경우가 생긴다 하더라도 크게 개의치 않기로 하였다는 이야기다. 내가 먼저 인사를 함으로써 짧은 시간이지만 경쾌한 분위기 속에서 서로 친근감을 나누어 갖는 것이 얼마나 값지고 소중한가를 터득하게 된 것이다. 비록 작은 친절이지만 해서 기쁘고 받아서 기쁜 것이 인사가 아닌가 한다. 나아가 인사는 상대방을 배려하고 이해하는 첫걸음이 되기도 한다.

  인사는 대체로 소득수준과 비례하지 않는가 하는 생각이 든다. 선진국일수록 인사성이 밝고 소득이 낮아질수록 그렇지 않은 것 같다. 우리나라는 중진국으로서 인사문화 수준 역시 선진국에 크게 미치지 못하고 있는 듯하다.

  우리 경제가 선진국 진입의 문턱에서 10여 년째 턱걸이를 하고 있다. 경제성장 잠재력이 날로 떨어지고 있어 앞으로의 전망을 더욱 흐리게 하고 있다. 다른 사람을 배려하지 않고 자기주장만 앞세운 나머지 사회적 갈등이 심화되고 있는 것이 큰 몫을 하고 있지 않나 생각된다. 또한 금융위기에 따른 경제 침체로 인해 우울증 환자가 크게 증가하고 있다고 한다. 남성의 5~12%, 여성의 경우 15~20%나 된다는 것이다.

  이러한 문제는 우리가 인사, 예절로부터 시작하여 풀어 나가면 어떨까? 우리나라는 전통적으로 동방예의지국이 아니었던가. 마음만 먹으면 얼마든지 인사, 예절의 선진국이 될 수 있을 것이다. '소문만복래笑門萬福來'라는 말이 있다. 그렇게 되면 국민 정서 향상과 사회적 화합에도 큰 도움이 되어 경제적 선진국이 되는 것도 그리 어렵진 않을 것이 아닌가.

  나에게 친절한 인사법을 가르쳐 준 그 꼬마 선생님의 천사 같은 해맑은 얼굴 모습이 가끔 떠오르곤 한다.

5부 제25대 건설부장관이 되다

경계 허물기

　　　스트레칭을 시작한 지 2년이 되었다. 아파트 내 스포츠센터에서 일주일에 세 번, 한 시간씩 스트레칭을 하고 있는데, 체육대학을 나온 젊은 여선생이 지도하고 있다. 스트레칭이 건강에 좋다고 하여 몇 년 전부터 벼르고 있었으나 늑장을 부리다가 뒤늦게 시작한 것이다.

　내가 스트레칭을 망설인 데는 몇 가지 이유가 있었다. 처음에는 골격과 근육이 굳어진 상태에서 심한 운동을 하는 것이 아무래도 몸에 무리가 갈 것 같았고, 선생을 따라 팔다리 펴는 동작을 제대로 할 자신이 없었다.

　그 다음으로 운동하는 사람들이 모두 10대에서 40대까지의 젊은층으로 내가 그 팀에 낄 경우 어색할 것 같았다. 게다가 운동하는 사람들이 모두 여자라는 것도 문제였다. 간혹 남자가 한두 사람 나오다가 얼마 버티지 못하고 그만두는 것을 보았기 때문이다.

하지만 중요한 것은 건강 아닌가. 용기를 내어 여남은 명의 여자들 틈에 끼어 운동을 시작했다. 자신이 없다 보니 맨 뒷줄에 서서 했다. 수십 년 동안 아침마다 30분 정도 체조를 하고 있어 나름대로 몸이 유연하다고 생각했는데, 막상 해 보니 어림도 없는 일이었다. 다리가 잘 펴지지 않았다. 특히 앉아서 두 발을 벌리고 손을 뻗어 몸을 바닥에 대는 동작과 오른발은 앞으로 뻗고 왼발은 뒤로 뻗은 후 양손을 높이 올리는 동작은 도저히 따라할 수 없었다.

예상대로 다른 사람들 시선이 곱지 않았다. 매우 못마땅한 눈치였다. 하루는 40대의 아주머니가 "할아버지, 힘들지 않으세요?"라고 묻는 것이었다. 자기들도 굉장히 힘이 드는데 얼마나 오래 살겠다고 사서 생고생을 하느냐는 말투였다.

나는 오기가 나서 특별한 일이 없는 한 여덟 시에 시작하는 저녁반에 열심히 나갔다. 스트레칭이 있는 날은 가급적 다른 데 약속을 하지 않고 참석했다. 1년쯤 지난 후 근육과 골격이 많이 유연해진 것 같았다. 그러나 앞으로 엎드린 후 양손으로 두 발을 잡고 몸과 발을 일으키는 것 같은 힘든 동작을 할 때는 자주 시계를 쳐다보게 되었다. 시간이 늦게 가는 것이 원망스럽기까지 했다. 하지만 운동이 끝나고 나면 그렇게 좋을 수가 없다. 몸이 가뿐하고 상쾌했다.

어느 날 둘이서 함께 하는 동작을 할 때였다. 남자는 나 혼자여서 짝이 없었다. 둘러보니 모두 누가 나의 파트너가 될 것인지 관심이 나에게 쏠렸다. 혹시 내가 자기의 짝이 되지 않을까 걱정하는 모습이었다. 그때 선생님이 나를 앞으로 나오라고 하더니 나와 함께 시범동작을 해 보이는 것이었다. 허리를 맞대고 등 뒤로 손을 잡기도 하고 서로 등으로 업는 등 여러 가지 동작을 보여 주었다.

20대 젊은 여선생의 등에 업혔을 때 온 신경이 등으로 집중되고 가슴이 쿵쾅거렸다. 어린 시절 누나 등에 업혔을 때의 느낌과 초등학교 2학년 때 여선생님에 대한 생각이 겹쳐 떠올랐다. 알 수 없는 젊은 기운이 전염되는 것 같았다. 스트레칭으로 단련된 여선생님 몸에서 뿜어져 나오는 알 수 없는 에너지의 파장은 의외로 강했다.

얼마 후 선생님이 여러 사람 앞에서 나를 모범생으로 치켜세웠다. 그 후부터 그들의 태도가 조금 달라졌다. 서로 통성명을 하지 않아 성조차 알 수 없지만 스포츠센터에서는 물론 아파트 단지 내에서 오가다 마주칠 때 친절히 인사를 나누게 되었다. 요새는 어떻게 해서 그렇게 잘하게 되었느냐고 묻기도 하고, 청일점이 되어서 그런지 내가 혹시 결석할 때는 왜 나오지 않았느냐며 안부를 묻는 사람도 더러 있다. 그동안 그들과의 사이에 가로놓여 있던 연령이란 장벽이 무너진 것일까. 이젠 동료가 된 셈이다.

스트레칭을 통해 젊은이와 늙은이라는 연령상의 간극도 시간이 지나면 자연스럽게 해소되어 서로 친근해질 수 있다는 것을 깨달았다고나 할까. 사회 계층 간의 간극도 이처럼 서로 자주 함께 어울림으로써 극복될 수 있는 것은 아닐까. 경계 허물기, 그것이 요즘 나의 화두다.

5부 제25대 건설부장관이 되다

어느 밥통의 항변

나는 허재영 씨의 밥통이랍니다. 그와 나는 원래 건강했답니다. 평상시 운동 후 맥주 한 병, 식사 전 반주 한두 잔 정도 즐기는 편이었지요. 그런데 삼십대 중반부터 술맛을 제대로 모르는 그가 종종 폭음을 하기 시작하더군요. 어느 때는 거의 한 달 가까이 저녁마다 술을 마시더라구요. 술이 세다는 것을 과시하기 위해 그랬거나, 그게 아니면 든든한 나를 믿고 그런 것 같았습니다. 나를 파업도 못하는 순둥이 줄 알았는지도 모르지요. 계속 혹사만 했으니까요.

직장생활을 오래 하다 보니 어쩔 수 없는 일이란 걸 이해 못하는 것은 아니었지요. 하지만 그것이 버릇이 되어서는 안 되겠다고 생각하게 되었답니다. 먹은 음식을 토하기도 하고, 이삼일 식사를 거부하는 등 사보타지를 하기도 했지요.

그럴 때마다 그는 정신을 차렸는지 한동안 음주를 자제하는 듯

하더군요. 그러나 얼마 가지 않아 다시 폭음하는 것이었습니다. 어느 때는 그 독한 양주를 한 병씩이나 마시기도 하더라구요. 나는 녹초가 되어 죽을 것 같았어요. 그때마다 있는 힘을 다해 버티었답니다.

그러나 이러한 습관이 40여 년 반복되는 동안 옛날에 돌이라도 소화시켰던 나도 늙고 힘이 빠지다 보니, 결국 병에 걸리고 만 것이었습니다.

그렇게 된 데는 음식도 큰 몫을 했지요. 원래 식욕이 왕성한 그는 소화를 잘 시키는 나를 믿고 짜고 매운 것 가리지 않고 아무 음식이나 잘 먹었답니다. 게다가 나이가 들수록 적게 먹어야 하는데도 과식을 하는 경우가 많았지요.

이렇게 된 것은 혀란 놈이 농간을 부렸기 때문이랍니다. 그는 혀의 꾐에 빠져 식도락가라고 하기엔 뭣하지만, 맛집을 부지런히 찾아다녔답니다. 그러는 동안 혀는 달콤한 음식을 마음껏 즐겼지만, 나는 어두운 동굴 속에서 온갖 고생을 다했지요. 음식 맛을 모르는 나는 혀가 재미를 다 본 뒤치다꺼리나 하니 억울하기 그지없었습니다. 혀는 온갖 맛을 즐기며 아무런 책임도 지지 않는데, 나는 견디다 못해 염증에 시달리고 있으니 말이나 됩니까.

우리 주인 말이지요, 허우대는 멀쩡한데 줏대가 없어요. 간신배 같은 혓바닥에 끌려 놀아났으니 기가 막히더군요. 혀가 무업니까. 몸을 배로 말하면 갑판원에 지나지 않은 혀 따위가 감히 기관장인 나를 무시하고 괴롭히다니, 있을 수 있는 일입니까.

세 치밖에 안 되는 혀에 놀아나 신세 망친 사람이 어디 한두 사람입니까. 얍삽한 갑판원의 말만 듣고 끌려다닌 선장인 우리 주인은 정신을 단단히 차려야 할 것입니다. 여러분 가운데 우리 주인 같은 사람이 있을지 모릅니다만, 아랫것 생각도 좀 해 봐야 하지 않습니까.

어느 때는 기특하게도 그가 단식을 한 적도 있었지요. 이삼일 식사량을 점차 줄인 후 사나흘 물만 마시고 음식을 먹지 않았답니다. 혀란 놈이 고생하는 것을 보니 고소하고 즐거웠지요. 며칠 동안 아무 일도 하지 않고 편히 쉬기만 해서 얼마나 좋은지 몰랐는데, 그것이 또 오래가지 못하더라구요.

그는 수년 전에 위염이라는 진단을 받은 적이 있었지요. 그런데도 나의 주인은 나이 먹으면 누구나 생긴다는 말을 들어서 그런지 별로 신경을 쓰지 않더라구요. 의사도 일주일분의 약을 복용하라는 처방을 내릴 뿐이었습니다. 그는 거북한 증상이 없다는 이유로 대수롭지 않게 생각하는 것 같았지요. 나는 크게 걱정이 되었답니다.

그래도 그는 조금 꺼림칙한 생각이 들었는지 민간요법으로 생감자즙을 내어 두어 달 마시더군요. 그리고 정해진 시간에 규칙적으로 식사를 하며, 현미밥을 꼭꼭 씹어 천천히 먹는 등 나름대로 노력을 하기도 했지만, 그 정도 처방으로는 오래된 염증을 물리치기에는 어림도 없었답니다.

2012년 5월, 위내시경 검사를 받았을 때 의사는 만성 위염이 심하다며 3개월간 약을 복용하고 음식을 철저히 가려서 먹으라고 지시한 것 같았습니다.

그는 꽤나 당황한 모양이더군요. 그때서야 혀의 농간에 놀아난 것을 후회하고 단단히 결심한 모양이었습니다. 술을 일절 마시지 않고, 먹던 음식이 하루 아침에 달라진 것을 보면 얼마나 놀랐는지 짐작이 가더라구요. 맵고 짠 음식, 기름진 음식, 각종 밀가루 음식을 먹지 않더군요. 또 커피, 홍차도 마시지 않고, 수박과 배를 제외한 다른 과일도 일절 먹지 않으니 나는 한결 편했습니다.

평소에 그가 즐기던 이런 음식을 먹지 못하고 기껏해야 흰밥이나 죽에다 백김치, 맑은 장국으로 끼니를 때워야 하니, 여간 고역이 아닌 것 같았지요. 식사량도 적어져 체중이 줄고 수척해지는 것 같았습니다.

나이가 들어 남은 몇 안 되는 재미 중 먹는 재미가 최고인데, 그것마저 즐길 수 없으니 측은한 생각이 들기도 했답니다. 하지만 그렇게 된 것은 전적으로 혀의 유혹에 빠졌던 그의 잘못이지 나의 책임은 결코 아니랍니다.

간신배의 농락에 넘어가 폭음을 하고, 짜고 매운 음식을 마구 먹어댈 때 그가 얄미워 원망하면서도 꾹 참았답니다. 게다가 소화를 잘 시키기 위해 모든 노력을 다 했지요. 미우나 고우나 내가 모시고 살아왔고, 앞으로도 잘 모셔야 한다고 생각해서 그랬지요. 소장, 대장, 간에게도 피해가 가지 않도록 함으로써 비만과 뱃살 찌는 것을 막은 것도 나였다구요. 고혈압이나 당뇨 같은 성인병 없이 건강하게 살아갈 수 있었던 것도 다 나의 노력 때문이란 걸 그가 알기라도 할까요. 공치사를 하자는 것이 아니라, 사실을 알아주었으면 해서입니다.

　이제는 나도 살 만해졌답니다. 그가 약을 먹고 음식도 가려 먹어 염증도 한결 좋아져 다행입니다. 내가 튼튼해야 그도 건강하고, 내가 아프면 그도 건강이 망가질 수밖에 없습니다. 이번 일을 계기로 그가 술과 음식을 계속 절제해서 나와 함께 구구팔팔 오래오래 살아가기를 바랄 뿐입니다. 그와 나는 공동운명체이니까요.

5부 제25대 건설부장관이 되다

나의 부모님

　　　　　부모님은 옛날 관습에 따라 어린 나이에 결혼하셨다. 아버지가 열다섯, 어머니는 열세 살 때였다.

　두 분은 가정환경이 180도 달랐다. 아버지는 산골 가난한 집 아들이었지만, 어머니는 그 고을에서 으뜸가는 부잣집 맏딸이었다. 만석꾼인 문경숙 진사께서 가난한 허씨 집안과 혼사를 맺게 된 경위는 알 수 없지만, 아마 가문이란 것 하나 때문이 아닐까 생각한다.

　아버지의 집안은 조선시대 태종, 세종, 문종 시대에 문중에서 허주, 허조 등 20여 명이 한성부윤, 판서, 우의정, 좌의정을 지냈고, 대제학도 두 명이나 배출했다. 그런데 단종사건 때 역모로 몰려 여러 사람이 처형당했다. 살아남은 사람은 귀양을 가거나 전국 각지로 피난 갔다.

　우리 선조 할아버지는 덕유산 근처인 전라북도 진안군 안천면 산골로 피신했고, 그곳에서 뿌리를 내리고 500여 년간 대를 이어 살아왔다. 6·25전쟁이 났을 때 형과 내가 서울에서 전주를 거쳐 그곳으로 피난 간 적이 있다. 산으로 둘러싸인 두메산골이었는데 30여 호의 허씨 집성촌이라서 피난하기에는 안전한 곳이었다.

그런데 생활하기가 힘들었다. 식사래야 꽁보리밥에 김치와 깻잎, 된장이 고작이었다. 음식이 목구멍으로 잘 넘어가지 않았다. 고역이었다. 잠자리도 불편했다. 벽지가 없는 황토벽에서 나는 흙냄새가 코를 찔러 머리가 아팠다. 화장실도 불결했다.

부유한 환경에서 자란 열세 살 어머니가 그곳에서 시집살이를 하느라 얼마나 힘들었을까. 그 후 외숙으로부터 들은 얘기다. 어머니는 가난하고 엄격한 시집생활에 잘 적응하지 못했다. 마음씨 고운 할머니께서는 일을 잘 못하더라도 철없는 며느리를 감싸주었지만, 엄한 할아버지는 가차 없이 질책했다. 여러 차례 구박을 받아 가마를 타고 친정으로 오가다가 결국 시집에서 쫓겨나고 말았다.

그 후 아버지는 서당에서 글공부를 하다가 용담보통학교에 편입학하여 졸업한 후 전주고등보통학교 1회 학생으로 입학했다. 아버지가 스물, 어머니가 열여덟 살 때였다. 어머니도 선교사가 설립한 전주기전 여학교 1회 학생이 되어 전주에서 두 분이 같은 시기에 학교에 다니게 되었다.

빼어난 미모를 지닌 어머니가 그 당시 보기 드문 양장에 하이힐을 신고 전주 중앙로를 거닐 때는 많은 행인들의 시선을 끌었다고 한다. 어느 사람은 어머니를 쳐다보다가 그만 넋을 잃고 들고 있던 생선 꾸러미를 땅에 떨어뜨리기도 했다고 한다.

효자인 아버지는 어머니를 다시 만나고 싶었겠지만 엄한 할아버지의 허락 없이는 엄두도 내지 못했을 것이다. 매사에 적극적인 어머니가 이모님 편에 아버지께 편지를 보내 저녁식사에 초대했다. 아버지는 초대에는 응했으나 음식에는 손도 대지 않았다. 그리고 농사짓는 데 힘들다고 불평하고, 시부모님께 말대꾸를 하며, 출가외인인데도 야단맞았다고 걸핏하면 친정으로 가마 타고 도망친 어머니의 잘못을 조목조목 따졌다. 어머니는 눈물을 흘리며 사과하고 앞으로 시부모님을 잘 모시겠다고 다짐한 후 두 분이 다시 결합하게 되었다고 한다.

외할머니는 완산동에 기와집을 마련해 주셨다. 아버지가 집안 청소를 깨끗이 하며 어머니를 도와줄 뿐만 아니라 철따라 상추, 고추, 배추를 뜰에 심어 열심히 가꾸는 것을 보고 탄복하여 생활비를 대주고 아들보다 더 좋아했다고 한다.

아버지는 전주고보를 졸업한 후 서울에 있는 총독부 산하의 행정요원 양성소에 들어가셨다. 전라남북도에서 한국인으로는 한 사람만 합격할 정도로 어려웠다. 그곳을 나온 후 면행정으로 발령받았다. 읍면의 행정을 다루는 요직이었다. 익산군, 순창군, 완주군, 고창군에서 근무하는 동안 형들과 누나는 이리에서, 나는 순창에서, 동생은 전주에서 태어났다.

아버지께서 금산군 내무과장을 거쳐 군산시 서무과장이 되어 군수로 나갈 차례가 되었다. 하지만 금산군 재직 때 무리하게 예산을 마련하여 폐허가 된 칠백의총을 보수했다는 이유로 낙인 찍혀 이사관으로 승진되었으나 군수로는 보직을 받지 못했다.

그러다가 해방이 되어 드디어 완주군수, 정읍군수를 지냈다. 전주시장으로 가게 된 것을 마다하고 도청 지방과장이 된 것은 이해가 되지 않았다. 완주군수 때는 삼례를 비롯하여 평야지역에 있는 낡은 저수지와 수로를 개보수하여 쌀 증산에 노력했고, 정읍군수 때는 그 지역의 유일한 고등교육기관인 농림고등학교 교사를 증축했다.

건강하셨고, 대인관계가 원만했다. 금산에서 근산으로 전근 갈 때 함께 일하던 직원들이 버스정류장에 나와 눈물을 흘리며 이별을 아쉬워했던 모습이 아직도 눈에 선하다. 또 삼국지연의 같은 소설을 즐겨 읽으셨고, 퇴근 후 친구분들과 바둑 두는 것이 취미였다. 그러고 나서 반주를 들며 담소를 나누는 모습이 어린 나이에도 보기에 좋았다.

아버지의 영향을 받아 나도 바둑을 좋아하게 되었다. 내 바둑 실력이 4급인 것을 보면 아버지 실력도 그 정도가 아니었을까 생각한다. 그때 어깨너머로 배운 오목 실력은 뛰어나 아직까지 그 누구에게도 져본 적이 없을 정도다.

아버지와 어머니는 체격과 성격도 정반대였다. 아버지는 키가 보통보다 약간 작고 얼굴이 둥근 편이었다. 일을 침착하게 원리원칙대로 처리했으며, 청렴하고 근면 성실하여 법 없이도 살 수 있는 분이라고 했다. 또한 근검 절약했다.

  내가 초등학교 1학년 때 어느 날이었다. 아버지께서 퇴근하면서 아이스케이크 열 개 정도를 사 오셨다. 전에 그러신 적이 한 번도 없던 일이라 집안 식구들이 모두 반기면서도 의아하게 생각했다. 완주군수로 계실 때 구두 수선공이 "군수님 구두가 신을 수 없을 정도로 낡아 수선하기가 힘들었다"고 불평하는 것을 들은 적이 있다. 융통성이 없어 인사 청탁도 하지 못하셨다.

  한편 어머니는 키가 크고 몸매가 날씬하셨다. 피부도 유난히 희고 긴 얼굴에 반짝이는 큰 눈과 오똑한 코가 사람들의 눈을 끌었다. 쾌활하고 말씀도 잘 하시어 어느 모임에서나 좌중을 리드하셨다. 옷도 늘 깔끔하게 입으셨고, 우리 옷도 제일 좋은 것으로 사 주셨으며, 음식도 맛있게 해 주셨다.

  외할머니께서 보내 주신 덕택으로 일년 내내 고기, 생선, 조청, 과일 등이 떨어지지 않았다. 영광굴비와 숯불에 구운 불고기 맛은 지금도 잊을 수 없다. 집안이 항상 잘 정돈되고 깨끗했다. 그래서 우리는 어린 시절을 풍요롭게 보낼 수 있었다.

  두 분은 성격이 정반대인데도 화목하게 지냈다. 두뇌회전이 빠르고 성급한 어머니를 아버지가 관대하게 이해하고 차분히 설득했기 때문이다. 그러나 할아버지와 어머니 사이는 좋지 않았다. 어머니께서 신혼 때 구박받은 탓도 있지만 주로 돈 때문이었다. 장조카가 아현동에 집을 살 때 할아버지는 아버지께 많은 돈을 도와주라고 했다. 할아버지 말씀에 무조건 순종하는 아버지와는 달리 어머니는 극력 반대하여 할아버지와 갈등이 생겼다.

평온하던 우리 집안이 6·25전쟁을 전후해서 모진 풍파에 시달리게 되었다. 1949년 토지개혁으로 500석 되던 농지도 없어지고, 아버지께서 국회의원에 출마했다가 낙선하여 빚만 잔뜩 졌다.

서울이 인민군에게 점령되었을 때 반동분자로 몰려 집이 폐가가 되고, 가구도 몽땅 잃었다. 무엇보다도 사고로 큰형이 돌아가신 것은 우리 가족에게 큰 상처였다. 그때 받은 타격으로 피난 생활을 하면서 많은 고생을 했으며, 오랫동안 빈곤에서 헤어나지 못했다.

4남1녀 가운데 큰형이 어머니를 많이 닮아 뛰어난 미남이었으며, 성격도 비슷했다. 형과 나, 동생은 아버지를 더 닮았다. 그 가운데서도 내가 가장 많이 닮아 외모뿐만 아니라 고지식한 성격도 비슷해 아버지처럼 공무원이 된 것 같다. 형과 동생은 선비정신을 이어받아 고등학교 교사, 교장, 교육위원이 되었다.

내가 초등학교 1학년 때였다. 우물에서 물을 뜨는데 두레박 줄이 짧았다. 상체를 앞으로 숙이자 몸이 균형을 잃고 우물 속으로 곤두박질치려는 찰나였다. 근처에 계시던 아버지께서 두 다리를 잡아 위기를 모면했다. 그 후 사회생활을 하면서 우물에 빠질 뻔했던 그런 위기를 겪을 때마다 아버지의 지혜를 빌릴 수 있으면 얼마나 좋을까 생각하였다.

대학 다닐 때 집안 사정이 무척 어려웠다. 어머니께서 계를 하여 방세와 간식대를 힘겹게 마련하여 보내 주셨다. 어쩌다 돈이 안 올 때는 어머니를 원망했다. 돈을 보내지 못하는 어머니의 쓰린 마음을 나는 미처 헤아리지 못했던 것이다.

서른 살 때였다. 담배 피우는 모습이 멋있게 보여 흡연을 시작했는데, 어머니께서 몸에 크게 해롭다고 여러 차례 말렸으나 한동안 고집을 부리며 계속 피웠다.

나는 서른네 살에 결혼했다. 지금 기준으로는 그렇게 늦은 편이 아니지만 당시에는 만혼이었다. 경제적 기반을 닦고 좋은 배우자를 찾겠다며 수없이 미팅만 하다가 부모님께 심려만 끼쳐 드렸다.

아버지는 수리조합장을 끝으로 60대 중반 은퇴하신 후 불교에 심취하여 성북동 전등사에서 전등회를 만들어 첫 회주가 되셨다. 그리고 내소사, 수덕사 등에서 오랫동안 머물며 수련을 하셨다. 내소사에 있는 해안 큰스님을 기리는 기념비에 아버지 이름도 새겨져 있다. 어머니는 40대 중반부터 독실한 원불교 신자였다.

아버지는 1973년 74세로 돌아가셨고, 어머니는 3년 후 75세 때 돌아가셨다. 부모님께서 돌아가신 지 40년이 되었지만 효도하지 못한 것이 한으로 남아 있다. 바쁘다는 이유로 자주 찾아뵙지 못한 것, 박봉을 핑계로 용돈을 드리지 못한 것, 밥 한 끼, 좋은 옷 한 벌 제대로 사 드리지 못한 것, 가까운 국내 여행도 시켜 드리지 못한 것, 말레이시아에서 근무할 때 차일피일하다가 어머님 해외여행 시켜 드릴 기회를 놓치고 만 것, 늘 내가 성공하기를 빌었는데도 무엇 하나 제대로 해 드리지 못한 것이 지금도 가슴 아프게 한다.

● 글을 마치며 ●

나의 마지막 소망은

　　　　　　지금까지 살아오는 동안 우여곡절도 많았다. 20대부터 40여 년 동안 해운공사, 정부, 연구원, 대학 등 여러 분야에서 다양한 활동을 했다. 지난날이 길게 느껴질 법한데도 그렇지 않다. 세월이 한 편의 드라마 같았다. 그것도 아주 짧은.

　되돌아보니 자랑스러운 일도 많았지만 후회되거나 아쉬운 일도 적지 않다. 초등학교와 중·고등학교를 아홉 군데나 옮겨 다니다 보니 딱히 나에게 고향이라고 할 만한 곳이 없다. 뿐만 아니라 새 친구를 사귀는 데는 익숙해졌지만 평생 서로 마음을 터놓을 수 있는 친구가 단 한 명도 없다.

　중·고등학교 시절에 인문학에 대한 책을 거의 읽지 못해 문학이나 철학, 심리학에 대해 아는 게 없다. 피아노나 기타 같은 악기 하나 정도는 다룰 줄 아는 사람이 되고 싶었지만 6·25전쟁으로 그 소박한 소망 하나마저도 이룰 수 없었다. 내가 원하는 대학에 들어가서 고등고시에 합격도 하고, 미국 유학도 가서 박사학위를 받으려고 했는데, 그 뜻 또한 이루지 못했다.

공직생활 가운데 건설부장관으로 있을 때 나의 전문성을 살려 소신껏 일하지 못한 것이 가장 큰 아쉬움으로 남는다.

20여 년간 단전호흡과 마음수련을 해 오고 있지만 아직도 성급하여 화도 잘 내고, 지혜롭게 처신하지 못하는 경우가 많다. 다른 사람들을 도와주거나 기쁘게 한 일보다 남의 도움을 받은 것이 더 많고, 본의 아니게 남에게 괴로움을 준 일도 없지 않은 것 같다. 젊어서 멋진 연애 한 번 못한 것도 아쉬움으로 남는다.

그러나 감사한 일 또한 한두 가지가 아니다. 우선 나의 건강에 대해 감사하고 싶다. 다섯 살 때 우량아 대회에서 상을 탔고, 젊었을 때는 힘이 장사라는 소리도 들었다. 교내 씨름대회에서 번번이 우승을 했다. 40여 년간 직장생활을 하면서 하루도 병으로 결근한 적이 없다. 지금도 별다른 큰 병 없이 노년을 살아가고 있어 다행으로 여기고 있다.

아버지로부터 성실성 같은 좋은 성품을 물려받은 것도 고마운 일 중의 하나다. 공직생활 하면서 별다른 배경이나 재주가 없는데도 비교적 순탄하게 승진할 수 있었고, 내 나름대로 많은 일을 할 수 있었던 것도 그 성품 덕이 아닌가 생각한다.

젊었을 때 고생한 것은 힘들었지만 강한 의지를 갖게 되어 인생을 살아가면서 어려움이 닥쳤을 적마다 그럭저럭 잘 버티어 나갈 수 있었다. 공무원을 그만두고 실의에 빠졌을 때 좌절하지 않고 공부를 계속했다. 그리하여 대학과 연구원에서 일하다가 장관이 될 수 있었고, 토지정책론 등 몇 권의 책을 펴냈다.

어렸을 때는 말을 더듬어 부모님께 걱정을 끼쳐 드렸지만, 커 가면서 어디서나 연설, 강의, 브리핑을 무난하게 하게 되어 사회생활 하는 데도 도움이 되었다. 부조리가 판을 치는 세상을 살아가면서 부정으로 사회에 물의를 일으키거나 크게 비난받을 만한 일을 하지 않은 것도 다행으로 생각한다.

아들 하나, 딸 둘과 사위들이 모두 원하는 대학을 나와 사회에 이바지하고 있는 것도 고마운 일이 아닐 수 없다. 그동안 어려운 가운데서도 잘 내조해 준 아내에게도 감사한다.

끝으로 나이 들면 경제적으로나 가정적으로 어려움이 많아지기 마련인데, 큰 어려움 없이 지낼 수 있는 것 또한 다행으로 생각하고 있다.

아쉬웠던 일도 나이를 먹어가면서 고마운 일로 바뀌기도 하는 것 같다. 젊었을 때 내가 원하는 길이 아니었지만 해양대학을 나와 마도로스 생활을 한 것이 지금 와서 그 시절을 돌아보면 어느 때보다도 즐거운 추억으로 떠오른다.

지난 5월 용산고등학교 졸업 60주년 기념식이 있었다. 동창생 220명 중 절반이 사망하거나 행방불명이 되었고, 57명만이 참석했다. 나이 팔십이 되다 보니 많은 사람이 병고에 시달리거나 몸이 불편한 것 같았다. 10대 재벌, 은행장, 공군참모총장, 장군, 서울고등법원장을 역임한 사람들을 포함해 모두 고등학교 시절로 다시 돌아간 것 같은 분위기 가운데 즐거운 시간을 보냈다.

그런데 인생의 우등생은 과거의 학업성적이나 학력, 경력에 의해서가 아니라 건강하고 얼마만큼 인간적으로 진실된 삶을 살았고, 또 살고 있느냐에 따라 판가름된다는 사실을 요즘들어 절실하게 느끼고 있다.

내가 가장 좋아하는 말은 "항상 기뻐하고 범사에 감사하며 끊임없이 기도하라"는 것이다. 자아실현자가 되어 남은 생을 감사한 마음으로 이웃을 도와가며 즐겁고 건강하게 사는 것이 나의 마지막 소망이다.

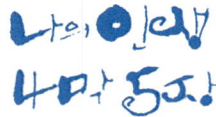

펴낸날	초판 1쇄 2013년 9월 25일
지은이	허재영
펴낸이	서용순
펴낸곳	이지출판
출판등록	1997년 9월 10일 제300-2005-156호
주 소	110-350 서울시 종로구 율곡로6길 36 월드오피스텔 903호
대표전화	02-743-7661 팩스 02-743-7621
이메일	easy7661@naver.com
디자인	박성현
마케팅	서정순
인 쇄	네오프린텍(주)

ⓒ 2013 허재영

값 15,000원

ISBN 979-11-5555-005-2 03810

※ 잘못 만들어진 책은 바꿔 드립니다.

이 도서의 국립중앙도서관 출판시도서목록(CIP)은 e-CIP홈페이지(http://www.nl.go.kr/ecip)와 국가자료 공동목록시스템(http://www.nl.go.kr/kolisnet)에서 이용하실 수 있습니다.(CIP제어번호: CIP2013018192)